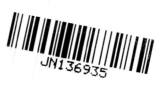

総合計画を活用した行財政運営と財政規律

鈴木洋昌

公人の友社

はじめに

本書は、市町村総合計画を取り上げ、財政規律の確保の点からその機能について論じようとするものである。

失われた10年、20年ともいわれたバブル経済崩壊後の厳しい状況を脱し、ここ数年、景気は回復基調にある。しかしながら、自治体は、扶助費の増大、老朽化した社会資本の再整備、多発する災害対応などさまざまな課題に直面しており、その財政は依然として厳しい状況にある。

こうした中で、自治体には、中長期的な視点をもちながら、財政規律を確保し、その有する資源を有効活用し、政策目標を達成していくことが求められている。このため、行財政運営の最上位の指針である総合計画を中心としたマネジメント＝管理の視点が重要となっている。

本書では、社会経済環境の変化、分権改革を踏まえた総合計画の機能の変化に着目しながら、総合計画の有する総合的な資源管理について多様な視点から分析している。

筆者は、日々、自治体に勤務し、現場で事務の執行を担う職員である。現場で直面する課題とその対応、そして、その理論にギャップがあるのは当然である。また、現場の職員が論じた場合、そこには、どうしても現場や経験というフィルターを通じた主観が入り込んでしまう。このため、本書では、可能な限り、主観を排除し、一般的に入手可能なデータ等を積み上げ、比較等を行いながら総合計画を通じた資源管理について客観的に論じるように努めたつもりである。

まだまだ十分でない点も多々あるが、本書の内容が総合計画の策定・推進といった自治体の総括的な資源管理を担う職員とともに、現場で自治体の資源を用いて業務を行う職員の事務の実施の一助になればと考えている。

なお、本書の内容は筆者の私見であり、所属する組織のものではないことをお断りしておく。

また、本書は、主として筆者の投稿論文等を取り上げ、再構成したものであり、その初出等は次の通りとなっている。導入部の第1章とまとめの第7

章をのぞけば、第５章のみが初出となる。なお、第４章は地方財政状況調査のデータを用いて全体的に見直しているが、主要な結論は変わっていない。

第２章　「指定都市の職員数削減の取組」首都大学東京都市政策研究会編『都市政策研究』12号、2018、63～88頁

第３章　「自治体における一般単独事業債の発行要因の検証」日本公共政策学会編『公共政策研究』第18号、2019、156～168頁

第４章　「臨時財政対策債の自治体の行財政運営への影響」せたがや自治政策研究所編『都市社会研究』第10号、2018、113～129頁

第６章　2018年９月29日のかながわ政策法務研究会における報告「計画策定の努力義務付け等への対応と計画密度」

本書の作成に当たっては、投稿した拙稿について、さまざまなご意見をいただいた匿名の査読者に多くを負っている。また、最高顧問の上智大学教授の北村喜宣先生をはじめ、かながわ政策法務研究会のメンバーからのご意見も本書をつくるうえでの参考とさせていただいた。

そして、元龍谷大学教授の大矢野修先生には、本書全体を通して、さまざまなご意見をいただいた。本書の刊行にあたっては、出版事情が厳しい中、公人の友社社長の武内英晴さんにご協力をいただいた。

さらに、大学の学部時代にお世話になった横浜市立大学名誉教授の藤野次雄先生、大学院でお世話になった中央大学名誉教授の佐々木信夫先生の当時のご指導なくしては本書をまとめることはできなかった。

そしてここに記すことができなかった方々にも多くを負っており、こうした方々を含め、改めて感謝申し上げたい。当然ながら、ありうべき本書の誤りはすべて筆者の負うところである。

そして、プライベートな旅行でも移動時にはパソコンと向き合い、原稿作成作業を行う筆者に愛想をつかすことなく、付き添ってくれた家族にも感謝したい。

鈴木　洋昌

目 次

第１部　導入部

第２部　国の地方行財政運営方針の指定都市の行財政運営に与える影響

第３部　「総合計画財政計画」に基づく行財政運営

第4部　総合計画を中心とした計画体系の分析

第5部　総括

図表目次

第1部

第2部

第3部

第 5 章

第 4 部

第 5 部

第１部　導入部

第１部は、第２部以降の導入部として、総合計画を活用した行財政運営と財政規律を取り上げる本書の問題意識、目的、検討の枠組みなどについて論じていく。

第１章　本書の問題意識、目的等

1.　本書の問題意識

2000年の地方分権一括法の施行により、自治体が国の機関として事務を処理する機関委任事務制度が廃止されるなど、国と自治体は「上下・主従」から「対等・協力」の関係となった。また、自治体の役割について、地方自治法１条の２で「住民の福祉の増進を図ることを基本として、地域における行政を自主的かつ総合的に実施する役割を広く担う」とされ、地域の総合的な行政主体であることが明確にされている。

この2000年の地方分権改革は、明治維新、戦後改革に次ぐ、第三の改革と評されている（松本2000、岩崎2015:31）[1]。さらに、こうした改革を推進した「地方分権推進委員会」の最終報告に関して、地方六団体が「今次の地方分権改革は、機関委任事務制度の廃止、国の関与の縮小を中心として、地方自治の歴史に残る画期的なものである」とするなど、おおむね好評価が与えられている。

しかしながら、現場の状況に目を向けると、「自治体職員である筆者も、現実の行政事務において地方分権改革の効果を実感することは経験的に皆無に近い」（立岩2010:18）[2]など、その成果には疑問が投げかけられている。

また、分権改革前後の社会経済環境の大きな変化として、バブル経済の崩壊がある。失われた10年、失われた20年ともいわれる経済状況に直面し、現在に至るまで、自治体は厳しい財政運営を余儀なくされている。こうした社会経済環境の変化の結果、夕張市が財政破たんしたり、土地開発公社の長期保有土地の課題が顕在化するようになった。さらには、地方債を活用した普通建設事業の地方単独事業、民間活用の一環として取り組まれてきた第三セクターの設立・活用など、最終的な責任は自治体に帰着するものの、国の関与・誘導により構築されてきた旧来の仕組みが制度疲労を起こすようになった。

本書では、このような地方分権改革前後の変化に着目しながら、国のさまざまな関与・誘導などを前提として、①自治体の行財政運営[3]の最上位の指針である総合計画、資源管理の対象として②定員管理、③財政運営、④分野別の行政計画の4つを取り上げる。そして、自治体は総合計画に基づき総合的・自律的に資源管理を行いうるのか、財政規律の確保は可能かについて論じていく。

この4つの制度等の関係については、本来、自治体として総合計画を行財政運営の最上位の指針として位置づけ（東京市町村自治調査会 2013：3、山梨総合研究所 2013:4 など）、これに基づき総合的に定員管理や財政運営を行うべきであろう。だが、それぞれが個別に国の関与・誘導を受け、また、自治体の中でもそれぞれを所管する組織が別々に対応してきており、総合的というよりもむしろ断片化を生んできた。

実際、はじめの①総合計画は[4]、すべての政策領域を網羅する行財政運営の最上位の指針として「市町村が当面する諸問題を解決し、将来において望ましい目標を実現していくための方針であり、その計画実現の過程において、市町村行政運営に総合性、体系性、合理性などを付与するもの」（新川 2003:5）とされる。一方、「上からの計画」（申 2004：75）との指摘もあるように、1969年に地方自治法で「基本構想」策定が義務付けられたことを契機として、自治省と都道府県が策定を指導してきた結果、多くの市町村に広がってきたという側面ももっている。

また、総合計画の「基本構想」策定の義務付け導入は自治体に企画部門が設置されはじめた時期とほぼ重なっている。このため、企画部門が計画策定やその進行管理を所管することで、どちらかというと、アクセルを踏む、さまざまな新規事業を行う「足し算の計画」(川崎市 2005:11)、新規事業の登録簿(金井 2010:90)などとされてきた[5]。結果として、バブル経済の時期を中心に、多くの事業を総合計画に位置づけ、バブル経済崩壊後に、厳しい財政運営を余儀なくされた自治体も少なくない。

②定員管理は、第2次臨時行政調査会（以下「臨調」という)。の答申を踏まえた国の行政改革[6]を契機として、自治省から地方行革大綱の策定と定員管理の適正化等が求められ、これに応じる「上からの改革」という図式が定着してきた[7]。こうした誘導によって、自治体側でも、職員定数などを所管する担当セクションを中心に、民間委託等が進められ、職員数が削減されてきた。

③財政運営は、各種教科書で「三割自治」と指摘されていたように（阿部・新藤 1997:72、磯崎ほか 2007:187、佐々木 2009:234）[8]、歳入に占める地方税の割合は3割に過ぎず、地方交付税、国庫補助負担金など、国からの財政移転が歳入の大部分を占めていた。

また、臨調答申を踏まえた国の行政改革により、自治体への補助金が削減される。これに伴い、地方財政計画では普通建設事業の単独事業費が増額されるが、消化されず、決算とのかい離は大きくなっていく。こうした中で、本来、地方の裁量で行われていた単独事業について、地方債の元利償還金を基準財政需要額に算入するなど、国はさまざまな誘因を提供し、事業を誘導していった。

1980年代後半から1990年代前半は、わが国全体がバブル経済に沸いたこともあり、国の誘導策に、財政セクションも一定程度寛容となり、各部局は単独事業に着手し、施設建設を進めてきた。

④個別の行政計画についても、縦割りの省庁が自治体に対して個別に行政計画の策定を誘導してきた。この中には、法律に根拠を有するもの、補助金の交付を通じ策定を促すものなどさまざまなものがある。こうした計画が増加した場合、計画の重複などとともに、①総合計画との整合を図ることも容易でないと考えられる。

このように、4つの制度等は、集権・融合型ともいわれるわが国の地方自治制度の中で[9]、それぞれに国の関与・誘導があり、これに呼応する形で自治体が対応するという相互関係の中で運用されてきた。しかしながら、社会経済環境の変化により、こうした中央集権的な仕組みが制度疲労を起こしている。とりわけ、右肩上がりの経済成長が期待できない中で、総合性、財政規律の確保という非常に重い課題が自治体には課せられている。2000年の地方分権改革以後、現場での実感は乏しいかもしれないが、こうした関係性は少しずつ変化してきている。

本書では、こうした問題意識を踏まえながら、検討を行っていく。

2.　総合計画に係る先行研究

市町村総合計画の先行研究は理念的なものよりもむしろ実際の自治体の総合計画の策定事例や、アンケート調査結果等を踏まえながら、実態を明らかにする、こうあるべきといった提言を行うものが多い。また、研究の対象は、市町村総合計画の策定・運用など計画に係る多岐な内容となっている。このため、その内容を分類するのは容易ではないが、①「基本構想」「基本計画」「実施計画」といった総合計画の体系に関する研究、②市民参加など総合計画の策定過程に関する研究、③策定根拠となる条例とともに、予算や評価、他計画など、総合計画との連携手法等に関する研究、④総合計画の策定を所管する自治体の企画部門など計画組織に関する研究、⑤「上からの計画」という言葉に代表されるように国の関与等に関する研究というおおむね5つに分類することができる[10]。

2.1.　総合計画の体系

1つ目の総合計画の体系について、地方自治法での「基本構想」の策定義務付けに先行して作成された『市町村計画策定方法研究報告』では、おおむね10年間の「基本構想」、5年間の「基本計画」、3年間の「実施計画」という三層が示されている（国土計画協会 1966）。一方、「基本構想」の策定義務付けにあたり、自治省から示された「基本構想の策定要領について」（1969 年９月 13 日自治振第 163 号）では、10 年程度の展望をもつことが適当であるとされるにとどまっている。

この「基本構想」に関して、自治省関係者は、自ら関わった北九州市の「基本構想」を「高慢な理念の都市像を示す等、都市学的には、高い評価を受けるものであったが、現実の行財政運営の指針となるものではなかった」（柴田 2003：24）としている。さらに、「「基本構想」自体には、あまりエネルギーや時間をかけても大枠はあまり変わらない」（川崎市 2002:17）、「基本構想」義務付け廃止後、武蔵野市では「基本構想」という名称を使っていない（小森 2015:31）などとされている。こうした状況からすれば、「基本構想」の意義が問われているともいえる。

松下[11]は、『市町村計画策定方法研究報告』を「官権上位主義的発想」であり、「実施計画」を３年としたことについて行政実態を無視した空論とした。そのうえで、「基本構想」に基づき、10 年間の「基本計画」、５年間の「実施計画」を策定し、「実施計画」を３年ごとにローリングすることを提唱した（松下 1973：290 ～ 291）。実際、松下の考えは市長任期にあわせたローリング方式等を基本とする「武蔵野市方式」[12]として結実するほか、松下の提唱するシビル・ミニマムを掲げる総合計画もみられた[13]（大森 1972：221 ～ 222、伊藤市政記念誌編集委員会 2005:194）。

武蔵野市の長期計画策定に携わった担当者も、自治省モデルの総合計画は、①「基本構想」「基本計画」「実施計画」という順次策定していくスタイルで、時間がかかりすぎる、②都市の将来像というような誰も反対しない抽象的な表現の理念の議論からスタートすることになり、市民を巻き込んだ議論にならない、③ビジョンや理念の議論が先行すると、実行性[14]のある具体的な事業への落とし込みがうまくいかない、④策定した計画内容が実施段階でなおざりにされるといった懸念を指摘している（小森 2015:34 ～ 36）。

このように『市町村計画策定方法研究報告』に基づく三層の総合計画体系

にはさまざまな課題が提起されてきた。だが、多くの市町村が自治省や都道府県の指導に従うことで、三層の体系が標準となっていった。こうした中で、各種アンケート等を通じた自治体の実態把握とともに、個々の事例に関する調査研究等がなされてきた。

2.2.　総合計画の策定方法

２つ目の総合計画の策定方法について、市町村総合計画は、当該自治体の最上位の計画であることから、「参画については、実効性の確保とともに、自治体の現場において継続的な課題として位置づけられてきた」（松井 2003：107）。初期の市民参加は審議会の設置やアンケート調査などにとどまっていた。だが、革新自治体が市町村計画の策定を主導していく過程で、「折からの住民意識の向上や住民参加に対する認識の深まりの中、各自治体で住民意思を反映させる種々の取組がなされ」（人見 2000：23-25）るなど、市民参加による総合計画の作成が広がっていく。参加という点では、「みたか市民プラン 21 会議」をはじめ、策定段階での大規模な市民参加の実験が行われてきており、自治体の実践についての研究が行われてきている（一條 2000 など）。このように丁寧な市民参加プロセスを通じた策定が注目を集める場合も多い。

一方、首長任期の４年を基本に据えた総合計画を策定しようとすると、策定に時間をかけた場合、計画期間を短くしてしまうことにつながりかねず、１年間で計画を策定する取組が紹介されている（小森 2015:34）。また、先行研究では、アンケートにより得た参加と重点施策のデータを用い、「公募などで一般市民の参加を手厚く行うと、その要求にこたえるために重点事業数が多くなる」（伊藤 2009：34）と指摘されている。

このように、いかに総合計画に市民の意見を反映させるかといった視点での調査研究が行われてきた。

2.3.　総合計画の連携手法

３つ目の連携手法については、総合計画の実効性を高めるため、財政運営、評価、分野別計画、マニフェストなど、他の手法との連携に関する調査・研究がなされ、自治体でも連携に取り組まれてきた。特に、財政運営との連携は、総合計画の実効性を高めるために不可欠であり、自治省の各種報告書等でも論じられるとともに（地方自治協会 1976、自治省行政局 1982、地方自治協会 1991、地方自治協会 1992）、実務家・研究者を問わず、その必要性を指摘している（坂野 2003、小森 2015:36、37、福田 2015:249-263、一條 2013 など）。

他の分野別の計画と総合計画の関係についても、さまざまな研究が行われてきている（打越 2003a、打越 2003b、打越 2004、新川 2003：13、平石 1995：15、申 2004：71）。

マニフェストについては、その策定に取り組む首長等のネットワークが構築され、一時期大変な注目を集め、総合計画に関していえば、首長が掲げるマニフェストを反映させていく必要性が指摘されるなど、さまざまな研究が行われてきている（久田・青山 2003、伊藤 2009、伊藤 2010、西寺 2010 など）。

さらに、総合計画策定に議決を要すべきで、その根拠を自治基本条例や議会基本条例などの条例に規定すべきといった論考も見られる（江藤 2009、神原 2009、神原 2015 など）。

2000 年代に入り、『市町村計画策定方法研究報告』がまとめられた 1960 年代と環境が大きく変化する中で、総合計画不要論が一部で語られるようになってきている（片山 2010）[15][16]。

総合計画が最上位の計画とされることから、このように自治体の行財政運営の仕組みとの連携について調査研究がなされてきた。

2.4.　総合計画の所管組織

４つ目が総合計画の所管組織に関する研究である。「1960 年代後半以降、各市では、「基本構想」や長期計画の策定に関わる企画機能の充実・強化が課題とな」った。「そこで企画機能を官房系部局全体の中にどのように位置づけるかという点が、各市における機構改革の重要課題となり、官房系部局の多様化を促していった」（伊藤 2006：232）。そして、自治体にも総合計画の策定を含め企画調整機能を担う部局が設置されていった。

こうした総合計画を所管する企画部局は、大別すると、①総務局・財務局から独立した企画局を設置する「企画独立型」、②企画機能を都市計画機能と結合して局を設置する「企画・都市計画型」、③総務局の中に企画部を設置する「総務・企画型」、④企画機能を財政機能と統合する「企画・財政型」の４つの類型を抽出することができる（伊藤 2006:232）。

加藤は、計画を規定する要因としてフレームワーク、財政フレーム、各課事業計画の３つを挙げたうえで、長期計画の性格などとともに、財政部局の意図と行動パターンなどに着目し、計画の分類を行っている。具体的には企画当局の説得力と行動力も強く、ひとり独走する「企画当局独走型」、計画の無力さに絶望している一方、財政当局の強大な力は存在する「企画当局悲観型」などに分類している（加藤 1973a:163 ～ 202）。

こうした総合計画の組織という点では、「計画の実効性という観点から見た場合の組織形態のあるべき姿のひとつとして、企画財政型が望ましいと長らく考えられてきた」(松井 2003：108)。一方、「企画部門が新しいプランを考え、財務部門が純粋に財政的見地からそれを検討する、というチェック・アンド・バランスの関係がなければ、どんな名市長でも権力者である限り、財政をめちゃくちゃにする」（鳴海 2003：190）との指摘もある。このため、マニフェストの実現を含め、首長の選挙公約の実現と、財政計画に基づく規律をもった財政運営の狭間で難しい舵取りが迫られる。

また、財政規律は、集権的に財政運営を行った方が守られやすく、組織数が多く断片化した場合には、守られない傾向がある（田中 2011:5、41）。

このように、自治体の企画部門の設置と、「基本構想」策定義務付けがほぼ同時期だったこともあり、実効性をもって計画を推進していくための組織としていかなるものが考えられるかなどについて調査研究がなされてきた。

2.5.　国の指導

５つ目が国の指導との関係で総合計画をとらえようとする調査・研究である。1969 年の地方自治法改正による義務付けから、自治省、都道府県は市町村に対して、三層の計画策定を指導していく。この根拠は、国土計画協会の『市町村計画策定方法研究報告』、さらには都道府県がそれぞれ策定したマニュアルであった[17]。

自治省が行う基本構想等策定状況調査による状況の把握にくわえ、こうしたマニュアルに基づく指導、さらには 10 年程度のインターバルで行われる各種調査（地方自治協会 1976、自治省行政局 1982、地方自治協会 1991、地方自治協会 1992）により、計画の実効性の確保等の課題が提示され、策定が促されていく（松井ほか 2009）。1995 年には、９割超の市町村で「基本構想」が策定される。

こうした中で、自治省は、1995 年調査をもって、策定状況調査を廃止する。さらに、2000 年代には、総務省自らが「基本構想」の内容は自由であることを明確に示した（松井ほか 2009:86 ～ 95）。

そして、地方分権の流れの中で、総務省として他の省庁に義務付け・枠付けの廃止を促していたこともあり、2011 年には、1969 年から 40 年以上続いてきた地方自治法の「基本構想」義務付けが廃止され、市町村総合計画制度の大転換が行われる。この要因としては、構造改革特区で志木市が「基本構想」の策定義務付けの廃止を提案していたこと (山梨総合研究所 2013：5)、地方分権の流れの中で、総務省として他の省庁に義務付け・枠付けの廃止を促していた中で、１つの模範例を示すこと（西尾 2013：98）がある。

一方、2000 年代に行われた都市自治体の総合計画の策定状況調査では、三層の「自治省モデル」をアレンジし、二層の総合計画を策定する自治体が一部みられている（日本都市センター 2002:76）。

このように、当初は「基本構想」の策定義務付けに基づき、国・都道府県が市町村に策定を指導し、分権改革後には実質的に義務付けが緩和されたこともあり、その実態に関する調査研究が行われてきた。

こうした中で、本書は、分権改革前後の状況に着目しながら、2.3 の総合計画の連携手法のうち、指定都市全体を対象として、定員管理に係る国の関与とともに地方債を中心とした財政運営における国の関与・誘導について分析する。このうえで、横浜市と川崎市という個別事例を取り上げ、こうした国の関与が総合計画の実施計画に位置づけられる財政計画（以下「総合計画財政計画」という。）にどのような影響を与えるのか、さらには、2.1 の総合計画の体系がどう変化していったのか検証していく。

くわえて、環境分野の計画を取り上げ、国の関与とともに、総合計画と個別計画の関係などを分析していく。

3.　本書の研究対象、検討の視点

3.1.　本書の研究対象

本書では、指定都市を取り上げ、主に 1990 年代、2000 年代を対象として、国の関与・誘導が自治体の行財政運営に与えた影響を明らかにする。さらに、事例分析では横浜市と川崎市を取り上げ、国の関与・誘導と、「総合計画財政計画」に焦点を当て、これに基づく行財政運営についての分析を行う。なお、本書では、計量分析等の手法も用いており、対象とする制度等によっては、当該期間すべてでデータの把握が可能ではないこともあり、各章で対象期間が異なっている。

主に 1990 年代、2000 年代を対象とした理由は、2000 年の分権改革を経て、地方債の発行も許可制から協議制へ移行し、届出制が導入されるなど、自律的な行財政運営が可能となった影響の検証が可能なためである。そして、1980 年代後半から 1990 年代前半のバブル経済という実体経済から大きくかい離した、ある意味、狂宴的な状況と、その崩壊後の状況を含めて、比較・検証することで、総合計画に基づく計画的な行財政運営に関して、財政規律の確保という点で、何らかの手がかかりを得られると考えるためである。なお、第４部の総合計画を中心とした計画体系の分析については、分権改革後の状況変化も踏まえながら、2018 年３月時点での行政計画の状況を中心に分析している。

そして、本書は対象を指定都市としている。これは、現在の指定都市には全国民の５人に１人が居住しているとされるように、人口で全国の約 20％と、大きなウェイトを占めるに至っており（北村 2013：ⅰ）、研究成果が与えるインパクトも大きいと考えるためである。また、指定都市は、地方債の協議など地方自治法に基づき都道府県と同様に許認可等を直接大臣から受けており、基礎自治体でも、国の指導の影響がより表れやすいと推定される[18]。一方、基礎自治体として生活に密接な市民サービスの提供を多く担っている[19]。こうした指定都市の取組を分析することで、他の市町村にも一定の示唆を得られると考える。さらに、消極的な理由として、本書で用いるデータのうち、職員数などは、入手可能なものが都道府県と指定都市に限られているためである。現在 20 市となっている指定都市のうち、経年変化等を分析する観点から、おおむね 10 市（札幌市、横浜市、川崎市、名古屋市、京都市、大阪市、神戸市、広島市、北九州市、福岡市）、2000 年の分権改革後のみを分析対象とする場合にはこれに仙台市、千葉市をくわえた 12 市を対象とするなど、先述の通り、章により対象が異なっている。

そして、事例分析では川崎市と横浜市を取り上げる。川崎市は、図表 3-1-1 に示したように、指定都市では不交付団体となった回数が最も多く、財源は裕福であるとされる。一方、その財政力指数は常に 1.00 前後で推移してきている。こうした団体を取り上げることで、地方行財政制度の制約が交付・不交付を行き来する団体の計画行政にあたえる影響を分析することが可能と考えるためである。特に、不交付団体でも、適債事業の拡大、起債充当率の引上げは認められるなど、地方財政対策[20]の一定の恩恵を受けることが可能となっている。だが、元利償還金が基準財政需要に算入されても、後年度に、普通交付税を得られるかは不確実であり、ある意味、安定的な交付団体や不交付団体に比べて、リスクを抱えた意思決定が必要となるのである。

一方、一つの自治体を取り上げることに関して、地方自治研究では、特定の地域・分野の分析に終始し、議論が一般化されないまま、事例紹介に終わることもあり、「N＝１問題」がつきまとう（河村 2008：x）。こうした指摘も踏まえ、本書では、比較対象として、川崎市に隣接する横浜市を取り上げる。この理由としては、人口が 370 万人と、基礎自治体としては日本最大であるとともに、図表 3-1-1 のとおり、対象期間のほとんどで普通交付税の交付団体となっており、比較対象として、こうした交付団体がどのような計画行政を行ってきたかは示唆に富むと思われるためである。

図表 3-1-1　指定都市の不交付団体の推移

年度	86	87	88	89	90	91	92	93	94	95	96	97	98	99	00	01	02	03	04	05	06	07	08	09	10	11	12	13	14
札幌市																													
仙台市	／	／	／																										
千葉市	／	／	／	／	／	／															不	不	不	不					
横浜市																							不	不					
川崎市	不	不	不	不	不	不	不	不	不	不	不							不	不	不	不	不	不	不	不				
名古屋市			不		不	不	不	不													不	不	不	不					
京都市																													
大阪市		不	不		不	不	不	不																					
神戸市																													
広島市																													
北九州市																													
福岡市																													

※不は不交付団体、斜線は指定都市でない時期を表す。　出典：地方財政便覧から筆者作成

また、事例研究で対象とする横浜市と川崎市の総合計画を図表 3-1-2 に示した。横浜市では、1990 年から高秀秀信が市長を務める中で「ゆめはま 2010 プラン」が、2002 年から中田宏が市長を務める中では「中期政策プラン」や「中期計画」が策定され、計画に基づく行財政運営が行われてきている。

図表 3-1-2　横浜市、川崎市の総合計画の変遷

<table>
<tr><th colspan="2">年度</th><th>90</th><th>91</th><th>92</th><th>93</th><th>94</th><th>95</th><th>96</th><th>97</th><th>98</th><th>99</th><th>00</th><th>01</th><th>02</th><th>03</th><th>04</th><th>05</th><th>06</th><th>07</th><th>08</th><th>09</th></tr>
<tr><td rowspan="2">横浜市</td><td>市長</td><td colspan="12">高秀秀信
(90.3～02.4)</td><td colspan="7">中田宏
(02.4～09.8)</td><td></td></tr>
<tr><td>総合計画</td><td colspan="4"></td><td colspan="8">ゆめはま2010プラン</td><td colspan="7">中期政策プラン、中期計画</td><td></td></tr>
<tr><td rowspan="2">川崎市</td><td>市長</td><td colspan="12">高橋清
(89.11～01.11)</td><td colspan="8">阿部孝夫
(01.11～13.11)</td></tr>
<tr><td>総合計画</td><td colspan="3"></td><td colspan="9">川崎新時代2010プラン</td><td colspan="3">行財政改革プラン</td><td colspan="5">新総合計画・川崎再生フロンティアプラン</td></tr>
</table>

出典：各計画書等から筆者作成

川崎市では、1989 年から高橋清が市長を務める中で「川崎新時代 2010 プラン」に基づく計画行政が進められてきた。また、2001 年の阿部孝夫の市長就任当初は、厳しい財政状況だったこともあり、「行財政改革プラン（以下「１次改革プラン」という）。」を策定し、これに基づく行財政改革が進められた。その後、「新総合計画　川崎再生フロンティアプラン（以下「川崎再生フロンティアプラン」という）。」等の策定に取り組まれ、同計画に基づく計画行政が推進されている。

これからは、両市ともに、市長の交代にあわせ、新たな総合計画の策定に取り組まれていることがわかる。あわせて、おおむね 2000 年の分権改革後に市長が交代し、新たな総合計画に基づく計画行政が進められていることも踏まえながら、分析を進めていく。

3.2.　本書の視点

本書では、地方行財政制度において国の関与・誘導が行われる中で、「どのようにしたら、総合計画に基づく総合的な行財政運営が財政規律の確保と整合的になるか」という点から論じていく。その主要な視点は次の３点に集約される。

3.2.1.「総合計画財政計画」と定員管理、財政運営、個別計画等との連携

１つ目が、「総合計画財政計画」と財政運営等との連携の視点である。

一般的に、計画は「何年か先の目標が数値・図面・地図など目標と実績のずれを客観的に測定することのできる形式で表示されているものか、そうでなければ、行動群の相互関連性が詳細に規定されているものか、そのいずれかである」（西尾 1993:292）。また、「プラン偏重の行政」（増島 1981:20）、「計画のインフレ」（打越 2004:12、申 2004:71 など）などといわれるように、行政では計画策定に重点が置かれ、自治体でも多様な計画の策定が進められてきた。計画には法律で策定が義務付けられているもの、努力義務となっているものとともに、自治体が条例等に基づき独自に策定しているものもある。多

くの計画が策定されているが、一部の計画では策定が目的化し、多くの労力を要する[21]割に、ほとんど機能していないものもある。さらに、計画数の増加により、特定の政策領域における計画が増加し、その密度（本書ではこれを「計画密度」と呼ぶ）。の上昇により、他の計画と重複が生じている領域も多くなっている。

こうした中でも、総合計画はすべての政策領域を網羅する自治体の最上位の計画として、総花的、ホッチキス計画、「はさみとのりの総合計画」などと揶揄されつつも（新川 2003:14、申 2004:75、伊藤市政記念誌編集委員会 2005：53、金井 2010：91 ～ 95）、高度経済成長期には、財政計画等を設定することで、事業の優先順位を示し、資源を管理し、配分する機能を一定程度果たしてきた。

一方、バブル経済崩壊以後、厳しい経済状況に直面し、低成長経済に移行する中で、自治体も厳しい財政運営を余儀なくされている。さらに、高齢化等に伴う扶助費の増大、バブル期に発行した地方債の償還等により、経常収支比率が上昇し、硬直化が顕著となるなど、資源制約が厳しさを増している。この結果、総合計画の有する機能が改めて問われている。具体的には、現状認識に基づき人口や歳入等の予測を行ったうえで、自治体資源全体をとらえ、行政改革により既存の事業を廃止縮小すべき事務事業を選択し明示していく必要がある（西尾 2013：110 ～ 111）。つまり、財政運営とともに、行政改革計画との連携を図り、総合計画を策定していく必要性が高まっているのである。

行政改革計画のうち、集中改革プランは、「行政改革という特定の領域に属するという点では個別計画としての性格を持つが、行政改革そのものが事業・組織・人員等といった自治体経営全般に深く関わる点では、むしろ総合計画的性格を有するものと分類されるべきであろう」（大杉 2010:9）[22]と指摘されている。これは、行政改革計画が総合計画とは別の最上位計画[23]であるという考え方ともいえる。特に、「総合計画と行財政改革は、『ばら色と痛み』、『足し算と引き算』、『水と油』など全く正反対のものとして捉えられることが多」（川崎市 2005:11）く、新しいものをつくる総合計画と、職員数削減等を行いながら財政規律を確保しようとする行政改革はトレードオフの関係にあると位置づけられることが一般的である。このため、それぞれを別の最上位計画ととらえることは一定程度理解されよう。こうした中で、その連携をいかに進めるかは重要な視点となってくる。

この総合計画と行政改革の関係について、金井は図表 3-2-1 を用いて説明している (金井 2010:104)。自治体のすべての事務事業について、既存事業をＡの領域、そのうち行政改革によりスクラップする事業などをＢ、総合計画などに基づき新たに行う事業をＣとしている。資源制約が厳しくなる中、実際の運用では、新規事業の登載簿としての総合計画と、負の総合計画としての行政改革の関係はどのようになっているのであろうか。横浜市と川崎市の「総合計画財政計画」を取り上げ、分析を進める。

図表 3-2-1　総合計画の対応イメージ

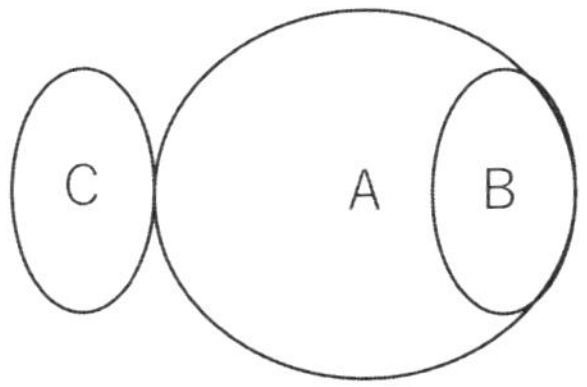

出典：金井 2010:104 を参考に著者作成

そして、自治体の財政運営は地方自治法で総計予算主義の原則、予算単一主義の原則などが規定されており、裁量は大きくない。だが、特別会計の設置など一部裁量が認められており、「総合計画財政計画」がこのような例外規定に基づく資源のどこまでを対象とするかは、総合的な資源管理からは重要といえる。

例外規定の実態に目を向ければ、議会などでも注目が集まる一般会計と比較した場合、特別会計や企業会計にはそれほど注意が向けられてこなかった。さらに、出資法人といった第三セクターなどもあまり注目されてこなかった。こうした中で、松下の指摘する自治体財務を取り上げるまでもなく[24]、他会計や出資法人等も含めた総合的な資源管理が重要になってきている。さらに、主に一般会計のみが対象であった地方財政再建促進特別措置法に代わり、地方公共団体の財政の健全化に関する法律（以下「地方財政健全化法」という。）では他会計や出資法人等も将来負担比率の算定の対象となっていることも、こうした点を示唆するものといえよう。

あわせて、計画のインフレともいわれ、計画密度が上昇する中で、総合計画と個別計画をどのように連携させていくかも重要な論点といえる。

このように、最上位の計画とされる総合計画との連携の視点から、定員管理、財政運営、個別計画等との関係について分析しようとするのが１つ目の視点である。

なお､先述のとおり､本書では､総合計画の「基本構想」「基本計画」よりも、むしろ「実施計画」における計画間連携に焦点を当て、検討を進める。

3.2.2.　総合計画の連携対象としての定員管理等への国の関与・誘導

２つ目が国の自治体への関与・誘導の視点である。

集権・融合型ともいわれるわが国の地方自治制度の中で、国は、自治体にさまざまな形で関与・誘導を行ってきている。この関与・誘導について、地方分権推進員会は、中間報告で、「事前の権力的な関与を必要最小限度に縮小し、法令に明文の根拠をもたない通達による不透明な関与を排除し、「法律による行政」の原理を徹底する」とした。このうえで、報告徴収・届出、技術的助言・勧告、事前協議、認可、承認等に対する国の関与のルールは一般化することを挙げた。また、法定受託事務・自治事務の両者について施策の奨励誘導等は認めつつ、国庫補助負担金について奨励的補助金等は削減の方向性が示されている（地方分権推進委員会中間報告）。地方分権推進委員会では、権力的な関与に焦点があてられ、その関与のルールの一般化が図られたため、2000 年の分権改革以降、法律での計画策定の努力義務など、自治体を誘導するために奨励的な手法が多く用いられている[25]。

一方、このような権力的な関与を自治体側が利用してきた側面もあろう。卑近な例でいえば、自治体の窓口では、戸籍の関係で訪れる住民から寄せられる疑問に対して「国が決めたことだから」などという対応が行われていた。また、奨励的な制度についても、地域総合整備事業債（以下「地総債」という。）への交付税措置による普通建設事業の単独事業の誘導のように、建設事業を進めたい自治体が国の提供するさまざまな誘導方策に便乗してきた側面もある。このように、本来、国から独立した存在である自治体は、通達等にとどまらず、さまざまな国からの関与・誘導に依存してきた[26]。

このうち、権力的な関与は地方分権推進委員会、地方分権改革推進会議の勧告等で整理されているが、奨励的な関与・誘導の実態は、一般的な概念整理にとどまらず、具体的な制度を取り上げる必要があろう。

本書が対象とする市町村総合計画も、地方自治法では、「基本構想」の策定が義務付けられていたにすぎないが、実際には、「基本構想」「基本計画」「実施計画」という三層の計画策定が指導されてきた。ただし、地方自治法の規定からは具体的な中身は明確でなく（金井 2010:50）、自由度は高かった。

こうした中で、本書では、比較的自由度の高い「総合計画財政計画」の連携対象に係る国の関与・誘導を検討する。具体的には (1) 定員管理への影響、(2) 普通建設事業の単独事業への影響、(3) 臨時財政対策債（以下「臨財債」という。）の発行、(4) 計画策定に係る法律の規律密度を取り上げる。こうした事項を取り上げるのは、自治体の裁量が認められるとされつつも、規律密度の高い地方行財政制度の中でどこまで自由であったかについては議論があるためである。

また、金澤は、1970 年代から 1990 年代前半にかけて、地方行財政運営に投資的経費が「善玉」、人件費が「悪玉」という価値観が持ち込まれ、人件費をターゲットとした行政改革が推進されながら、他方で中央にしても地方にしても自らの財源能力を超える公共事業が実施され続けたことを指摘している（金澤 2002：67）。ある意味、国の指導もアクセルとブレーキを同時に踏むようなものであり、全体として整合が取れていたかについては疑問が残る。この点で、総合計画を用いながら、自治体が地域の視点から総合的に、行財政運営を進めていくことが重要ともいえる。

このように法律の義務に限らず、実質的な関与・誘導が行われている制度を取り上げ、この指定都市への影響について計量分析を行うとともに、「総合計画財政計画」への影響等について事例を取り上げ検証する。

なお、本書では、国の関与といった場合、一義的には地方自治制度を所管する総務省（旧自治省）、環境分野の計画の分析では環境省（環境庁）を想定している。他省庁の動向についても、「基本構想」策定の義務付け当時の動き[27]や単独事業に係る動向[28]など大変興味深い論点を提示するものであるが、対象としていない。

3.2.3.　2000年の地方分権改革の影響の分析

３つ目が１つ目、２つ目の視点に対する2000年の地方分権改革の影響の視点である。

第三の改革ともされる地方分権改革は、機関委任事務制度の廃止など、義務付けされていたもののルール化という側面も強く、具体的な成果を現場では実感することができない状況を生み出している。

こうした中で、１つ目、２つ目の分析を通じて、2000年の地方分権改革以前と、以後の状況を比較することで、その影響について、一定の分析を行おうとするのが３つ目の視点である。

こうした視点を踏まえながら、以下、分析を行っていく。

4.　本書の構成

本書は、５部の構成としており、導入部である本章が第１部となっている。第２部では国の地方行財政運営方針が指定都市の行財政運営に与える影響を分析する。その第２章では定員管理のうち職員数削減、第３章では一般単独事業債、地総債、第４章では臨財債を取り上げている。

そして、第３部の第５章では、横浜市と川崎市を事例に、その「総合計画財政計画」を分析し、第２部で取り上げた３つの制度等に着目しながら、財政規律の確保について論じていく。

第４部の第６章では、総合計画を中心とする計画体系に着目し、分析を行う。

第５部の第７章では、まとめとして、第２部から第４部の検討結果のとりまとめを行っている。

脚注

1 地方分権推進委員会中間報告でも総論で、地方分権改革は、「わが国の政治・行政の基本構造をその大元から変革しようとするものであり、その波及効果は深く、広い。それは明治維新・戦後改革に次ぐ「第三の改革」というべきものの一環」としている。

2　市川は、2000 年分権改革が実現し、すでに 10 年以上が経過しているが、これまでのところ、そうした変化（機関委任事務制度の廃止による地殻変動的な大きな変化のこと）は観察されていないとしたうえで、2000 年分権改革について機関委任事務制度をともなう機能的集権体制から機関委任事務制度をともなわない機能的集権体制に組み替えたに過ぎないとしている（市川 2012:225)。

3　行政運営、行財政運営という２つの言葉があり、行政運営には財政運営も含まれると考えられるが、「総合計画財政計画」という点で財政運営の分析に重点を置いていることから、本書では、自治体側であえて行政運営という言葉を用いている場合を除き、行財政運営という言葉を用いている。

4　本書では、「総合計画とは、自治体の各種政策･行政分野を総て合わせて含んだ、自治体の政策･事業の全般に関して、複数年度に跨って決定した一覧文書」（金井 2010:45）という定義にしたがい、「基本構想」、「基本計画」、「実施計画」という計画の構造に係らず、自治体の分野横断的な計画であって、「総合計画」、「長期計画」といった呼称のものをさすものとし、非常に広い範疇の市町村の総合的な計画が含まれる。

5　ある県庁所在市の事例として、「企画の側の暴走をチェックするためと思われるが、年間の起債の総枠を 40 億円としている」(澤井 1993:122）ことを挙げるものもある。企画側で将来の負担をあまり考慮せずに事業を進めるといった状況にあったことも総合計画がこうした位置づけとなっていたことを裏付ける証左といえよう。

6　本書では、行政改革とともに、行財政改革というふたつの言葉を用いている。行政改革も財政負担の削減を図るための各種施策が含まれ、両者の区分は曖昧である。このため、基本的には行政改革という言葉を用い、各都市の方針の中で行財政改革という言葉が明確に用いられている場合は、行財政改革としている。

7 「地方においては、自治体による主体的な発意というよりは、国の審議会の提言や自治省（当時）からの通達を受けて、自治体の行政改革が進展していった。国の意向を受けて自治体が行革大綱を初めて策定したのもこの時期（1980 年代のこと）であり、以後今日に至るまで、行革大綱に基づき行政改革を進めることが､自治体における行政改革の標準型となっている｣(田中2010: 4)。

8　阿部・新藤 1997 では、「三割自治」の意味はかなり多様であり情緒的でもあるとしながらも、仮に歳入・歳出額に占める地方税収入の割合を示すならば、おおむね妥当しているとしており、その根拠の妥当性を示している。

9　こうした点は天川 1986 をはじめ、多くで論じられている。

10　アンケート調査では、その視点として ①計画目的・機能論、②計画構造論、③計画連携論、④計画過程論、⑤計画組織論という５つを挙げているものもあり（日本都市センター 2002: ⅰ・ⅱ)、先行研究の整理においては、こうした分類を参考とした。

11　松下は、1960 年代、シビル・ミニマムを政策公準とする自治体計画の策定を提起して自治体計画の考え方や手法の変化に大きな影響を与え、「いかにしてシビル・ミニマムへ到達するか」という副題を持った「東京都中期計画」はその代表的なものであり、1970 年代には「武蔵野市方式」として名高い長期計画策定に市民委員として関わるなど自治体計画理論を構築し発展させてきた（神原 2009:14）という。

　また、シビル・ミニマムは、すべての市民の権利であり、自治体の「政策公準」であるという性格を有する「都市生活基準」として提起された（松下 1971：273）ものであり、住生活を基礎にした都市住民の消費生活の質という問題を提起し、質の公準を設定しようとするところに意

義があった (水口 1985：217)。

12 「武蔵野市方式とは、市民参加、議員参加、職員参加による策定をはじめとする、下記のような、長期計画を中心とした計画的市政運営に関するシステムのことをいう」とされる (武蔵野市 2012:15)。

＊策定作業前に、地域生活環境指標の作成や人口推計等の調査等を実施し公開するとともに、市政アンケートや市民意識調査による市民ニーズの把握
＊市民委員による策定委員会を設置し、計画案を策定
＊策定過程における市民参加、議員参加、職員参加の実施
＊策定過程における市民参加のため討議要綱及び計画案を市報で全戸に配布
＊市長及び市議会議員の任期に合わせた４年ごとのローリング方式による実効性の担保
＊長期計画と予算・決算の連動
＊長期計画に掲げた施策・事業を各市民委員会や市民参加により実施
＊長期計画に基づき毎年主要事業を指定し進行管理を実施

13　このように一部の自治体では松下の理論をもつ総合計画が策定されたが、「当時、このような方式や理論については、自治の手法の未熟さとともに、右肩上がりの経済成長と税収増に支えられて、自治体はさまざまな施策を展開することができたため、自治体一般に浸透することはなかった」（神原 2009:15）という。

14　実行性、実効性という文言については、基本的に引用した文献に沿った形で使い分けをしている。

15　片山は総合計画を不要とする論拠として「量出制入」が欠如しており、財政的観点から実行性に乏しく、「絵に描いた餅」であることなどから、不要であるとしている。特に、財源問題について、客観的な見積もりを通じて予測される財源だけでは、総合計画に盛り込みたい施策のすべてを賄うことは不可能なので、歳入見積もりに「ふくらし粉」を混ぜる傾向にあるという（片山 2010）

16　藤沢市では、平成 25（2013）年度施政方針演説において「総合計画については廃止し、長期展望を踏まえた市政運営の方向性や行政として果たすべき目標を示す、新たな『市政運営の総合的な指針』を策定してまいります。この総合的な指針については、総合計画における計画と予算との乖離、事業の総花化、計画の形骸化等の諸問題を解決し、平成 28(2016) 年度までに重点的に取り組むべき政策、施策を明確化し、市政運営をより市民本位のものとしたいと考えております。また、この指針は、毎年の施政方針とも整合させ、効率的かつ継続的な市政運営を果たすよう努めてまいります。」として、総合計画そのものの廃止を明らかにしている。ただし、自らの計画の課題を指摘しており、計画を通じた長期的な財政規律を担保することの必要性は変わらないと思われる。

実際、「藤沢市市政運営の総合指針 2016」が策定されているが、その内容は非常に自由度が高いとされる市町村総合計画の中において、市町村総合計画に含まれるものとも考えられる。

17　国会図書館の検索を用いれば、たとえば、大阪府 (1967)、山形県 (1969)、群馬県 (1970)、鳥取県 (1970）新潟県 (1970)、神奈川県 (1971）山梨県 (1975)、滋賀県 (1978）などがある。

また、神奈川県は、1966 年に「神奈川県市町村総合計画策定要領」を定め、市町村に対し自主的な計画策定の支援と、市町村総合計画策定・改定の際の県との協議をスタートさせたという (神奈川県 1991：199 ～ 200)。その協議に 60 日を要し、100 部もの計画案を提出する必要があったという（神奈川県 1991：214 ～ 215)。

18　大都市である指定都市への指導は厳しく行われる場合もある。たとえば、田村は、宅地開発指導要綱の制定に関する国の指導について次のように述べている。「大都市である横浜市が、要綱制定に踏み切ったことの影響は大きかった。（中略）県と同様の権限をもっている政令指定都市が要綱を制定すると、法令との関係で問題が多いのである。さっそくに、建設省から呼びだしがかかった。実情を聞きたいというのである。部屋に入るが早いか、『いつから横浜市は独立国になったのかね』といわれた」（田村 1983：118）と回顧している。こうした事例は、大都市で

ある指定都市は、法令の権限も大きく、国の指導が強く表れることを示していると考えられる。
　そして、過去を振り返れば、東京市・大阪市・京都市では官選の府知事が市長を兼ねていたが、1898年の特例廃止により、市会が選出した市長が認められるようになった。その後、大都市により特別市運動が進められる中においても、政府は、大都市が国家的に重要であることを重視し、その設置とともに長を官選に戻すべきであると主張していたという（砂原 2012：21 ～ 23)。このように戦前にみられた大都市を重視する国の姿勢からも、大都市である指定都市への国の指導が大きくなることが推察される。

19　かつては、指定都市の事務権限については、「事務権限上の特例については、その処理に要する職員数からみてせいぜい一般市のおよそ1.1倍程度であり、大きなウェイトを占めていず」(神奈川県自治総合研究センター 1990:91)、「地下鉄・バス等の交通事業、都市開発などの法定外の事務事業が拡大し、一般市との格差が拡大している」(礒崎 2003:58）といわれていた。しかしながら、分権改革に伴う権限移譲等もあり、「概括的に言えば、政令指定都市は都道府県の八割程度の権能があ」り、「住民サービスに直結する事務のほとんどは政令指定都市に移譲されている」（北村 2013:80 ～ 89)。

20　地方財政対策は、毎年の年末の恒例行事ともなっており、「自治体の利益擁護」を組織目標とする自治省（総務省旧自治省ユニット）と、「国家財政の健全化」を組織目標とする大蔵省（財務省）にくわえ、政治家も動員された妥協の産物として決定されてきた（北村 2009:72)。具体的には、適債事業の拡大、充当率の引き上げなどによって財源不足への対応が行われてきている。

21　大杉も「多くの自治体が計画の策定に多大なエネルギーを割いている。新規に策定すべき計画が次々と追加されていく一方で、さまざまな部門で既存の計画の改定が定期的に行われるため、自治体が策定すべき計画の総量は増加の一途をたどってきた。そして、これら計画の新規策定・改定に多大な人員や予算が投入されている現状がある」(大杉 2010:1）とし、プランに対する多大な資源投入の実態を指摘している。

22　こうした総合的な計画とする理由として、大杉は「行政改革に関する計画については、(中略)、国（総務省）が主導し、自治体に策定を事実上義務づけた集中改革プランが挙げられ」、「総務省が示した「地方公共団体における行政改革の推進のための新たな指針」（2005年）に基づき、「事務・事業の再編・整理、廃止・統合」「民間委託等の推進」「定員管理の適正化」「給与の適正化」「市町村への権限移譲」「出先機関の見直し」「第三セクターの見直し」「経費節減等の財政効果」「その他」について、全国の自治体のほぼすべてが策定し、他自治体と比較検証可能な形で公表してきた行政改革に関する計画である（大杉 2010:9)」ことを挙げている。

23　国土強靭化法に基づき、都道府県・市町村が定めることができる国土強靭化地域計画について、そのガイドライン第2版では国土強靭化地域計画があたかも総合計画よりも上位の計画であるような図が掲載されている（内閣官房国土強靭化推進室 2015:16)。その第3版ではこうした図は削除されたようだが（内閣官房国土強靭化推進室 2016:17)、「基本構想」策定義務付け廃止後、自治体計画をめぐって、さまざまな見解を省庁が有していると考えられる。

24　松下は、2007年の地方財政健全化法の制定以前から自治体財務を新たな課題として提起し、外郭団体や特別会計を含めた連結財務諸表を明らかにすべきとしている(松下 1999：124 ～ 138)。

25　最近制定される法律では、自治体に計画策定の努力義務を課したり、できる規定を設け、その策定状況をホームページで公表することで、実質的に計画を策定せざるを得ない状況に追いやることが多い。具体的には、生物多様性基本法に基づく生物多様性地域戦略、国土強靭化法に基づく国土強靭化地域計画など枚挙にいとまがない。

26　北村は、2000年の分権改革後の状況について、シャブ中患者の禁断症状のように、通達注射に依存せず、自らの創意工夫でつくり出す必要性を指摘している(北村 2001:5 ～ 7)。

27　こうした国の関与という点では、自治制度所管官庁と、それ以外の省庁との関係も重要と考えられる。実際、1969年の市町村への「基本構想」の策定義務付けにあたっては、「当時、市町村の計画に直接関係する事業をもっていた中央官庁は建設・農林の2省のみであり、地方自治法の改正に前後してこうした市町村建設計画の基盤性を明記した規定が織り込まれたのは、同2省と自治省の幹部の間で市町村計画が国のプロジェクトの障害になる可能性は低いことが了解されていたためとみるべきであろう」（西尾 1995:119）とされる。一方、第17次地方制度調査会は、「国、都道府県、市町村を通ずる各種計画行政の進展に伴い、諸計画間の調整を図り、都道府県行政の総合性、計画性を確保するため、都道府県においても基本構想を定めるものとすべきである」旨答申し、自治省は1981年に地方自治法の改正を企画するが、関係省庁の合意が得られず、国会提出を見送っている（遠藤 1988：341）。

28「事業官庁は、事業決定にはコミットしつつ財源は地方財政当局に委ねることができるという点で、地方財政当局は公共事業の決定に（財源面だけでなく）コミットすることが可能になった。この結果、事業官庁と地方財政当局との関係も大きく変わった（岡崎 2000a：107）。このような自治省と各省庁の関係の変化は澤井も指摘している（澤井 1993：222 ～ 223）。

第２部
国の地方行財政運営方針の指定都市の行財政運営に与える影響

第２部では、「総合計画財政計画」の財政規律の確保に影響を与えるものとして、職員数削減、一般単独事業債、地域総合整備事業債、臨時財政対策債に関する国の関与・誘導を分析する。

第２章　指定都市の職員数削減の取組

自治体が職員数削減をはじめとする減量型の行政改革に取り組む契機の１つとなったのは、1985年に自治省が「地方公共団体における行政改革の方針の策定について」（以下「85年通知」という。）により行政改革大綱の策定等を指導したことであろう。これ以降、1994年の「地方公共団体における行政改革推進のための指針の策定について」（以下「94年通知」という。）」、1997年の「地方自治・新時代に対応した地方公共団体の行政改革のための指針の策定について」（以下「97年通知」という。）」、そして、2005年の「地方公共団体における行政改革の推進のための新たな指針の策定について（以下「05年通知」という。）」といったかたちで、国から自治体に改革を求める、「上からの改革」という図式が定着してきた[1]。

このように、自治体の行政改革を「上からの改革」ととらえる考え方は、国・地方関係を集権・融合型等ととらえてきた地方自治研究の流れとも親和性をもっている。

しかしながら、1990年代に入り、地方分権改革の流れの中で、「上からの改革」という枠組みを飛び出て、自ら行政改革を公約に掲げ、選挙戦を戦い、首長に就任する、「改革派の首長」が注目を集める。「改革派の首長」が進める自治体改革の対象は、職員数削減にとどまらず、行政評価の導入、旧来の役所の体質の変革等多岐にわたっている[2]。厳しい財政状況、少子高齢化等の社会環境の変化、分権改革の流れを踏まえれば、地域の実情に応じ、首長を中心として自治体が自発的に改革に取り組む必要性は大きい。

地方分権を推進し、国から自立した行財政運営を行おうとする立場からは、住民の支持を得た首長が職員数削減をはじめとする自治体の改革に取り組む構図は説得的である。一方、総論としては改革の必要性に賛成するものの、個々の改革には痛みが伴うし、可能であれば着手したくない、先送りしたいとの意向が働くことも想定される。さらには、改革の揺り戻しが起こることも考えられる。実際、「闘う知事会」は「国庫補助負担金改革」「国から地方への税財源の移譲」「地方交付税改革」を一体的に実施する三位一体改革に際して注目を集めたが、都道府県間の利害の相違を超えて調整を行うことができなくなった（青山 2005、片山 2008）。また、「改革派の首長」が交代すると、多くの場合、後任はその成果を継承しない（田村 2014:204 ～ 206）。

このように改革には、痛みが伴うことから、先送りされがちで、継続が困難とされる。こうした中で、2000 年の分権改革以降、「上からの改革」ではなく、自治体自らの発意に基づき「自立した改革」が行われえるのか[3]、その要因を明らかにする。これにより、不断の改革が求められる人口減少時代において、いかに「総合計画財政計画」に基づき行財政運営を進めていくかについて示唆を得ることができると考える[4]。

具体的には、2000 年の地方分権改革による変化に着目しながら、指定都市を対象とした計量分析により、職員数削減に取り組む要因等を明らかにしていく。

1.　本章の目的・視点、先行研究

1.1.　本章の目的・視点

職員数削減をはじめとする減量型行政改革は、特定のサービスの削減等を行うことで既得権益に切り込むことから、削減の影響を被る主体は明確となりやすい。一方で、得られる財政健全化の効果は他の施策に広く薄く配分されることが多いため、住民からは見えにくく、受益者の特定が困難であり、総論賛成・各論反対になりやすい。結果として、利害関係者が自身への影響を考慮し、先送りを求めることから、これに応じた選択がなされやすい。この点で、全体の資源管理を総括する唯一の主体である首長が改革に取り組む動機をもつ（金井 2010：153）。

こうした中で、減量型行政改革のうち、職員数削減を対象として、自治体が取り組む要因を明らかにしようとする本章の視点は大きく３つに分けることができる。

１つ目は職員数削減と国の地方行財政運営方針の関係を明らかにすることである。国は、たび重なる通知を発出し、自治体に行政改革大綱等の策定を指導してきた。さらに、ラスパイレス指数を用いた給与制度の是正、定員管理の適正化等を促してきた。一方、自治体からみれば、自ら職員数削減を主導する場合は関係者への説明が容易でないが、国の通知を踏まえる場合は、他の自治体も同時に取り組むほか、改革の責任を国に転嫁できるなど、国という外圧の利用が可能となる（金井 2010:156 ～ 157）。

また、05 年通知は、具体的な削減目標の設定にくわえ、2003 年に制度化された指定管理者制度の導入を促す内容となっていた。縦割りの個別法の規律密度が高く、特に許認可等に係る事務のアウトソーシングが容易でない中にあって、公の施設の使用許可を含めて、事務を外部化できる仕組みの導入等は、職員数削減の促進要因の１つになる。さらに、自治体財政では、課税自主権が制限され、地方交付税や国庫補助負担金等が歳入の大きな割合を占めており、国の財政移転が減れば、人件費の削減等をめざした職員数削減に着手せざるを得ない状況に追い込まれる。

こうした国の地方行財政運営方針が職員数削減に与える影響を分析するのが１つ目の視点である。

２つ目は職員数削減と、財政状況の関係を明らかにすることである。行政改革は、利害関係者の調整が難しく、先送りされがちであるとしても、財政状況が一定の水準を超えれば、抜本的な対応を余儀なくされる。１つ目の視点とも関連するが、地方財政再建促進特別措置法の赤字比率や地方財政健全化法における健全化判断比率等の基準を超え、実質的な破産状態となり、さまざまな指導を国から受けながら改革を行わなければならない事態は避けることも想定される。こうした財政状況を表す指標を取り上げ、当該数値が職員数削減に与える影響を分析するのが２つ目の視点である。

３つ目は職員数削減と、首長の属性・政治状況等の関係を明らかにすることである。首長が当該自治体の職員であった場合は、過去のしがらみ等から自由ではありえず、自治体として抜本的な改革に取り組むことは容易ではない。実際、当該自治体職員出身は財政再建策として予算規模の削減よりも基金を取り崩す傾向にある（河村 2008：113）。一方で、中央官僚等の場合には、過去のしがらみにとらわれず、改革に取り組むことが可能とも考えられる。とりわけ、自治制度を所管する総務省（旧自治省）出身の知事は歳出を抑制する傾向にある（砂原 2006：175、砂原 2011：87）。

そして、首長は就任から年数を重ねるにつれ、自らの政策運営にしがらみを抱えるようになることや、減量型行政改革は数年を経るうちに効果が上がらなくなること（金井 2010:147）等から、就任当初と比較すると、職員数削減が進まないことも考えられる。

また、金井のいうように行政改革に取り組む動機は首長のみがもつとしても、首長が選挙の際に職員組合や支持母体を組合とする政党の支援を受けている場合には、職員数削減には消極的にならざるを得ない。さらに、首長が議会で少数与党の場合、改革に対する議会の支持を得ることが困難で、改革がとん挫することも想定され、改革の実施と首長を取り巻く政治状況等は無関係ではありえない。

こうした首長の属性・政治状況等と職員数削減の関係を分析するのが３つ目の視点である。

1.2.　先行研究

自治体の政策決定は、高齢化の進展、人口の増加等、行政需要の変化に対応して行われていると解するのが一般的であろうが、実際には、政治状況、国の指導等さまざまな影響を受けている。このため、土木費、教育費といった特定の費目が歳出総額に占める割合を取り上げ、それを規定する要因を明らかにする研究が行われてきている。

このうち、計量分析に関わる研究として、647 の市町村の財政支出の決定要因のうち、社会経済的要因と政治的要因を分析した飽戸・佐藤（1986）がある。その後、さまざまな研究が行われているが、ほとんどが都道府県を取り上げ、歳出構造、特に民生費、土木費といった目的別歳出を対象とし、また、首長の党派性や議会の会派構成等に着目している（曽我・待鳥 2001、名取 2004、曽我・待鳥 2007）。このように都道府県については研究成果が蓄積されてきているが、市町村は、飽戸・佐藤（1986）以外は、近藤 2011 など限定的となっている。

また、行政改革は、大まかに ①人件費の削減、職員定数・実数の削減、給与水準の引き下げ等の「減量型行政改革」、②行政システム・仕組み自体を改革の対象とする「行政経営システム改革」、③地域社会全体を含めて、トータルに公共サービスの改革を行う「地域経営改革」の３つに分類できる（金井 2010:146 ～ 149)。一般的に行政改革というと、①の減量型行政改革を指すことが多い[5]。このうち、①は、アンケート結果を用い、市を対象に財政再建策としての人件費抑制策や、民間委託等の効率化策の採用の規定要因を明らかにしたもの（河村 1998、河村 2008）がある。②について、加藤 2005 は、アンケートを得点化したデータを用い、市区を対象に、透明度、効率化度、住民参加度、利便度等、行政システム全般の改革と政治的特性や財政状況にもたらす影響を計量的に分析している。このほか、中村 2009 は、分権改革前後の組織変容について、都市自治体を対象としたアンケート調査を用いた分析を行っている。

このように自治体の政策決定に係る先行研究のうち、財政支出に係るものは都道府県が中心である。一方、行政改革に係る計量分析は、市等を対象として、アンケート調査のデータを用いて行われている。

こうした中で、本章は、アンケート調査ではなく、統計データを用い、分析を行う。

2. 本章の研究対象、対象期間

後述する対象期間の中で、必要なデータの把握が可能であるのは、1985年時点で指定都市に移行していた10市[6]であることから、本章では、この10市に限定して分析を行う。

また、対象期間は、国が行政改革大綱策定の指導を開始する1985年度から2014年度までの30年間とする。これは、国が行政改革に関する計画的な取組を指導した最初が85年通知であり、当該通知発出を含めた期間の動向をみることで、本章の視点の1つである職員数削減と国の地方行財政運営方針との関係を明らかにできると考えるためである。さらに、この30年間について、分権一括法が施行された2000年の地方分権改革を境として前期、後期の2つの時代に区分し、分析を進める。

そして、一般的に行政改革の概念は大変広いが、本章では、財政が厳しい中で行われる減量型行政改革のうち、職員数削減を対象として分析を進める。この点について、たとえば、首長選挙において、候補者からしばしば公務員批判が行われるように、市民も含め、職員数削減に積極的な議論もあり、市民に痛みを強いる減量型行政改革の中で職員数削減を取り上げる妥当性についての指摘もありえる[7]。

しかしながら、①職員が事務の実施を担っているため、指定管理者制度や民間委託の導入にも限界があり、職員数削減が最終的には事務の廃止に結び付き、市民サービスにも影響が及ぶ可能性もある。また、②公立保育所の民営化について利用者から訴訟が提起される等、公務員によるサービス提供への住民ニーズは高く、民間活用による職員数削減でも、サービス低下につながる懸念が示されることが多い[8]。

さらに、統計データという点では、③総務省（旧自治省）が定員管理調査を行っており、同一の基準で比較しやすいこと、④国からの通知でも職員管理の適正化にたびたび言及される等、行政改革に係る代表的な指標と考えられることなどから、減量型行政改革を表すデータとして、市全体の職員数削減に着目する。

一方で、職員数削減は、職員の解雇が事実上困難であり、退職者に相当する人員の一部不補充による対応が通常とされる中で、市長等の意向を即座に反映するのは困難との疑問が呈される可能性もあるが、こうした点も含めて、以下で検討していく。

3.　指定都市の職員数削減の状況とその要因

3.1.　職員数削減の状況

終身雇用が一般的とされてきたわが国の雇用形態でも、自治体と企業の取扱いは異なっている。自治体の職員は一種の身分として採用され、その身分取り扱いは地方公務員法で規定されており、営利企業への従事をはじめ、さまざまな制限が課されている。一方で、身分保障がなされ、懲戒処分、分限処分等に該当する場合以外は、企業でいう解雇に当たる免職処分を行うことはできない[9]。

このため、自治体職員は備品にもたとえられ（大森 1995：128）、行政改革により職員数を減らし、人件費を抑えるとしても、定年退職者相当数の新規採用は行わず、一部を不補充とするといった手法がとられることが通常である。特に、若手職員の採用による組織活力の維持等、年齢別の職員構成に配慮すれば、新規採用を抑制しながら、退職者の一部を不補充とすることで、徐々に職員数を減らさざるを得ず、職員数の削減にはより長期間を要する。

ここで、図表 3-1-1 に前年度比での指定都市の職員数の増加率の推移を示した。網掛け部分は国の指導により行政改革大綱等の策定が求められた期間を示している。

85 年通知を踏まえた時期では、プラスとなる年があり、その後、景気の影響等もあると考えられるが、増加率はプラスとなり、94 年通知、97 年通知を踏まえた期間では、再びマイナスとなる。こうした削減傾向は、指導対象でない期間も継続され、さらに、05 年通知を踏まえた期間でも継続している。

このように、バブル経済の時期に一時的に増加傾向となったものの、全体として職員数は減少傾向にあり、2000 年度以降、特に顕著となっているといえる。

なお、行政改革大綱等の対象期間である網掛け部分に着目すると、1986 年度や 2006 年度以降について、指導があるにも関わらず、増加率が逆に上昇している年度もあり、増加率には、国の指導以外の要因も影響していると考えられる。このため、後述する要因も含め、職員数増加率への影響を分析していく。

また、増加率が毎年度変化していることから、職員数削減は退職者の一部不補充を基本に行われるとしても、一定の範囲内で、環境変化に応じた対応が行われていると考えられる。

図表 3-1-1　指定都市の職員数の増加率の推移

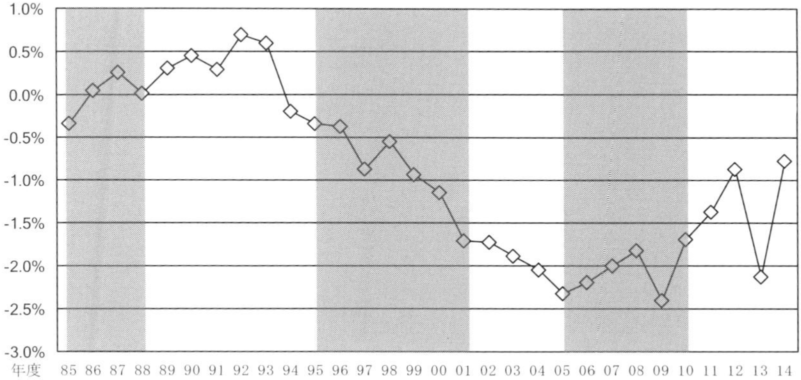

出典：定員管理調査から筆者作成

3.2.　職員数削減の要因

自治体が住民に提供する行政サービスには、福祉サービス、公共施設の利用、公証等さまざまなものがある。そして、自治体の財源が不足した場合に取りうる対応として ①現在のサービスの供給量を削減し、あるいは質を下げる、②増税等によって、それに充てる財源を調達する、③要求されるサービスの質量を減らすことなく、かつ現在の財源の範囲内で、サービスの生産・供給過程を効率化するという３つがある。③はムダを省き、効率化を図ることには限界があるものの、わが国の行政改革は③を中心に実施されてきた（森田 2012：6）。

また、地方財政制度は、地方分権の流れの中で一部緩和されているが、全体としてみれば、国の関与が非常に強く、自治体の歳入面での裁量は非常に小さい。実際、その財源は、地方交付税等を通じた財源の補てん、地方債に対する国の暗黙の保障等により確保され、地方財政計画をベースとした護送船団（外川 2001:53、喜多見 2010）ともいわれる制度となっている。一方、課税自主権は、超過課税や法定外普通税、法定外目的税等が制度的には認められているが、限定的にしか活用されていない。このため、財政学で一般的に言われる「量出制入の原則」に基づく運営でなく、基本的に歳出削減主体の財政収支均衡策を取らざるを得なくなっている（小西 2002:46 ～ 47、喜多見 2010:4 ～ 5）。結果として、②の活用は困難となっている。

この ③を実施するための手段として、自治体では、給食、清掃等の現業部門を中心に、職員数削減に直接結び付く業務の民間委託が行われてきた。近年では、1999 年９月の民間資金等の活用による公共施設等の整備等の促進に関する法律（PFI 法）の施行、2003 年９月の改正地方自治法による指定管理者制度の導入、2004 年４月の地方独立行政法人法の施行等により、自治体の事務を民間等にゆだねる手法が多様化してきている。また、委託・委任による事務執行は、自治体職員による直接執行と比較して、コスト削減が可能となることが指摘されている（坂田 1985、坂田 1996、坂田 2006 等）。

こうした点を踏まえれば、図表 3-2-1 のように、一般企業と同様に、歳入不足が発生した場合等に対して、そのかい離を埋めるために、職員数削減が行われるのが通常といえよう。一方、自治体の場合、歳入の大きな割合を国からの財政移転が占めており、その削減等が職員数削減を加速させることや、地方行政改革は「上からの改革」という図式が定着してきたとされる中で、国の指導が影響を与えることも想定される。さらには、公選の市長の場合、自治体経営者としての側面とともに、政治家として支持者の意向を踏まえる等、次期選挙における再選動機が、意思決定に影響を与えることも考えられる。

図表 3-2-1　自治体職員数の削減の要因

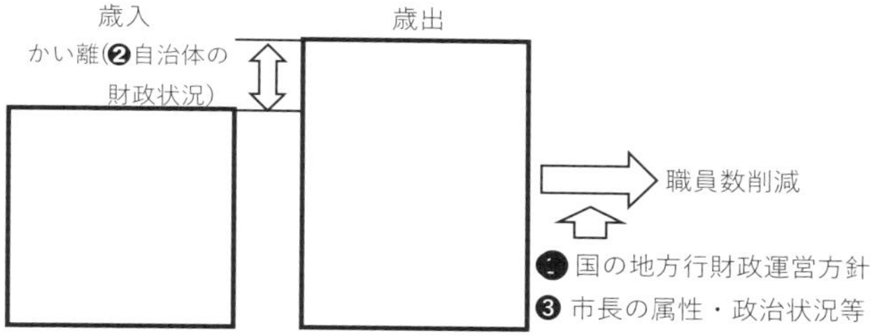

出典：筆者作成

このため、本章では、視点で示したように職員数削減に与える要因として、国の指導や国庫補助負担金の削減といった❶国の地方行財政運営方針、❷自治体の財政状況、❸市長の属性・政治状況等を取り上げ、分析を行う。

3.2.1.　国の地方行財政運営方針

図表 3-2-1-1 に示したように、国から自治体に行政改革を求める通知がたびたび出されてきており、行政改革大綱の策定等が指導されてきた。

図表 3-2-1-1　自治体への行政改革に係る通知の概要

名称	重点事項等
地方公共団体における行政改革推進の方針（地方行革大綱）の策定について（1985年1月22日）	①事務事業の見直し、②組織・機構の簡素合理化、③給与の適正化、④定員管理の適正化、⑤民間委託、OA化等事務改革の推進、⑥会館等公共施設の設置及び管理運営の合理化、⑦地方議会の合理化
地方公共団体における行政改革の推進のための指針の策定について（1994年10月7日）	①事務事業の見直し（民間委託の推進等）、②時代に即した組織・機構の見直し、③定員管理及び給与の適正化の推進、④効果的な行政運営と職員の能力開発等の推進、⑤行政の情報化の推進等による行政サービスの向上、⑥会館等公共施設の設置及び管理運営
地方自治・新時代に対応した地方公共団体の行政改革の推進のための指針（1997年11月14日）	①事務事業の見直し（民間委託の推進等）、②組織・機構関係、③外郭団体関係、④定員及び給与関係、⑤人材の育成・確保関係、⑥行政の情報化等行政サービスの向上関係、⑦公正の確保と透明性の向上関係、⑧経費の節減合理化等財政の健全化関係、⑨会館等公共施設関係、⑩公共工事関係、⑪広域行政関係
地方公共団体における行政改革の推進のための新たな指針（2005年3月29日）	①事務・事業の再編・整理、廃止・統合、②民間委託等の推進（指定管理者制度の活用含む）、③定員管理の適正化（過去5年間の総定員の削減率4.6%を上回る目標の設定）、④手当の総点検をはじめとする給与の適正化（給与表の運用、退職手当、特殊勤務手当等諸手当の見直し等）、⑤市町村への権限移譲、⑥出先機関の見直し、⑦第三セクターの見直し、⑧経費削減等の財政効果、⑨その他

出典：各通知から筆者作成

この中では、行政改革大綱等の策定のみならず、それを公表することや、議会意見への配慮などが指導されてきた[10]。一方で、自治省は、自治体の行政改革大綱等の策定や実施状況を公表し、議会や市民の関心を集めることで、自治体が行政改革に取り組まざるを得ないような状況を作ってきた[11 12]。

このように計画の策定、公表等がセットで行われ、その取組状況について他都市比較がなされることで、大綱等の対象期間は、一定の職員数削減に取り組む動機付けがなされていた。

また、自治体への国庫補助負担金は、臨調答申や行政改革会議を踏まえ、1980年代中盤から補助率の見直しがなされ､削減されてきた。こうした中で、国庫支出金の歳入に占める割合の推移を図表3-2-1-2に示した。

1985年度から1991年度までは削減傾向にあったが、それ以降、増加傾向に転じている。

図表3-2-1-2　指定都市の国庫支出金の歳入に占める割合の推移

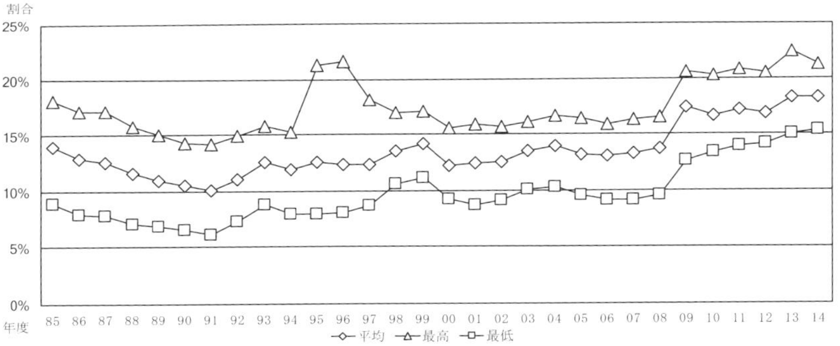

出典：市町村決算状況調べから筆者作成

3.2.2.　財政状況

図表3-2-2-1に経常収支比率の推移を示した。

総務省（旧自治省）の指導として、経常収支比率は、「少なくとも75%程度におさまることが妥当と考えられ、これが80%を超える場合は、その財政構造は弾力性を失いつつあると考えてよい」（自治省財政局指導課1969）とされてきた。しかしながら、図表3-2-2-1からわかるとおり、扶助費の増加等により当該値を大きく超えている状況にある。特に、2000年代以降、臨財債を含まない数値では平均値も100を超えており、2009年度以降は、最小値も100を超え、硬直化が顕著なことを指摘できる。

この経常収支比率は、人件費を含む義務的経費を経常的な歳入で賄っている比率であり、その上昇は人件費の抑制、職員数削減に結び付く側面もあると考えられる。

図表3-2-2-1　経常収支比率（臨財債等含まず）の推移

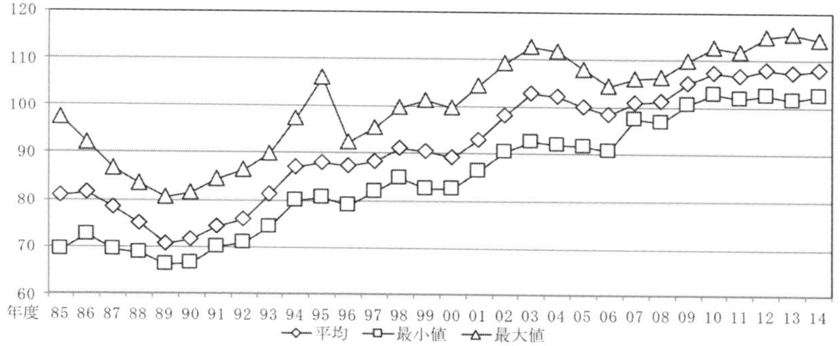

出典：市町村決算状況調べから筆者作成

3.2.3.　市長の属性・政治状況等

3.2.3.1.　市長の前職

図表3-2-3-1-1に、1985年以降の指定都市の市長の前職を示した[13]。前職は、職員[14]、自治官僚[15]、中央官僚[16]、議員[17]、その他[18]に分類している。1999年までの前期は、およそ半数で職員出身の市長が占めていること、中央官僚出身が比較的多いことが指摘できる。

また、2000年からの後期は、前期と比較して、職員出身の市長が減少していくほか、議員出身、さらにはいずれのカテゴリーにも属さないその他出身の市長が増加してくる。

このように、職員出身の市長は2000年以降減少してきている。職員の場合、自らが関係しながら推進してきた政策・施策を否定することは困難である。一方、しがらみをもたない議員やその他の出身の市長は、既往の政策・施策に縛られることなく、改革を断行できるとも考えられる。

図表 3-2-3-1-1　指定都市市長の前職

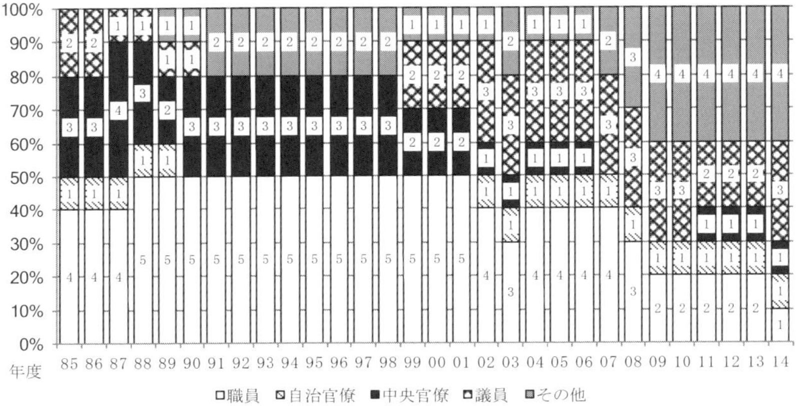

出典：各都市ホームページ等から筆者から作成

3.2.3.2　市長の支持政党

市長の支持政党については、当選後に変化し、その政策決定に影響を与える場合もあると考えられるが、それを30年にわたり把握することは困難である。このため、支持政党は、当該任期中は変化しないものとして取り扱い、曽我・待鳥2007等を参考に、次のカテゴリーに分類した。

①自民・中道：自民党の支持を受け、かつ社会党、共産党、民主党を除くどれかの政党の支持を受けている場合

②公明単独：公明党単独の場合

③相乗り：自民党の支持を受けており、かつ社会党、共産党、民主党のいずれか１つ以上の支持を受けている場合

④民主系：民主党の支持を受けており、自民党の支持を受けていない場合

⑤革新・中道：社会党と共産党のいずれか、あるいは両方の支持を受けており、かつ自民党、非自民保守政党、民主党以外のいずれかの政党の支持も受けている場合

⑥革新：社会党と共産党のいずれか、あるいは両方の支持を受けており、他の政党の支持を受けていない場合

⑦無党派：いずれの支持も受けていない場合

⑧その他：地域政党（減税日本等）の単独の支持を受けている場合

こうした支持政党の推移を図表 3-2-3-2-1 に示した。前期のはじめは、革新ブームが過ぎ去り、自民･中道とともに、相乗りが多数を占め、1995 年以降、全数が相乗り市長となる。

図表 3-2-3-2-1　指定都市市長の支持政党の状況

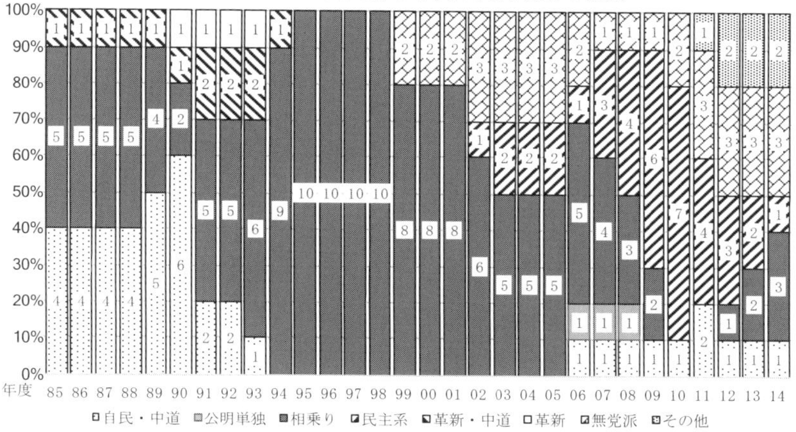

出典：全国首長名簿各年版から筆者作成

そして、後期は、無党派、民主系が増加し、特に、民主系の国政での躍進の影響と考えられるが、2010 年には 7 の指定都市で民主系が市長を務めることになる。さらに、減税日本、維新の会等、地域政党の公認を受けた市長や、無党派市長が増加し、民主系の市長は減少していく。このように後期は、市長の支持政党が大きく変化する。

4.　計量分析

4.1.　計量分析に用いる変数

被説明変数である職員数は、当該年度と翌年度の 4 月 1 日の数値を比較した増加率を用いる。

この職員数増加率の説明変数として、❶国の地方行財政運営方針は ①行政改革大綱等の策定の対象期間となっているか否か（85 年通知は 1985 年度からの 3 年間、94 年通知・97 年通知は 1995 年度からの 6 年間、05 年通知は 2005 年度からの 5 年間を対象期間)、②歳入に占める国庫支出金の割合を用いる。❷自治体の財政状況は ①財政力指数[19]、②経常収支比率[20]、③市税収入の増加率、❸市長の属性・政治状況等は ①前職[21] と、②支持政党、③議会における与党比率、④当選回数、⑤当選時の得票率を取り上げる。❶①の国の指導、❸①の市長の前職、②支持政党は、ダミー変数を設定し、分析を行う。このうち、❷③は前年度から当該年度の増加率を当該年度の数値として採用している[22]。また、②支持政党は、既にみたとおり、自民党単独がない中で、自民・中道を自民系とする一方、民主系、革新・中道、革新を組合系、そして無党派についてダミーを設定している。これは職員組合の影響等が職員数削減にどのような影響を与えるのかをより明確に分析できると考えるためである。

こうした説明変数にくわえ、社会経済状況を示すものとして、国会図書館の検索を用い、行政改革に関する雑誌等の❹記事の掲出件数を取り上げる。❹記事に多く取り上げられた場合、市民の行政改革に対する理解がより高まり、改革が受容されやすくなる可能性があると考えるためである[23]。

4.2.　計量分析の結果

先述の説明変数、被説明変数を用いて、ランダム効果モデルにより分析を行った結果が図表 4-2-1 である[24]。

この結果、❶①国の指導は、通期、後期で有意となっており、とりわけ後期の係数が大きくマイナスとなっている。後期は、05 年通知において 4.6% 以上の削減目標の設定とともに、指定管理者制度等の活用が具体的に位置づけられており、国の指導にくわえ、事務を外部化し、職員数を削減する手法が用意されたことも大きい。一方、前期は有意な値を得ることができなかった。この要因として、国の指導があったとしても前期は具体的な削減目標が指導されなかったこと等が想定される。また、②国庫支出金割合も同様に有意な値を得ることができなかった。

❷財政状況は、①の財政力指数は通期、前期では有意にプラスであり、また、②経常収支比率も、通期、前期で有意にマイナスとなっている。①からは財政力のある自治体で職員数削減が行われにくかったこと、②からは経常収支比率には人件費率が直接影響し、当該比率が高い場合には職員数削減に取り組むことが指摘できる。一方、③市税増加率と職員の増加率は有意な値を得ることができなかった。

図表 4-2-1　職員数増加率の要因分析結果

			通期 n=10,T=30,N=300			前期 n=10,T=15,N=150			後期 n=10,T=15,N=150		
職員数増加率			決定係数	0.32435		決定係数	0.51325		決定係数	0.2114	
			係数	P値		係数	P値		係数	P値	
❶	①	国指導ダミー	-0.00374	0.0523	+	-0.00194	0.2016		-0.00971	0.0193	*
	②	国庫支出金割合	-0.00726	0.8657		-0.01478	0.6062		-0.12809	0.2074	
❷	①	財政力指数	0.03512	0.0122	*	0.01473	0.0994	+	0.07888	0.2059	
	②	経常収支比率	-0.00073	0.0000	**	-0.00023	0.0592	+	0.00059	0.2078	
	③	市税増加率	0.00589	0.8136		0.00440	0.7452		0.01734	0.7642	
❸	①	職員ダミー	-0.00794	0.0133	*	-0.00159	0.4276		-0.01377	0.1209	
		自治官僚ダミー	-0.00982	0.0433	*	-0.00287	0.4586		-0.01343	0.2494	
		中央官僚ダミー	-0.00511	0.1572		-0.00044	0.8366		-0.01991	0.1139	
		議員ダミー	-0.00318	0.3416		-0.00314	0.3243		-0.00271	0.6757	
	②	自民系ダミー	-0.00387	0.2226		0.00308	0.0645	+	-0.02141	0.0263	*
		組合系ダミー	-0.00193	0.5685		0.00271	0.2009		-0.01570	0.0604	+
		無党派ダミー	0.00215	0.6096		-0.00653	0.2152		-0.01283	0.1082	
	③	与党比率	-0.00793	0.1566		-0.01260	0.0040	**	-0.01169	0.2336	
	④	当選回数	0.00125	0.1340		0.00059	0.1595		0.00621	0.0119	*
	⑤	得票率	0.01250	0.1232		0.00587	0.2150		-0.04463	0.0893	+
❹		記事	0.00000	0.4018		-0.00001	0.0056	**	0.00005	0.3352	

※P値の右側の記号は**は1%、*は5%水準、＋は10%水準でそれぞれ有意なもの

出典：筆者作成

さらに、❸市長の属性・政治状況等として、①前職について、自治官僚は通期で有意にマイナスとなっているほか、職員でも有意なマイナスの値となった。係数は自治官僚のほうがより大きなマイナスの値となったものの、職員出身であっても削減に取り組む傾向にあることが指摘できた。さらに、②支持政党は、自民党系について前期・後期でそれぞれ異なる符号を示し、組合系でもマイナスの値となり、本章の視点とは異なる結果となった。また、③与党比率は、前期について有意にマイナスの値となった。さらに、④当選回数は、後期で有意にプラスの値となった。先行研究での「当選回数を重ねた首長のいる自治体で人件費抑制策が多く採用される傾向にある」（河村 2008:109）との指摘とは異なる結果であったものの、本章の当選回数を重ね

るにつれ､改革に取り組みにくくなるという視点とは整合的な結果となった。⑤得票率について、後期はマイナスを示しており、後期は与党比率が低くなる中にあって、住民の支持を得て、得票率が高い場合には職員数削減に取り組む構図が指摘できる。

❹記事の掲出件数について、前期は有意なマイナスの値となった。この時期に臨調の動きをはじめ、さまざまな媒体で行政改革が取り上げられ、受容されやすい環境となっており、職員数削減につながっていたものと推察される。

5.　小括

本章では、職員数削減に取り組む要因について、計量分析を用いてきた。❶国の地方行財政運営方針は 2000 年の分権改革以降でも、国の指導に基づき職員数削減を進めていること、❷財政状況は財政力指数が高いほど、職員数削減に消極的であること、経常収支比率の上昇による硬直化等が職員数削減につながること、❸市長の属性・政治状況等は職員出身でも取り組まれているが、自治官僚出身でより積極的であること等が指摘できた。

このように、職員数削減は、国の指導の影響が大きいことにくわえ、改革に取り組む要因を一定程度、明らかにできた。特に、2000 年の地方分権改革以降であっても、市長を中心に自立的な改革に臨むという形よりも、むしろ「上からの改革」という側面が依然として強いことが指摘できた。

一方、❶国の地方行財政運営方針、❷財政状況は本章の視点で示した考えが一定程度支持された形となったが、❸市長の属性・政治状況等は、異なる結果が多く示された。また、分権改革以前は国の指導との関係を見出すことはできなかった。

くわえて、後期における国の指導では指定管理者制度や地方独立行政法人の制度が導入されたことも削減に影響を与えていると推察される中で、職員数の削減も一定の限界を迎えているとも考えられる。このため、具体的にどのような手法が職員数削減に寄与してきたのかは事例も踏まえながら仔細に検討していく必要がある。

さらに、本章で用いたモデルでは、2000 年の分権改革以前では決定係数も 0.5 を超え、一定の説明力をもっていると考えられるが、後期では 0.2 程度と低くなっている。このため、他の要因を考えていく必要がある。

また、本章で得られた知見を単純化していえば、国の指導、厳しい財政状況、自治官僚出身の市長という他律的な要因により、職員数削減に取り組まれたといえ、自律的な行財政運営への示唆を求めることは難しい。こうした中では、国の指導により、情報の開示等が求められ、他都市と比較参照されることが職員数削減につながった一因とも考えられる。このため、自治体として、職員数をはじめとする行政改革に関する情報、さらには財政状況を、議会や市民に積極的に発信し、共有していくことが不断の改革の継続につながっていくと考えられる。特に、2000 年代前半など、国の指導がない期間でも、職員数削減が進められていたことからは、本章の枠組みでは補足できなかった「改革派の市長」が市民の支持を得て当選し、情報を開示しながら、改革を進めていったということも想定される。

こうした点について、2000 年代の横浜市と川崎市の職員数削減と「総合計画財政計画」の関係を取り上げ、その具体的な検証を第３部で行う。

脚注

1 「地方においては、自治体による主体的な発意というよりは、国の審議会の提言や自治省（当時）からの通達を受けて、自治体の行政改革が進展していった。国の意向を受けて自治体が行革大綱を初めて策定したのもこの時期（1980 年代のこと）であり、以後今日に至るまで、行革大綱に基づき行政改革を進めることが､自治体における行政改革の標準型となっている」(田中 2010: 4)とされる。

2 田村は「改革派の首長」の共通項として抵抗勢力を明確にする、危機感を煽る、マスメディアや SNS を上手に利用する、外部から積極的に人材を活用する、情報公開に積極的に取り組む、既成政党とは微妙な距離感を保つ(田村 2014:141 ～ 156)といった点を挙げている。ここでの「改革派の首長」は、マスコミ等で、特定の何人かの知事を指すような使い方を踏まえたものといえようが、本書では、公職研（2006:3）等も参考とし、広くとらえている。

3 実際、2000 年の分権改革以降もほとんど変化していないという調査結果もあり（村松 2009:11)、分権改革の成果として自律的に行財政運営が行われているかについては単純でないといえる。

4 自治体の財政状況が厳しい中で、行政改革としてスクラップアンドビルトの重要性とともに、職員の定員管理の必要性を論じるものが多く（松下 2003、西尾 2013:110 ～ 111)、今後の自治体運営において行政改革は重要といえる。

5 自治省関係者の著書等からも民間委託等による人件費の削減が主要なテーマとして取り上げられており、行政改革の中心が減量型行政改革であることの証左といえる（坂田 1985、坂田 1996、坂田 2006)。

6 10 市は、札幌市、横浜市、川崎市、名古屋市、京都市、大阪市、神戸市、広島市、北九州市、福岡市となっている。

7 政治家から公務員批判がしばしばなされるが、実際に公務員バッシングが雑誌記事・論文に登場するのは 2005 年になってからとされ（中野 2013：29)、2000 年代以前には公務員批判は少なかったと考えられる。

8 川崎市立保育園に指定管理者制度を導入したことについて、保護者からその処分の執行停止が提起される（横浜地裁平 19.3.9 東京高裁平 19.3.29）など、公務員による市民サービスの提供への期待は高い。

9 実際、総務省の平成 27 年度における地方公務員の懲戒処分等の状況（平成 27 年 4 月 1 日～平成 28 年 3 月 31 日）によれば、職制等の改廃等により過員等を生じた場合を含め、分限免職処分を受けた数は 181 人にすぎず（2017 年 5 月 2 日閲覧 http://www.soumu.go.jp/menu_news/s-news/01gyosei11_02000074.html)、平成 27 年度の地方公務員数は、総務省の定員管理調査によれば 273 万 8 千人であり、この 0.06% に過ぎないことからもこうした実態は伺いしれる。

10 1985 年通知では大綱策定にあたっては、議会はもとより民間有識者、住民等の意向が十分反映されるよう配慮すること、1994 年通知でも行政内部の検討のみに止まらず住民の代表者等からなる行政改革推進委員会等を設置し、当該委員会の審議や意見等を踏まえることとするとともに、住民の意識調査などを通じて住民の意見を反映するよう配慮すること、公報に登載すること等により住民に公表することなど、住民への情報開示等が指導されている。

11 たとえば､2005 年通知に基づく集中改革プランは､「集中改革プラン及び 18 年指針の取組状況」として公表されており（http://www.soumu.go.jp/iken/101109.html)、こうした公表等により、他都市と比較参照されることで、伊藤 2002 が指摘するように、取組が普及していった側面もあると考えられる。

12 1960 年代半ば以降、自治体が人材確保の観点と、首長の選挙母体である職員組合の主張を受け入れることが多くなり、職員の大幅な待遇改善を行ってきた。こうした動きに対し、自治省は 1974 年からマスコミを通じてラスパイレス指数の高い自治体名の公表に踏み切り、世間の関心・批判が急速に高まり､1975 年春の統一地方選挙では､地方公務員給与が 1 つの大きな争点となり、また地方公務員の高額給与是正を求める住民運動も盛んになった（稲継 2000：187)。

このように自治体においては他都市の状況が明らかになることで比較参照され、住民からの是正の声が大きくなることもあり、行革大綱等の計画の公表を自治体に指導するとともに、その成果を自治省が公表することで、自治体の取組を誘導していた側面もあるといえる。

13　この図は10月1日現在で作成している。

14　職員のカテゴリーは当該市の職員として採用され、副市長（助役）等を経て、市長に就任した場合を指す。なお、前職があっても通常のルートで職員として採用された場合はこのカテゴリーに入れている。

15　自治官僚は、自治省または総務省の職員を経て、市長に就任した場合のカテゴリーであり、いったん当該市の副市長（助役）等に就任した場合もこのカテゴリーに含めている。また、仙台市長を務めた石井亨もいったん宮城県職員を務め、市長に就任しており、このカテゴリーに入れている。

16　中央官僚には、自治（総務）省以外の省庁出身を分類している。

17　議員には、当該市の市議会議員のほか、国会議員等も含む。

18　いずれのカテゴリーにも属さないものをその他として扱っている。大阪府知事を務めた橋下徹、大阪市立大学教授を務めた磯村隆文はこのカテゴリーに入れている。

19　財政力指数、経常収支比率は当該年度の数値を用いている。

20　経常収支比率については、減収補てん債（特例分）及び臨財債を経常一般財源等から除いた数値を用いている。

21　市長の経歴については10月1日を起点としており、当選回数は就任直後からそれぞれ1とカウントし、任期途中で自ら退職し、再度選挙戦に挑む場合は当該選挙後に2とカウントした。また、得票率は起点時の直前の選挙のものを用いている。

22　職員数削減の数値と比較すると、一年間のタイムラグを設定していることになるが、職員数が4月1日という点を対象としているのに対して市税収入は1年間を対象としており、また、職員数の決定は翌年の4月1日の前にすでに行われることから翌年度の税収を参照することは考えにくいためである。

23　この変数のうち、ダミー変数以外の記述統計量、出典は図表の通りとなっている。

図表　記述統計量等

	職員数増加率	国庫支出金の普通会計歳入に占め	財政力指数	経常収支比率	税収の伸び率	与党比率	市長任期	市長選挙得票率	記事の掲載件数
平均	-0.9%	13.5%	0.8234	91.6	0.0175	0.5168	2.12	58.6%	174.9
中央値	-0.6%	13.5%	0.8000	92.1	0.0140	0.5938	2.00	56.6%	121.5
最小値	-17.0%	6.1%	0.5700	66.0	-0.1124	0.0000	1.00	34.9%	23.0
最大値	2.2%	22.5%	1.1000	115.6	0.1346	1.0000	5.00	95.7%	903.0
標準偏差値	1.7%	3.4%	0.1389	13.0	0.0408	0.2756	1.15	14.7%	180.6
出典等	総務省（自治省）定員管理調査各年版	市町村決算状況調各年版を用い筆者作成	市町村決算状況調各年版	市町村別決算状況調各年版の経常収支比率のうち、臨時財政対策債の発行枠等を含まない数値	市町村別決算状況調各年版を用い筆者作成	全国首長名簿を用い、市長を推薦・支持した会派の議員するから筆者が計算	全国首長名簿を用い筆者が計算	全国首長名簿	国会図書館のhttp://www.ndl.go.jpから行政改革を検索し、年別の掲出件数を活用（2016年12月6日閲覧）

出典：筆者作成

24　後期ではF検定により、時間や個体が影響を及ぼさず、等分散の仮定を満たし、通常のOLSで推定可能との結果であったが、通期、前期ではF検定、Hausman検定により、ランダム効果モデルと固定効果モデルを比較した場合ランダム効果モデルが適切との結果であり、それぞれ異なる推計法でなく、ここではすべてでランダム効果モデルの結果を示した。

第３章
指定都市における一般単独事業債等の発行要因の検証

1980 年代には普通建設事業の単独事業における地方財政計画の計画値と決算額のかい離の縮小、1990 年代には景気対策や日米構造協議を踏まえた公共投資基本計画という国際公約の達成が求められた。このため、国は、さまざまな方策を用い、自治体を動員し、多くの公共施設等の整備を誘導してきた。結果として、自治体は多額の負債を負うこととなった（町田 1997、金澤 2002 など）。自治体の動員という点に関しては、国の誘導策に乗った自治体側にも課題があるとの指摘もある（土居 2007：65 ～ 67 など）[1]。

こうした国の誘導方策のうち、地総債をはじめとして、当該起債の償還費用並びに事業費の一部が普通交付税の基準財政需要額に算入されることで、実質的に補助金のように機能し、公共施設等の整備を進めるインセンティブとなってきた（宮崎 2006、土居・別所 2005a など）。さらに、許可制度の下で自治体が自由に地方債によって資金調達できない中で、国が認めた地方債の発行枠は重要な財源と位置づけられていた側面もあろう。

そして、地総債は、経済財政諮問会議の骨太の方針を踏まえ、2001 年度をもって廃止されるとともに、地方単独事業における事業費補正も縮小された。さらに、地方債の発行も許可制から協議制へ移行し、届出となるなど、2000 年の地方分権改革以後、国の誘導方策、関与も減少してきた。

こうした中で、本章は、自治体の資源管理という点から、一般単独事業債等の発行の要因、後年度の財政運営への影響等を検証することを目的としている。

1．本章の目的・視点、先行研究

1.1　本章の目的・視点

臨調答申などを踏まえ、1980年代中盤から国庫補助負担金の補助率の見直しを余儀なくされた。こうした中で、国は、景気誘導、公共投資の促進などを進めるにあたり、補助事業主体から単独事業主体へと、自治体の普通建設事業を誘導することで、公共投資の総額を確保せざるを得なくなった。本章は、自治体が国の誘導に応え、地総債をはじめとする一般単独事業債を発行した要因を明らかにしようとするものである。

この検討の視点は、大きく次の3点に集約できる。

1点目が国の地方行財政運営方針が自治体の一般単独事業債の発行に与える影響の分析である。普通建設事業の単独事業は、1980年代に、地方財政計画の計画値と決算額のかい離が大きくなる中で、その事業量を確保するため、適債事業の拡大などにくわえ、地方交付税による誘導という、実質的には補助金に近い方策が講じられた。自治体もこうした動きに呼応して地方単独事業を増加していったとされるが、バブル経済の崩壊とともに、地方単独事業を減らさざるを得なくなった。本来、自治体が自らの決定で行う地方単独事業に関連して、国の方針が一般単独事業債の発行にどのような影響を与えたのかを分析するのが1つ目の視点である。

2点目が自治体の財政状況が一般単独事業債の発行に与える影響の分析である。地方債は、充当率の引き上げにくわえ、元利償還金の交付税措置があっても、当該自治体の借金であることには変わりがなく、後年度には一定の負担増加を招くことになる。さらに、元利償還金の交付税措置といっても、基準財政需要額に算入されるのみで、実際に普通交付税として交付されるかは別である。不交付団体にとっては充当率の引き上げにより、単に地方債の発行枠が増えたに過ぎない。こうした中で、自治体の財政状況が一般単独事業債の発行に与える影響を分析するのが2つ目の視点である。

３点目が首長の属性・政治状況等が一般単独事業債の発行に与える影響の分析である。自治省出身者は、出身省庁が推進していたこともあり、一般単独事業債の発行による財源充当が認められる普通建設事業の単独事業を積極的に活用していたことも想定される。また、福祉政策を重視する革新系の政党の場合、単独事業を含めた普通建設事業に重きを置かないことも想定され、こうした政党の支持を得た首長の場合、一般単独事業債の発行を控えることも考えられる[2]。さらに、脱ダム宣言に代表されるように、無党派層の支持を得た首長の場合には、既存の政策を見直すような、普通建設事業を抑制するようなスタンスを示すこともあり得る。

こうした首長の属性・政治的状況等が一般単独事業債の発行に与える影響の分析が３つ目の視点である。

このような３つの視点について、以下で検討していく。

1.2　先行研究

普通建設事業の単独事業を取り上げ、基準財政需要額の算定において、地方債の元利償還金等を算入し、後年度の自治体の負担を交付税で措置することによって、どのように自治体の政策を誘導してきたかについてはさまざまな研究が行われてきた。

金澤は、実際のデータ等を分析しながら、1985 年度以降の地方の投資の誘導手法として、地方単独事業に係る起債充当率の引き上げ、交付税措置が活用され、地方交付税の補助金化傾向が進んだことを指摘している（金澤 2002：64)。同様に、単独事業の誘導手法として用いられてきたとの指摘は、梅原 1996、池上 1998、梅原 2007a などでもなされている。こうした中では、景気対策にくわえ、日米構造協議を踏まえて策定された政府の公共投資基本計画に基づく施策推進のための地方財政の動員などにも言及されている。

一方、計量分析を用いたものとして、岡崎 1999、2000a、2000b は、都道府県の一人当たり地方単独事業量と財政力指数について負の相関があるなど、財政力の弱い自治体を地方単独事業に誘導する仕組みの存在を明らかにしている。同様に、都道府県データを用い、分析を行った土居・別所 2005a では、社会資本ストックの経常的経費に対する割合を、土居・別所 2005b では地方債残高の変化率を、別所 2008 では地方債発行額、公共投資額を被説明変数として用い、元利償還金に対する交付税措置の存在が一定の誘導効果を持つことを実証している。

また、基礎自治体のデータを用いたものとして、中野 2000 は市町村のデータを用い、起債制限比率が地方単独事業費に与える影響を分析しており、起債制限比率の上昇は地方単独事業への寄与度の減少をもたらし、一定額以上ではマイナスになることを明らかにしている。林・石田 2008 は、市を対象として交付税措置が有する平均処置効果を測定することで、一部の年度を除き、1990 年代に交付税措置が地方単独事業に有意な影響を与えていたことを実証している。

そして、肥後・中川 2001 は、1990 年代後半について、都道府県・市のデータを用い、分析を行っている。具体的には、一般財源からの経常歳出額の控除額の増減と地方単独事業の増減に正の相関を見出している。このことから、財政力指数が高い自治体ほど 1990 年代後半の景気悪化時のキャッシュフローの減少率が高く、地方単独事業が大幅に減少していることを明らかにしている。

このように先行研究では、主として 1990 年代を対象として、交付税措置が一定の誘導効果をもたらしたこと、また、その誘導も景気の悪化の中で誘因として働かなくなっているといった結論を導き出している。

また、個別の地方債を対象としたものとして、地総債では宮崎 2006、臨時地方道整備事業債では宮崎 2016 がある。宮崎 2006 では、大阪府・長野県の市町村を事例として、相関関係を分析しており、交付税措置率の上昇とともに普通建設事業費に対する地総債許可額の割合が高くなるという関係は見出せないこと、市町村全体の基準財政需要額総額と事業費補正による基準財政需要額の増加額から、2001 年度以降の地方交付税の減少局面では、他の基準財政需要額の調整によって、事業費補正による基準財政需要額への算入額は実質的な元利償還金の補てんとなっていない可能性があることが指摘されている。また、宮崎 2016 でも、1993 ～ 2007 年度までの都道府県の臨時地方道整備事業債を対象とし、パネルデータを用いた計量分析を行っており、財政力の強い、投資余力のある道府県ほど当該地方債を発行したと結論づけている。

このように、個別の地方債を対象としたものは限定的であるが、交付税措置など、国の誘導による効果は明らかとなっていない。

さらに、林・金戸 2010 は、1990 年代後半を対象として、中央官庁から出向した官僚が地方単独事業に与えた影響を検証している。この中では、大蔵省から出向した財政課長は単独事業を大きく抑制すること、自治省から出向した財政課長も少なくとも単独事業を拡大する傾向にはないこと、自治省出身の知事や同省から出向した総務部長は有意な差異が検定できないこと、運輸省から出向した総務部長は単独事業を大きく拡大することが示されており、地方単独事業への中央官僚の影響が検証されている。

2. 研究対象

本章では、こうした先行研究を踏まえながら、1989 年度から 2014 年度の一般単独事業債と地総債について、国の誘導をはじめ、その発行に与えた要因を分析する。

地総債の対象となるふるさとづくり特別対策事業では「創意と工夫により地域の特性を活かした個性的な事業」を自主的に実施すべく意識改革を求めるとされている。この中で、本章が対象とする指定都市は、道府県とともに、「緊要度」と「戦略性」の高いプロジェクトに関する計画の策定が求められ（野平 1988：108 ～ 109)、他の市町村と比較して、国の誘導がより強力に行われたと考えている。

また、一般単独事業債や地総債を対象とするのは、従来、景気対策等の一部を担うとされるにとどまっていた地方財政が[3]、1980 年代後半から 1990

年代にかけて、国が地方単独事業を誘導することで、景気対策、国際公約の達成などに取り組んできた側面が強く、その増加額も大きいことから[4]、国が自治体の資源管理にいかに影響を与えてきたかを考察するのに適当と考えるためである。

そして、1989年度から2014年度を対象としているのは、2002年4月の地総債の廃止を基点として前後13年の26年間を対象とすることで、地総債の廃止の影響をとらえることができるためである。

なお、本章では、1989年度からを対象期間とするとともに、1980年代のデータにも言及することから、それ以前に指定を受けていた11の指定都市のうち、1995年に発生した阪神淡路大震災の影響の大きい神戸市、2011年に発生した東日本大震災の影響の大きい仙台市を除外した9市[5]を対象としている。

3. 地方交付税措置による普通建設事業の誘導

3.1. 分権改革以前の誘導方策

1980年代から2010年代中盤までを対象として、普通建設事業費の単独事業、補助事業の地方財政計画の計画値と決算額を図表3-1-1に示した。国

図表3-1-1　普通建設事業費の地方財政計画の計画値と決算額

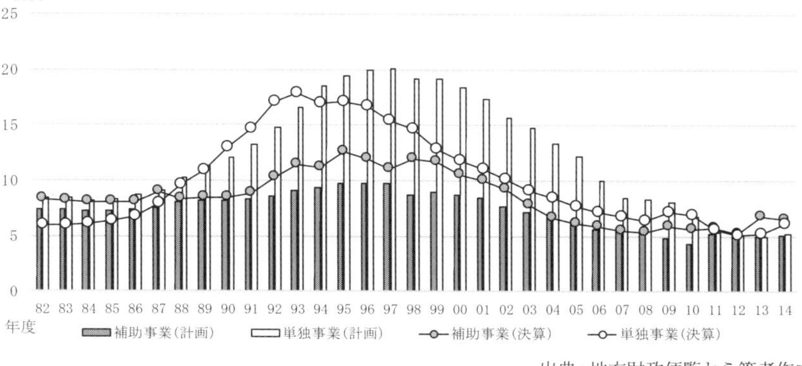

出典：地方財政便覧から筆者作成

の導入した誘導方策との関係で、分権改革以前の1980年代から1990年代にかけての地方単独事業の変遷はおおむね３つの段階に分けられる[6]。

第１期が、1984～1987年度であり、地方単独事業費について計画値と決算額のかい離が指摘されるようになる。この対応として、1985年度以降、政府が補助金の削減を進める中で、1984年度に「地方単独事業の地方債の元利償還金を交付税で措置する」という「画期的な」制度（北山 2002:12）とされるまちづくり特別対策事業が創設される。このまちづくり特別対策事業は、本来、地方の裁量で行われる地方単独事業について、地方債の元利償還金を基準財政需要額に算入するという点で、国の関与が強まったといえる[7]。

具体的には、事業実施団体の財政力に応じて、元利償還金の25％から50％が交付税の基準財政需要額に算入され、1997年度からは、措置率が30％から55％にアップされ、起債の充当率も特別分は70％とされ、1986年度以降、75％となった。

こうした誘導方策の導入もあり、1984年度以降、地方単独事業が増加をみせ、地方財政計画の計画値と決算額のかい離が縮小していく。

第２期が、1988年度から1993年度であり、バブル経済の影響で、1989年度まで経常収支比率の改善が続き、自治体は過去の地方債を償還していく。こうした中で、国は、地方財政計画における普通建設事業の単独事業費を大幅に増加させる。

この計画を消化するための手法として、元利償還金の交付税措置にくわえ、事業費の一部を当該年度の基準財政需要額に算入する事業費補正を用いた「地域総合整備事業（ふるさとづくり事業）」が新たに導入される。具体的には、図表3-1-2に示したように、手元資金がそれほど必要なく、10％程度の一般財源でも地方単独事業の着手が可能となる。

図表3-1-2　地域総合整備事業（ふるさとづくり事業）の財源内訳

<table>
<tr><td rowspan="2">地域総合整備事業債　75%
（後年度交付税措置：30～55%）</td><td colspan="2">一般財源</td></tr>
<tr><td>15%
（当該年度交付税措置）</td><td>10%</td></tr>
</table>

出典：北山 2002 などを参考に筆者作成

こうした結果として、地方単独事業費は大きな伸びをみせ、計画値を決算額が上回るようになり、1993年度には最高額を記録する。地方財政計画における地方単独事業の計画値と決算のかい離が国会等でも取り上げられ、地方財政計画の存在に疑問が投げかけられる中で、自治省としては、その疑問を払しょくできたといえよう（北山 2002:11 ～ 16)。

第3期が、1994年度以降であり、景気対策にくわえ、公共投資基本計画という国際公約の達成に向け、地方財政計画での普通建設事業の単独事業費は大きな伸びを見せる。一方、自治体は厳しい経済状況に直面する中で、地方単独事業費を抑制するようになる。つまり、バブル経済崩壊後の自治体は、それが結局は自らの借金であることに、そして自らの一般財源も減少していくことに気が付き（北山 2002:17)、事業費の抑制に取り組むようになるのである。

このように、分権改革以前の1980年代後半は、バブル経済の下で、大都市を中心に、好調な税収の伸長と起債充当率の拡大を条件として地方単独事業が著増した。バブル経済崩壊後も景気対策の主体は地方単独事業であった。とりわけ、日米構造協議を踏まえた公共投資基本計画で位置づけられた下水道、廃棄物処理などの事業整備の主体が地方であったことから、地方単独事業による消化が大きく期待された（金澤 2002：55 ～ 65)。こうした中で、自治体側もその誘導に乗っていった側面が強いといえよう。

3.2.　事業費補正の廃止・縮小へ

2000年の地方分権改革以後も、地方単独事業費が地方財政計画に位置づけられていく。だが、2001年6月に閣議決定された「今後の経済財政運営及び経済社会の構造改革に関する基本方針（骨太の方針）」で「地方の負担意識を薄める仕組みを縮小し、自らの選択と財源で効果的に施策を推進する方向に見直していくべきである」とされたことを受け、地総債が廃止されるとともに、公共事業に係る事業費補正の措置率をおおむね半減させるなどの抜本的な見直しが行われる。

これ以降、単独事業の地方財政計画の計画値と決算額のかい離が縮小することはなく、毎年少しずつ地方財政計画における単独事業費は削減され、1980 年代初めの水準をも下回るようになる。

4. 指定都市の普通建設事業費と一般単独事業債の状況

4.1. 補助事業と単独事業

図表 4-1-1 に指定都市の普通建設事業費のうち、補助事業費と単独事業費の推移を示した。

図表 4-1-1　指定都市の普通建設事業の補助事業と単独事業の推移

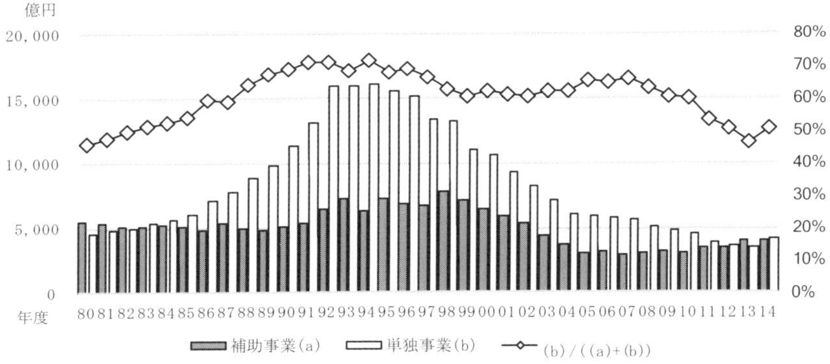

出典：地方財政状況調査から筆者作成

1980 ～ 1982 年度こそ、補助事業費が上回っているが、1983 度年以降、単独事業費が上回るようになる。特に、3. で示した第２期のうち、1992 ～ 1994 年度は大きく増加し、その割合も７割を超える年もみられるようになる。

しかしながら、1997 年度以降、急激に減少していき、2004 年度にはピーク時の３分の１程度にまで減少する。2009 年度のリーマンショック以後は、補助事業費が増加し、また、2014 年度には、景気回復に伴い、単独事業費も増加に転じる。だが、その額は、1990 年代のピーク時の金額には遠く及ばない。

4.2.　一般単独事業債の残高の推移

図表 4-2-1 に一般単独事業債の年度末残高と、その発行額を標準財政規模で除した数値の指定都市平均、地方債計画での一般単独事業債の割合[8]、地方財政計画での地方単独事業費の割合の推移を示した。

図表 4-2-1　指定都市の標準財政規模比の一般単独事業債の残高等の推移

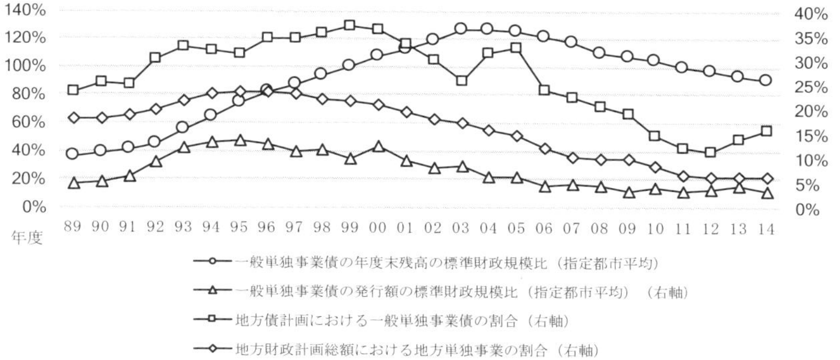

出典：地方財政状況調査等から筆者作成

これからは、指定都市の一般単独事業債の発行額は 1995 年度がピークであるものの、年度末残高は 2004 年度をピークとして減少していることがわかる。一方、地方財政計画での単独事業費は 1995 年度をピークとして減少してきており、また、地方債計画では少し遅れて 1999 年度がピークとなっている。こうした傾向からは、地方財政計画におけるピークを過ぎた後、指定都市では一般単独事業債を用いた事業を抑制し、発行額は減少していくものの、償還がそれほど進まないため、残高が増加したことが指摘できよう。

そして、図表 4-2-2 に一般単独事業債の残高を標準財政規模で除したものについて、5 年ごとに都市ごとの推移を示した。

左側の一般単独事業債は、すべての指定都市で 2004 年度がピークとなっており、1999 年度以降もすでに計画していた地方単独事業などを実施し、一般単独事業債が増加していたと考えられる。その後の残高は、償還を進め、順調に削減していった都市がある一方で、未だに大きな残高を抱えている団体もある。そして、右側に示した地総債についても、2001 年度をもって廃止されたにも関わらず、多い自治体では 2014 年度でもその残高は標準財政規模比で 15％を超えている。元利償還金等の一部が基準財政需要額に算入されるとはいえ、依然として、その償還等に係る費用が大きな財政負担となっていると推察される。

図表 4-2-2　一般単独事業債と地域総合整備事業債の年度末残高の標準財政規模比の推移

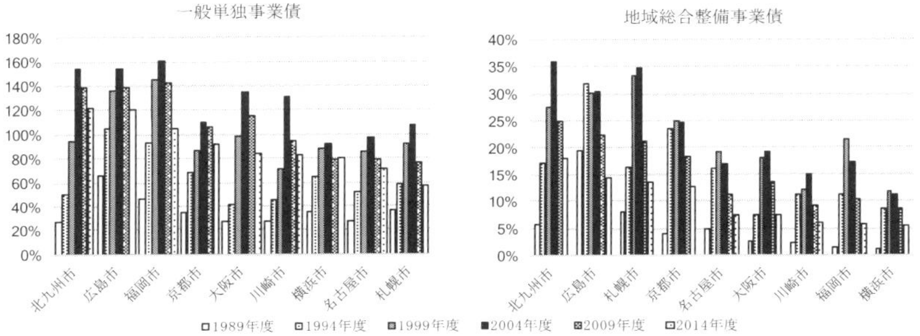

出典：地方財政状況調査から筆者作成

実際、図表 4-2-3 に示したように、こうした一般単独事業債の残高の多い北九州市、広島市、福岡市、京都市は将来負担比率、実質公債費比率が高くなっている。一方、残高の少ない札幌市などは低くなっている。このように、

図表 4-2-3　2014 年度の将来負担比率と実質公債費比率の状況

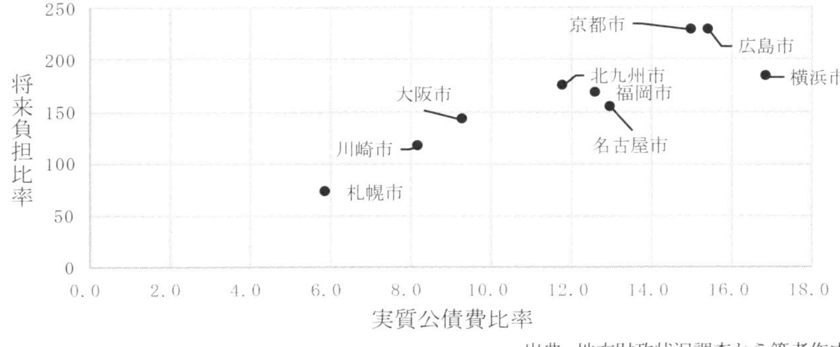

出典：地方財政状況調査から筆者作成

償還の進んでいない都市では影響が大きいことが指摘できる。

5. 一般単独事業債発行の要因の検証

5.1. 一般単独事業債発行の要因

1990年代にかけて増加を見せ、2000年代に入り、減少してきた一般単独事業債の増減の要因としていかなるものが考えられるであろうか。また、2001年の地総債の廃止はどのような影響を与えているのであろうか。

被説明変数として、地総債廃止前の前期は、一般単独事業債と地総債の発行額を標準財政規模で除した値、後期、通期は一般単独事業債の発行額を標準財政規模で除した値を用いる。これは、説明変数として用いる数値が自治体の財政指標分析などで用いられるものであり、被説明変数にあわせて、財政規模が異なる団体間で比較可能な数値に加工する必要があると考えるためである。

①国の地方行財政運営方針として、❶市町村の基準財政需要額総額における事業費補正の割合、❷地方債計画における一般単独事業債の割合を説明変数として用いる。❶は、事業費補正として当該年度の基準財政需要額に算入され、普通交付税が交付され、当該年度の財政負担が軽減されることから、地総債や一般単独事業債をより活用して、単独事業に取り組んでいた可能性がある。

また、普通建設事業の単独事業の財源として一般単独事業債が用いられ、充当率が上がることによって、当該年度の一般財源を用いる必要がなくなる。このため、国が適債事業の拡大等を行い、地方財政計画、地方債計画において一定の枠が確保されなければ、単独事業を拡大するのは困難といえる。このため、❷を説明変数として用いる。

こうした変数のうち、❶は、個々の指定都市の事業費補正額を用いるべきとの指摘もあり得よう。しかしながら、対象期間のデータをすべて得ることができなかったため、市町村の基準財政需要額総額における事業費補正の割合を用いている。

そして、地方債の発行が認められるとしても、当該年度に一定程度の一般財源の投入が必要となるほか、後年度負担も生じるのであり、予算制約の視点、つまり ②財政状況も影響を与えると考えられる。実際、予算編成などでも一般財源が重要視され[9]、そのうえで、地方債、補助金等の額が積み上げられることからすれば、経常的支出に充当される一般財源の割合が大きくなれば、その確保が困難となり、地方単独事業に着手できない場合もありえる。しかしながら、交付税措置により、地方単独事業への着手が容易になり、最適な資源配分をゆがめていた可能性もあり、この点で、❶投資余力として、１ー経常収支比率[10]との関係を分析する。あわせて、当該自治体の財政的な豊かさを表す❷財政力指数、一般財源総体に対する公債費充当一般財源の比率を示す❸公債費負担比率、普通交付税の不交付団体を示す❹不交付団体ダミーを設定する。通常であれば、❷財政力指数が高いほど、一般単独事業債を発行するとともに、一定の一般財源を投入し、地方単独事業に着手する財政的余裕があると考えらえられるし、❸公債費負担比率が高くなれば、一般単独事業債の発行を控えるようになると思われる。また、公債費に関する変数としては、地方財政再建促進特別措置法に用いられていた起債制限比率や、地方財政健全化法に用いられている実質公債費比率なども考えられるが、対象期間を1989年度から2014年度としたため､公債費負担比率を用いている。

次に、地域の状況を表す指標として ③人口増加率を用いる。人口が増加している場合には、行政需要にこたえるために、一般単独事業債を用い、地方単独事業を行う必要が生じる可能性がある。一方、人口が減少していても、都市の魅力を高め、社会増となるよう人を呼び寄せるために地方単独事業を行う場合もあろう。こうした中で、実態として人口増加がどのように一般単独事業債の発行に影響を与えていたかについて検証を行う。

そして、④市長の出身について[11]、❶自治官僚、❷官僚、❸議員、❹その他のそれぞれに該当する場合は１、しない場合は０というかたちでダミー変数を設定、職員を基準として分析を行った。❶について、自治省出身の知事や同省から出向した総務部長は有意な差異が検定できない（林・金戸 2010）との研究もあるが、自治官僚出身者は歳出を抑制する（砂原 2011：87）ともされる中で、地方単独事業には消極的とも考えられる。一方、自治省はバブル経済崩壊後も地方単独事業の推進に腐心してきた。実際、地方財政白書への「地方単独事業の推進状況」という新しい項目の掲載や、地方債制度研究会編での「これでわかる地方単独事業　市町村長さんと議員さんの知恵袋」（地方債制度研究会 1995）の発行といったかたちで、地方単独事業を誘導してきた（北山 2002:15）。このため、こうした取組に同調している可能性もある。あわせて、❸議員などの属性への影響を分析していく。

さらに、⑤市長の支持状況[12]として、❶革新、❷自民、❸無党派、❹与党比率を設定する。❷自民は施設整備等に積極的であると考えられるほか、❶革新は、道路整備など、施設整備等には消極的であった可能性もある。④市長の出身と同様に、❶革新、❷自民、❸無党派についてダミー変数を設定した[13]。

5.2.　要因分析結果

図表 5-2-1 に結果を示した[14]。①❶事業費補正の割合は、前期の単独事業債を除き、有意なプラスの値となっている。❷地方債計画の総額に単独事業債が占める割合は、前期・後期では有意な値を得ることができなかったが、通期では有意なプラスの値となっている。事業費補正により、当該年度の財政負担が縮減されることにより、また、国が地方債の発行枠を確保することにより、それぞれの起債額も増加したと考えられ、①国の地方行財政運営方針の影響があったと推察される。

②財政状況のうち、❶投資余力について、地総債では有意な値を得ることができなかったが、一般単独事業債は前期で有意なマイナスの値、後期では有意なプラスの値を示している。前期は各種誘導方策があることで、本来、財政の硬直化が進み、投資余力がないにもかかわらず、起債を行い、地方単独事業に着手していたことも想定され、効率的な資源配分をゆがめていた可

能性も考えられる。❷財政力指数は、地総債、一般単独事業債の前期・通期について有意なプラスの値となっている。前期は、係数が大きな値となっており、金澤の指摘するように大都市を中心にした地方単独事業が好調な税収の伸長と起債充当率の拡大を条件として著増していった（金澤 2002：55 ～ 65）と考えられる。❸公債費負担比率は、地総債、後期の一般単独事業債の値は小さいものの、すべてで有意にマイナスの値を示している。一般財源総額に対する公債費充当一般財源が上昇するにつれて、一般単独事業債の発行を控える傾向にあるといえる。❹不交付団体ダミーは一般単独事業債の前期で有意なプラスの値となっている。財政力指数が 1.00 を超える不交付団体は、前期において、交付税措置が期待できない中でも、一般単独事業債を発行し

図表 5-2-1　一般単独事業債等の発行要因分析結果

		前期n=9, T=13, N=117						後期 n=9, T=13, N=117			通期 n=9, T=26, N=234		
		地総債			単独事業債			単独事業債			単独事業債		
		決定係数＝0.49232			決定係数＝0.72853			決定係数＝0.68399			決定係数＝0.79196		
		係数	P値		係数	P値		係数	P値		係数	P値	
①	❶基準財政需要額の事業費補正額割合	0.8965	0.004	**	1.6758	0.357		1.0921	0.056	＋	1.3115	0.070	＋
	❷地方債計画の単独債比率	0.0542	0.440		0.1227	0.767		0.0867	0.396		0.5136	0.000	***
②	❶投資余力	0.0002	0.575		−0.0085	0.002	**	0.0032	0.011	*	0.0012	0.381	
	❷財政力指数	0.1024	0.076	＋	1.3049	0.000	**	−0.1795	0.228		0.6322	0.001	**
	❸公債費負担比率	−0.0031	0.002	**	−0.0266	0.000	**	−0.0078	0.000	**	−0.0230	0.000	**
	❹不交付団体ダミー	−0.0035	0.537		0.0877	0.010	**	0.0113	0.423		0.0340	0.161	
③	人口増加率	−0.2859	0.617		−0.8295	0.806		1.1944	0.450		−2.8637	0.201	
④	❶自治官僚ダミー	0.0243	0.214		0.1003	0.385		0.0396	0.271		−0.3975	0.000	**
	❷官僚ダミー	0.0304	0.019	*	0.0273	0.718		−0.0080	0.641		−0.0683	0.012	*
	❸議員ダミー	0.0458	0.001	**	−0.0023	0.977		−0.0012	0.927		−0.0262	0.273	
	❹その他ダミー	0.0165	0.003	**	−0.0442	0.166		−0.0045	0.804		−0.0351	0.087	＋
⑤	❶革新ダミー	−0.0003	0.962		0.1919	0.000	**	−0.0027	0.759		0.0613	0.001	**
	❷自民ダミー	−0.0065	0.295		0.0591	0.108		0.0020	0.886		−0.0297	0.170	
	❸無党派ダミー	−0.0431	0.018	*	0.0239	0.821		−0.0237	0.006	**	−0.0469	0.022	*
	❹与党比率	−0.0174	0.235		0.1228	0.157		−0.0157	0.385		0.0194	0.551	

注 :*** は 0.1% 水準、** は 1% 水準、* は 5% 水準、＋は 10% 水準で有意なものを指す
出典 : 筆者作成

ていたことが指摘できる。

このように財政状況との関係をみると、①❶事業費補正や ②❶投資余力の結果からは効率的な資源配分をゆがめていた可能性がある。

③人口増加率は有意な値は得ることができず、より詳細な分析が必要となった。

④市長の出身の❶自治官僚ダミーについて、一般単独事業債の前期・後期

は有意ではないがプラスになっている中で、通期は有意にマイナスとなっている。さらに、❷官僚ダミーは地総債で有意にプラス、一般単独事業債では有意ではないが前期・後期で符号が異なる一方、通期で有意なマイナスの値となっている。❸議員ダミーは地総債のみプラス、❹その他も地総債でプラス、通期でマイナスの値となった。

地総債は、自治省の各種誘導にもかかわらず、❶自治官僚では有意な値を得ることができなかった。一方、❷官僚や、❸議員、❹その他はプラスとなっており、職員出身の市長と比較して、地元への施設建設に積極的であったことが指摘できる。特に、❸議員はプラスの値が大きく、より積極的であったといえよう。

一方、一般単独事業債は、❶自治官僚、❷官僚、❹その他の通期でマイナスとなっており、職員出身と比較して、組織外からきた市長が単独事業を抑制していたといえようが、前期・後期との比較では統計的に課題の残る結果となった。

そして、⑤市長の支持状況の❶革新ダミーは一般単独事業債の前期、通期で有意にプラスとなっており、一般的にいわれるような革新系の場合、建設事業に消極的であることと整合が取れない結果となった。一方、❸無党派ダミーは、前期の一般単独事業債を除き、有意なマイナスとなっており、無党派の支持を得た首長が一般単独事業債の発行を伴う地方単独事業に切り込んでいく構図があると推察される。

このように④市長の出身、⑤市長の支持状況は課題が残る結果となっており、具体的な事例も含め、一層の検討が必要となった。

6. 小括

本章では、①国の地方行財政運営方針について、❶基準財政需要額における事業費補正の割合などが自治体の一般単独事業債の発行に影響を与えていること、②財政状況について、前期には国の誘導により、投資余力の有無にかかわらず、一般単独事業債を発行し、地方単独事業に着手されていたことが指摘できた。また、全体として、公債費負担比率の上昇につれて、一般単独事業債の発行を控える傾向にあることを見出すことができた。さらに、③人口増加は、少なくとも一般単独事業債の発行に有意な影響を与えているとはいえないことが指摘できた。①国の地方行財政運営方針や、②財政状況との関係からは各種の誘導方策により、歪んだ資源利用がなされた可能性も指摘できよう。そして、④市長の出身、⑤市長の支持状況は課題が残る結果となった。

このように、国の誘導方策は自治体に作用し、財政状況にかかわらず、一般単独事業債を活用し、地方単独事業に着手するなど、効率的な資源配分をゆがめていた可能性が指摘できた。結果として、バブル経済崩壊とも相まって、その償還費用は自治体にとって大きな負担となった。くわえて、施設の完成後には、地域に一定の効用をもたらした半面、その後の維持管理費の増加につながったと考えられる。

2000 年代に入り、地方債の発行が許可制から同意、届け出となり、手続きが緩和された。一方で、臨財債など、地方財政法５条の例外を認めることで、地方財政計画の財源不足額に対応してきており、自治体もこうした地方債に頼らざるを得ない状況となっている。こうした地方債の自治体財政に与える影響も小さくないと推察され、その分析は第５章で行う。

脚注

1 「国の関与は否定できないものの、当時の景気対策に際し、自治体はまったく無欲で公共事業など一切したくなかったのだろうか。自治体側は、特に地方部において、公共施設やインフラストラクチャーの整備の必要性について、この時期一貫して主張し続けてきており、自治体は国に命じられて、したくもない公共事業をさせられた、という見方は当たらない。極言すれば、本音では財源があれば公共事業をしたかったが、財源がなかったので十分にできなかったところ、ちょうど国が景気対策を講じることになり財源を確保してくれたから「国につき合わされた」形にして、この機に乗じて実はやりたかった公共事業を実施した、というのが実態であろう。」（土居2007：65 ～ 67）という指摘もある。また、北山も地方単独事業について国が決定し、地方が実施するというかたちで翻訳されるが、単独事業の減少局面をみればわかるように、地方も決定をしている（北山 2002：7）としている。

2 都道府県を対象とした自治体の研究においても、「一般的に保守系よりも革新系の方が大きな政府志向で、かつ再分配志向が高い」という仮定をおき、具体的に「革新寄りの政策とは、人件費を高くし、開発政策よりも再分配政策に多くの資源を割り当てることを指し、保守寄りの政策とは、人件費を低くし、再分配政策よりは開発政策に多くの資源を割り当てることを指す」としている（曽我・待鳥 2001:165）。本章でも、こうした研究も踏まえ、一般論としては、革新系が建設事業に消極的という立場を採用している。

3 地方財政の位置づけが変わってきたことについて、末宗も「従来、景気対策は主として国家財政が担うものであると考えられてきたが、社会資本整備の過半を地方公共団体が行っている現在では、地方財政、中でも地方単独事業を抜きに語ることはできない」としている（末宗 1995:3）。

4 一般単独事業債は、増加率では劣っているが、全体に占める割合は高く 1992 ～ 96 年度における地方債増加分のほぼ半分を占めており（梅原 2007a：160）、自治体の財政運営に大きな影響を与えていると考えられる。

5 9の指定都市は、札幌市、横浜市、川崎市、名古屋市、京都市、大阪市、広島市、北九州市、福岡市を指す。

6 ここでは北山 2002、入谷 1995 などを参照しながら、地方単独事業に係る時代区分を行った。

7 地方単独事業という名称からは、本来であれば「国から補助を受けることなく独自の経費で任意に実施する事業」（梅原 1996：158）とされるべきであろう。この点について、まちづくり特別対策事業の創設以前は「投資的経費に係る交付税上の基準財政需要額の算定に当たっては、地方単独事業と国庫補助事業とは厳格に区別し、地方単独事業については各地方公共団体の選択によって行われるべきものであるから、各地方公共団体の実績を基準財政需要額に反映させるようなことは原則として行うべきではないと考えられてきた」（末宗 1995：13）ことからすれば大きな変化であり、まさに「様変わり」（梅原 1996：135）といえよう。そして、梅原は（地方単独事業が）「地方団体の自主性や独立性を強化するのに資する」ということに疑問が生じている（同：163）としている。さらに、岡崎は、単独事業について動員という言葉を用いることについて「自治体が自主的に取り組んでいる点を強調すれば、単独事業の拡大を、自治体が自主的に取り組んでいることの成果であると評価することもできる。（中略）公共投資拡大において単独事業を巻き込む体制が出来上がっていく過程を捉えれば、やはり「動員」という言葉を用いても違和感がないと思われる」（岡崎 1999：文末脚注 4）としている。

　このように、地方単独事業が国のさまざまな誘導方策によって、本来のイメージと異なる形に変容していったと考えられる。

8 地方債計画においては通常当該年度と前年度の数値が示され、前年度のものは分類の変更等により前年度に発表された数値と異なる場合もあるが、本章では当初発表の数値を用いた。

9 「自治体予算は、通常、補助金等の歳入歳出連動財源を一旦は無視し、経常一般財源ベースに着目する。つまり、歳入面ではまず、地方税や譲与税、地方交付税等、経常的に見込まれる一般財源の総額を見積もり、この額をもって歳出を管理する」（竹内 2017：57）とされ、一般財源を重視した管理が行われている。同様の指摘が丸山 1988 でもなされている。

10　経常収支比率は、減収補填債（特例分）及び臨財債を経常一般財源等に含めた数値を用いている。

11　第２章で計量分析に用いた市長の属性を利用している。

12　第２章で計量分析に用いた市長の支持政党を用いている。

13　ダミー変数を除き、こうした変数の記述統計量を図表に示した。

図表　記述統計量等

		平均	最大値	最小値	標準偏差
地域総合整備事業債の発行額の標準財政規模比		0.02	0.07	0.00	0.02
一般単独事業債の発行額の標準財政規模比		0.07	0.29	0.01	0.05
①国の地方行財政運営の方針	❶基準財政需要額の事業費補正額割合	0.07	0.09	0.04	0.01
	❷地方債計画の単独債比率	0.26	0.37	0.11	0.08
②財政状況	❶投資余力	11.09	34.00	-3.60	9.21
	❷財政力指数	0.83	1.10	0.57	0.14
	❸公債費負担比率	17.32	26.10	8.60	4.02
③人口増加率		0.36%	1.88%	-0.56%	0.48%
⑤市長の支持状況	❹与党比率	47.46%	92.00%	0.00%	28.08%

出典：筆者作成

14　パネルデータであることから、F 検定、Breusch-Pagan 検定、Hausman 検定により支持された固定効果モデルの推計結果を示している。

第４章　臨時財政対策債の指定都市への影響

地方分権改革以前の自治体の歳入に占める地方税の割合は３割に過ぎず、国からの財政移転が歳入の大部分を占め、地方債の発行は許可制であるなど、自治体の裁量は非常に限定的であった。こうした中で、東京都の「財政戦争」の事例を取り上げるまでもなく[1]、財政力指数の高い普通交付税の不交付団体でも、国が規定する制度を超えて、一般財源として、義務的経費等に充当するため、自らの意思で借金を行うことはできなかった。

そして、2000年の地方分権改革以降、2002年度から実施された「国庫補助負担金改革」「国から地方への税財源の移譲」「地方交付税改革」の三位一体改革により、３兆円の税源移譲が実施され、自主財源の充実が図られてきた。また、一定の条件はあるものの、地方債の発行は、2006年度には許可制から協議制へ移行し、さらに2012年度には一部の団体に届出制が導入された。

しかしながら、2000年の分権改革後であっても自治体のマクロレベルでの歳入・歳出の大枠は地方財政計画で定められ、財源保障がなされるほか、ミクロレベルでも交付税等により財源が保障されるという状況に変わりはない。さらに、国からの財政移転が依然として自治体歳入の多くを占めており、各自治体が国の定める地方財政制度の枠組みに依拠している部分は大きい。

こうした中、財源不足を国と地方が折半するという趣旨で、2001年度から臨財債が導入されている。臨財債は、その元利償還金相当額の全額が後年度の普通交付税の基準財政需要額に算入されることで、財源が保障される。また、臨財債は、当初３年間の時限であったものが延長されるとともに、度重なる制度変更が行われ、自治体の財政運営にも影響を与えてきた。特に、臨財債が交付税の代替財源として、一般財源に位置づけられることから、地方債でありながら、人件費、公債費などの義務的経費にも用いることができ、経常収支比率の上昇が顕著な中にあって、自治体の資金確保に寄与した側面もある[2]。

本章では、地方分権改革が進んできたとされる中で、財源保障という視点から、臨財債を取り上げる。そして、指定都市、その不交付団体を対象として、臨財債の活用実態等とともに、国の地方行財政運営方針の変更等がいかなる影響を与えてきたかを分析していく。

1.　本章の目的・視点、対象期間

1.1.　目的・視点

本章は、地方分権改革が進み、地方の自立性が高まってきたとされる中で、地方財政計画の財源不足の折半として発行が認められる臨財債の活用実態等やその財政運営への影響について、指定都市と、その不交付団体を取り上げ分析しようとするものである。

国は、財源、人員をはじめ自治体が管理する資源に対して、さまざまな形で関与している。本章が対象とする臨財債の発行を含めた財政という面では、地方税、交付税、国庫補助負担金、地方債などが複雑に絡み合いながら全体として成り立っている。それぞれに、国は一定の関与を有しており、また、依然として国から地方への財政移転が大きい状況にある。

さらに、地方財政全体は、国が策定する地方財政計画で歳入歳出総額の見込みが定められるものの、計画では歳入と歳出にかい離（財源不足額）が生じることが恒常的となっている。地方の財源保障の観点から、このかい離がどのように補てんされるかは地方財政対策として毎年度の自治体の財政運営に大きな影響を与えている。財源不足への対応は、本来交付税の増額により行われるべきであるが、臨財債導入以前も、財源対策債による起債充当率の引き上げをはじめ、地方債の発行等による対応がなされてきた。

こうした中で、臨財債を取り上げ、その財政運営等に与える影響を分析しようとする本章の視点は次の３点に集約される。

１つ目が臨財債を指定都市がどのように活用し、償還に備えているか、実態を明らかにすることである。臨財債は、自治体ごとに発行可能額が割り当てられ、基準財政需要額は当該可能額について振り替えられる（減額される）。結果として財源不足額が減少し、普通交付税の減額につながる。この臨財債は、発行しないこともできるが[3]、普通交付税がその分減額されることからすれば、住民サービスの提供に影響を与えることも考えられ、こうした対応は容易ではない。

また、臨財債は、各自治体の予算や決算の説明資料において通常の地方債と別に扱われ、自らの借金ではないような記述がなされ、借り手意識がないことも指摘されている（土居 2007:95 ～ 100）。こうした自治体の対応の背景には、臨財債の元利償還金相当額が基準財政需要額に算入され、国が面倒みてくれる財源として保障されているという考えがある。普通交付税として実際に交付されるかは別としても、安定的な財政運営の観点からは、償還時にすべての資金を手当てするには課題も多く、30 年一括償還など、自治体ごとの償還手法に応じて償還・積立[4]しておくべきとの指摘の妥当性は否定しえない。そして普通交付税の使途は定められていないが、基準財政需要額算入額の累計額に対して償還・積立が不足している場合には、他の用途に用いたことになり（石川・赤井 2013）、後年度の償還財源の確保が厳しくなる事態も想定される。

こうした主張も踏まえながら、指定都市が臨財債をどのように発行し、償還・積立を行っているかを明らかにすることが１つ目の視点である。

２つ目が指定都市について臨財債の償還・積立を促す要因を明らかにすることである。単年度の予算編成にも苦慮するなど、自治体の財政状況によっては、適切な償還・積立を行えない事態も想定される。一方、実質公債費比率をはじめ、各種財政指標が一定の危険水域に近くなり、起債に許可が必要となったり、そもそも起債が制限される状態は回避しようとする意向が働き、償還・積立を促進することも想定される。このように指定都市が償還・積立を行う要因を分析するのが２つ目の視点である。

３つ目が臨財債の導入が、指定都市の不交付団体に与える影響を分析することである。臨財債は、地方財政計画全体というマクロレベルでは、財源不足額を国と地方が折半するという趣旨で導入されながらも、当初、個々の自治体に着目したミクロレベルでは、臨財債の発行可能額の算定に人口基礎方式等[5]が採用されていた。この結果、財源不足が生じていない不交付団体でも発行可能額が割り振られていたことが指摘されている（諏訪・森 2012、森 2013）。

また、不交付団体といっても、一部の団体は別として、その状況が継続されるわけではなく、景気の影響を受け、交付と不交付を行き来している団体も多い。こうした交付と不交付が指定都市の臨財債発行の決定に影響を及ぼすことも考えられる。

このように臨財債の発行可能額の動向や、交付・不交付による実際の発行額など、指定都市の不交付団体への影響を分析するのが３つ目の視点である。

以下、先行研究を確認し、地方財政の枠組みを概観したうえで、３つの視点についてそれぞれ分析を行っていく。

1.2.　対象期間

本章の対象期間は、臨財債が導入された 2001 年度からのおおむね 15 年間とする。これは、人口基礎方式から財源不足額基礎方式への移行が部分的に開始された 2010 年度、そして完全に財源不足額基礎方式となった 2013 年度以降を含め、分析を行うことで、その変化を明らかにすることができると考えられるためである。

このように期間を区切って検討を進めていく。

2.　先行研究

臨財債に係る先行研究には、穴原（2001）、梅原（2002）、諏訪・森（2012）、石川・赤井（2013）、森（2013）、森（2015）、中村（2016）などがある。

穴原（2001）は、栃木県内の市町村を対象として、基準財政需要額、標準財政規模に及ぼす影響を分析している。また、梅原（2002）は、臨財債制度を分析し、地方財源保障をマクロ的にも後退させ、赤字地方債に依拠し、将来の交付税を「先食い」して、交付税の財源保障機能の実質的解体につながるとしている。

両者が実際の数値等を用いた分析であるのに対して、諏訪・森（2012）は、名古屋市を対象としたシミュレーションを行っている。この結果、①人口基礎方式の場合、大都市自治体では、振替前財源不足額が生じていないか、比較的少額である財政好転期でも多額の臨財債の発行が認められ、財政規律を欠いた財政運営をもたらす可能性があること、②財源不足額基礎方式による臨財債発行可能額の算定は、振替前財源不足額が高まる財政ひっ迫期には、その大部分を臨財債の発行で賄い、普通交付税額は圧縮されることから、将来的財政負担をもたらすことを指摘している。森（2013）でも、同様の結果が導き出されている。また、森（2015）は、臨財債で財源不足額基礎方式が採用されるようになっても、普通交付税と比較して財源保障効果が弱まることを指摘している。大阪府下市町村を対象とした中村（2016）でも、財政力の高い自治体においては将来の財政負担が継続されていくとしている。

そして、石川・赤井（2013）は、都道府県を対象として、基準財政需要額に算入されている臨財債の元利償還金相当額に対する償還・積立不足の存在とともに、満期一括償還方式を主体に臨財債を発行していると考えられる15都道府県において、実質公債費比率算定ルールが積立を促す一定の機能を果たしているという実証結果を示している。

このように、臨財債の導入当初は、制度全体の分析がなされ、その後シミュレーションを通じて、人口基礎方式、財源不足額基礎方式が自治体の行財政運営に与える影響の分析とともに、基準財政需要額算入額に対する償還・積立不足について論じられるようになってきた。

本章では、指定都市を対象として、先行研究のように、指定都市の臨財債の発行状況、償還・積立状況等とともに、財源不足が生じていなくとも臨財債の発行が可能であったかなど不交付団体への影響についても分析していく。

3.　国の財源保障と地方財政

3.1.　国の財源保障と地方財政対策

国の財源保障は、①第１段階：地方財源総体のマクロ保障である地方財政計画の策定、②第２段階：個別事業に係るマクロの財源保障である単位費用の作成、③第３段階：個別自治体に対するミクロの財源保障及び財源調整である普通交付税額の算定の３つのレベルで行われる（山内 2005:71）。

第１段階の財源保障の意義は、❶交付税制度とのかかわりにおいて地方財源の保障を行う、❷地方財政と国家財政・国民経済等との調整行う、❸個々の地方公共団体の行財政運営の指針となることである。

❶の地方財源の保障は図表 3-1-1 を用いて説明できる。この図表では、左側が国の予算、中央が交付税及び譲与税配布金特別会計、右が地方財政計画を示している。右の地方財政計画は、交付税とともに、地方債、国庫支出金が含まれ、地方税などの自主財源はおよそ半分に過ぎない。また、財源不足が交付税等により保障されることが前提となっており、歳入と歳出が均衡した形となっている。

しかしながら、中央に示した通り、入口側の交付税は所得税・法人税の33.1%、酒税の 50%、消費税の 22.3%、地方法人税の全額というように、国税の法定割合等を原資としており、出口では、必要財源のすべてを保障する形とはなっていず、財源不足が生じる。実際、景気後退期には交付税の原資、地方税が伸び悩み、地方財政計画上、財源不足が生じることとなり、毎年、地方財政対策が講じられてきた。

図表 3-1-1　国の予算と地方財政計画

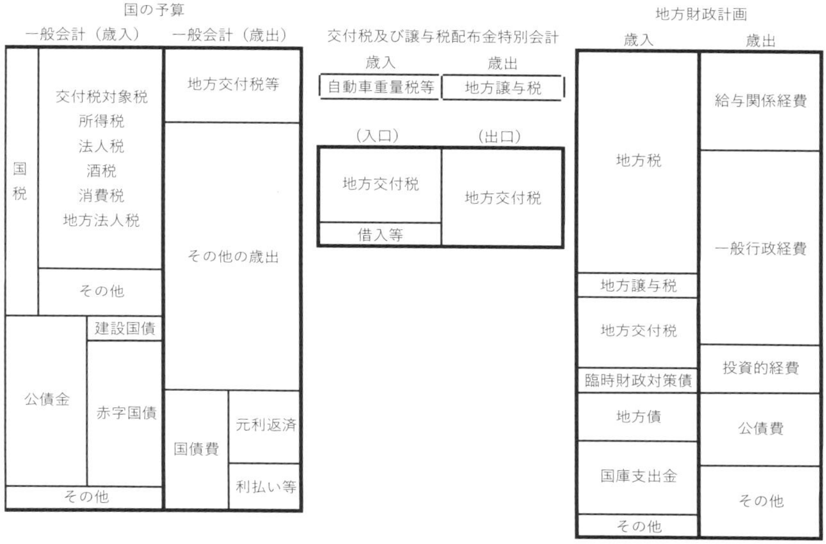

出典：総務省資料などから筆者作成

さらに、地方財政計画の意義の1つである❷地方財政と国家財政・国民経済等との調整を行うという点では、すでに第3章でみたように、自治体が国の景気対策や公共事業拡大に動員されてきた。一方、自治体としては、適債事業の拡大、充当率の引き上げなどにより、手元資金としての一般財源があまり確保できない場合でも、施設建設に取り組むことが可能であった。

実際の地方財政計画の財源不足額と普通交付税等の推移は図表 3-1-2 のとおりである。本章の対象である 2001 年度以降にくわえ、比較対象として 1990 年代の状況を示した。1990 年代は、当初こそ景気動向もあり、財源不足はほとんど生じていず、わずかな財源不足額に対し、財源対策債を発行することで対応できていた。しかしながら、その後のバブル経済の崩壊による景気の低迷に伴い、財源不足額への対応にくわえ、景気対策、さらには公共投資基本計画の実現のために、公共投資が行われていく中で、財源不足に対する地方債での対応割合が増加していく。特に、2003 年度は、およそ 20% に相当する 17 兆円の財源不足、さらにリーマンショックを受けた 2010 年

図表 3-1-2　地方財政計画の財源不足額と普通交付税額等の推移

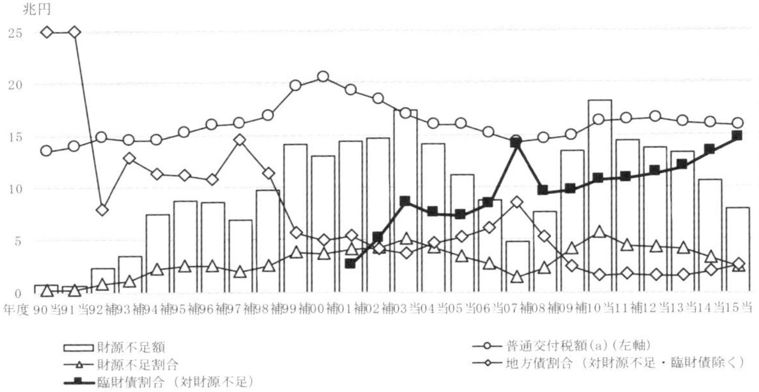

※当は当初予算、補は補正後を示す
出典：地方財政便覧から筆者作成

度はおよそ22%に相当する約18兆円の財源不足が生じる。こうした財源不足に対して、1990年代から2000年代前半にかけては臨財債を除く地方債の増発により対応され、2003年度は約20%を地方債の増発が占めている。そして、2001年度の臨財債導入以降、臨財債による対応割合が増加し、2015年度はおよそ6割を臨財債が占めるようになる。

このように、1990年代は財源不足に対して、財源対策債等の地方債発行により対応されるが、2000年代は、臨財債の財源不足額に対する割合は増加し、その分、他の地方債の割合は減少していく。

3.2.　単位費用の作成と交付税制度、臨時財政対策債

第2段階の保障とされる単位費用の作成は、第1段階の地方財政計画というマクロレベルの財源保障と、交付税制度というミクロレベルの財源保障の橋渡しをするものである（山内2005:76）。この中で注意すべき点として、山内があげるのが、「地方財政計画が策定された時点で、既に基準財政需要額及び基準財政収入額の全国の大枠が決まってしまう」ことである。

通常、自治体ごとのミクロレベルでの普通交付税交付額は、毎年7月下旬ごろに地方交付税法に基づき国が普通交付税大綱を閣議決定するまで確定し

ない[6]。だが、山内の指摘からすれば、地方財政計画の段階でミクロレベルでの基準財政需要額等の積み上げも一定程度なされ、ほぼ近似した数値になるか検証・確認されている（山内 2005：78 ～ 79）。つまり、自治体が一般財源として活用可能な交付税額はほぼ決まっているのである。この点で、年末の予算の閣議決定にあわせ、地方財政計画の収支不足への対応として決定される地方財政対策が自治体の財政運営に与える影響は非常に大きい。

そして、第３段階の保障が、先述のとおり、毎年７月下旬ごろに確定される自治体ごとの普通交付税の算定である。

図表 3-2-1 に示したように、交付税の制度では、

基準財政需要額＝単位費用（法定）×測定単位（国勢調査人口等）×補正係数（寒冷地補正など）

基準財政収入額＝標準的税収× 75%[7]

の差額が普通交付税として支払われることになる。

なお、基準財政収入額については、標準的税収の 25% が留保財源として除外されている。これは、自治体の自助努力により税収が増加した場合には自由に使える一般財源が増え、税収確保努力へのインセンティブを高めるためとされている。

このように自治体ごとのミクロレベルの普通交付税額は基準財政収入額と基準財政需要額の差として算定されるが、マクロレベルでの交付額総額は

図表 3-2-1　普通交付税の算定

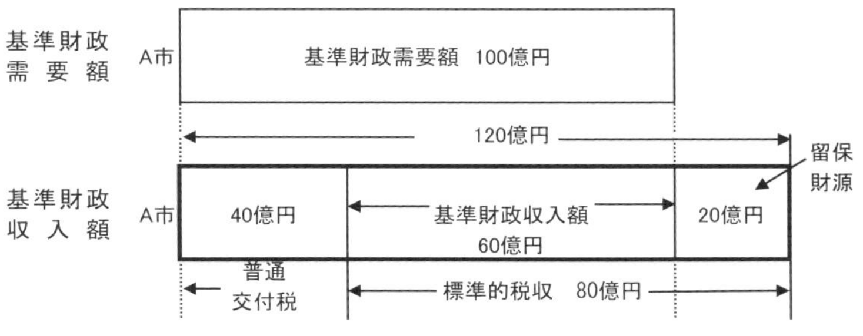

出典：総務省資料などから筆者作成

年末の地方財政対策の中で決定されており、単位費用等で調整されることになる。

3.3.　臨時財政対策債制度の概要

地方財政制度の枠組みの中で、臨財債は、普通交付税の代替として発行が認められる。マクロ的には財源不足額を国と地方が折半する形で負担するものと説明され、地方財政法5条の例外として、その附則で発行が認められている（地方財政法附則33条の5 ①）。

一方、ミクロ的にみれば、図表3-3-1の中央に示したように、各自治体の基準財政需要額が臨財債の発行可能額によって振り替えられ、財源不足額が圧縮される。その結果、普通交付税として交付される額は減額されることになる。

図表 3-3-1　普通交付税の算定と臨財債

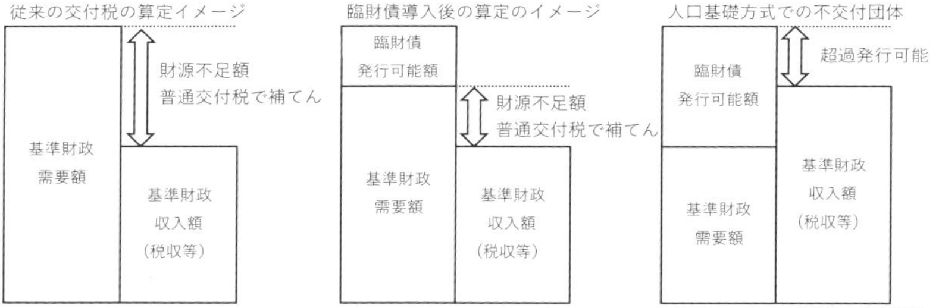

出典：筆者作成

また、図表3-3-1の右図のように、人口基礎方式等における発行可能額の算定は、ミクロでの財源不足に係らず行われていた。このため、不交付団体も発行でき、さらには振替前に財源不足が生じていない場合でも発行可能額が割り振られる状況にあった。結果として、人口規模の大きい不交付団体の指定都市では超過発行可能額が大きくなっていたと推定される。

そして、図表3-3-2に示したように、2000年度をピークとして、普通交付税の交付総額は減少傾向にあるが、臨財債も含めると2003年度まで増加し、その後は三位一体改革と一体的に行われた交付税減額の影響や景気回復により、圧縮される。そして、2009 年度のリーマンショック以降、普通交付税と臨財債の総額は増加するものの、2010 年度でいえば 3 割以上が臨財債による対応となっている。

図表 3-3-2　地方財政計画における普通交付税額・臨財債発行可能額等の推移

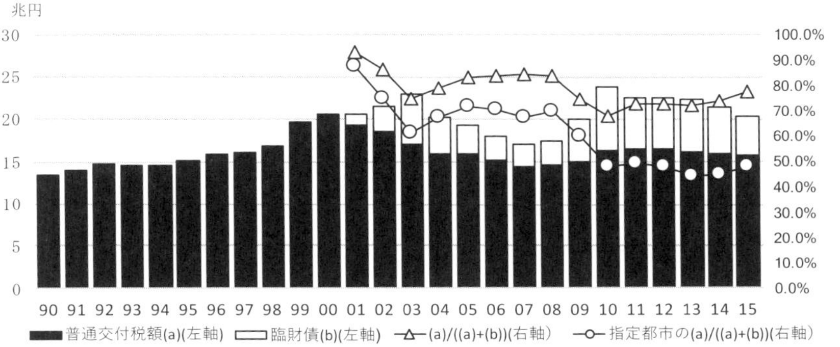

出典：地方財政便覧等から筆者作成

指定都市は、全国平均と比べると、普通交付税の占める比率が低下している。つまり、他の市町村には普通交付税が交付され、指定都市には臨財債の発行可能額が割り振られている。結果として、指定都市への財源保障は、後年度の臨財債の償還費用が基準財政需要額に算入され、さらに財源不足額に対して臨財債の発行可能額が配分されることによって担保されている。償還費用が基準財政需要額に算入されるとはいえ、本来的には普通交付税で補てんされるべきものが、起債の発行枠を認めることで対応されているのであり、財源保障の意味が問われているといえよう [8]。

一方、臨財債の元利償還金の基準財政需要額算入額は「理論償還費」を積算する方式がとられている。毎年 7 月下旬ごろに普通交付税交付額とともに決定される臨財債発行可能額が測定単位となり、地方交付税法で単位費用が、普通交付税に関する省令で種別補正係数が定められる。

図表 3-3-3 に 2015 年度の横浜市を例とした臨財債の元利償還金の「理論

償還費」（基準財政需要額の算入額）の計算例を示した。年度ごとの臨財債の発行可能額に単位費用、種別補正係数を乗じ、それを合計した数値が「理論償還費」（基準財政需要額）となる。「理論償還費」の累計額は、この数値を年度ごとに計算し合算した額となる。

図表 3-3-3　基準財政需要額算入額の計算例（横浜市・2015 年度）

発行可能年度	①測定単位（円）：臨時財政対策債発行可能額	×	②単位費用（円、測定単位千円当たり）	×	③種別補正係数（2001年度債基準）	=	④基準財政需要額算入額
2001年度	205.2	×	65	×	1		
2002年度	447.4	×	65	×	0.978		
2003年度	745.4	×	65	×	1.022		
2004年度	538.4	×	65	×	1.046		
2005年度	413.3	×	65	×	0.758		
2006年度	379.3	×	65	×	0.817		
2007年度	344.2	×	65	×	0.803		
2008年度	322.4	×	65	×	0.849		330
2009年度	500.4	×	65	×	0.849		
2010年度	773.9	×	65	×	0.865		
2011年度	712.6	×	65	×	0.837		
2012年度	749.3	×	65	×	0.114		
2013年度	809.6	×	65	×	0.115		
2014年度	669.8	×	65	×	0.089		

①④の単位は億円

出典：石川・赤井 2013 を参考に筆者作成

4.　指定都市の臨時財政対策債の発行状況

図表 4-1 に人口基礎方式が廃止される 2012 年度までの指定都市の臨財債の発行可能額、実際の発行額、その割合を示した。2010 年度以降、臨財債の発行額を発行可能額より 10％以上抑制している団体もみられるが、2000 年代は、一部を除き、すべての指定都市で発行可能額のほぼ 100％が活用されている。こうした状況は不交付団体である指定都市も同様である。不交付団体の場合、臨財債の元利償還金相当額が単位費用として基準財政需要額に算入されたとしても、普通交付税として交付されることはない。また、将来的に交付団体となり、普通交付税が交付される可能性もあるが、償還していくうえでのリスクを抱えることになる。

図表 4-1　指定都市ごとの臨財債の発行可能額、発行額、発行割合　単位：億円

	年度	01	02	03	04	05	06	07	08	09	10	11	12
札幌市	発行可能額	100	240	422	287	220	200	181	170	263	511	515	549
	発行額	100	240	420	287	220	150	181	169	263	511	450	490
	発行割合	100%	100%	100%	100%	100%	75%	100%	100%	100%	100%	87%	89%
仙台市	発行可能額	58	124	239	167	128	115	104	98	152	261	272	282
	発行額	58	124	239	167	128	115	104	98	152	261	272	282
	発行割合	100%	100%	100%	100%	100%	100%	100%	100%	100%	100%	100%	100%
千葉市	発行可能額	51	111	207	148	113	105	95	89	138	225	237	198
	発行額	51	111	207	148	113	105	95	89	138	225	237	198
	発行割合	100%	100%	100%	100%	100%	100%	100%	100%	100%	100%	100%	100%
横浜市	発行可能額	205	447	745	538	413	379	344	322	500	774	713	749
	発行額	205	447	745	538	413	379	344	322	500	700	660	660
	発行割合	100%	100%	100%	100%	100%	100%	100%	100%	100%	90%	93%	88%
川崎市	発行可能額	75	166	285	204	157	146	133	124	193	193	156	143
	発行額	75	166	285	204	157	146	133	123	193	193	156	143
	発行割合	100%	100%	100%	100%	100%	100%	100%	99%	100%	100%	100%	100%
名古屋市	発行可能額	138	296	489	352	270	242	220	206	320	461	404	452
	発行額	138	296	489	352	270	242	220	206	320	461	404	380
	発行割合	100%	100%	100%	100%	100%	100%	100%	100%	100%	100%	100%	84%
京都市	発行可能額	81	185	334	240	184	163	148	138	215	394	409	415
	発行額	81	185	334	239	184	163	147	138	215	394	409	415
	発行割合	100%	100%	100%	99%	100%	100%	100%	100%	100%	100%	100%	100%
大阪市	発行可能額	157	367	611	441	338	302	274	256	398	911	861	888
	発行額	157	367	611	441	338	302	273	256	398	911	861	888
	発行割合	100%	100%	100%	100%	100%	100%	100%	100%	100%	100%	100%	100%
神戸市	発行可能額	83	188	336	241	185	167	151	142	220	423	435	421
	発行額	83	188	336	241	185	167	151	142	220	423	435	421
	発行割合	100%	100%	100%	100%	100%	100%	100%	100%	100%	100%	100%	100%
広島市	発行可能額	61	131	254	182	141	126	116	108	168	298	320	337
	発行額	61	131	254	182	141	126	116	108	168	298	320	337
	発行割合	100%	100%	100%	100%	100%	100%	100%	100%	100%	100%	100%	100%
北九州市	発行可能額	62	137	231	165	127	110	100	93	145	291	296	303
	発行額	62	137	231	165	127	110	100	93	145	291	295	303
	発行割合	100%	100%	100%	100%	100%	100%	100%	100%	100%	100%	100%	100%
福岡市	発行可能額	76	172	303	217	167	153	139	130	202	379	396	408
	発行額	76	172	303	217	167	153	139	130	202	342	396	408
	発行割合	100%	100%	100%	100%	100%	100%	100%	100%	100%	90%	100%	100%

※不交付団体となった部分、発行割合が 90% 未満の部分に網掛けを施している

出典：地方財政状況調査資料から筆者作成

本来であれば、不交付団体はリスクを考慮し、その発行を控えるような行動をとることも考えられる。だが、あまり借り手意識がないとされるように、将来の負担を考え、中長期的な視点から起債の意思決定を行っているというよりは、むしろ当該年度の財政運営の中で、一般財源として活用できる財源として臨財債の発行可能額をとらえていたと推測される。

2015 年度までの臨財債の元利償還金相当額の基準財政需要額算入額累計額とともに、地方財政状況調査により、算定した 2001 年度から 2015 年度

末までの臨財債の償還・積立額の累計額を 2015 年度の標準財政規模で除したものなどを図表 4-2 に示した。基準財政需要額算入額は発行後の３年間元金は据え置き、その後、元金の償還費相当額が算入されていくことになる。一方、自治体の償還パターンにより異なるが、実質公債費比率算定ルールを用いた場合、毎年度の積立額を発行額の 30 分の１（3.3%）として設定していることから、当初は、交付税の基準財政需要額算入額よりも多く積み立てられていくことになる[9]。

図表 4-2　臨財債の償還・積立額と基準財政需要額算入額の累計額

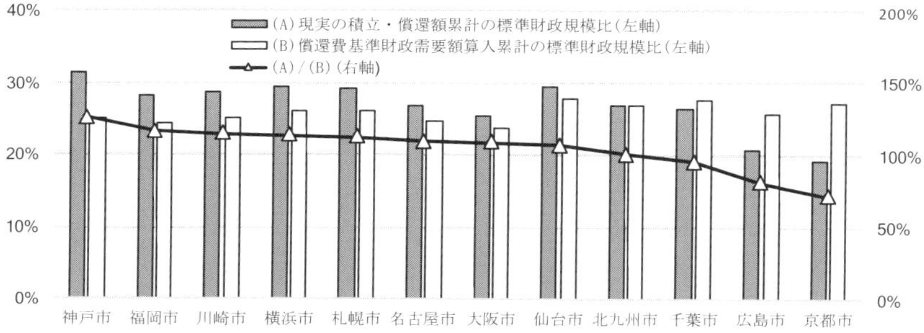

出典：地方財政状況調査資料から筆者作成

こうした中で、千葉市、京都市、広島市では、基準財政需要額算入額累計額に対して、実際に償還・積立が行われた額が下回っている。一方、この３市以外は、算入額累計額以上に償還・積立を行っている状況となっており[10]、特に、神戸市では、基準財政需要額算入額累計額の 120% 超の償還・積立がなされている。

このように、償還方法が異なることにくわえ、発行可能額をすべて活用していない影響もあろうが、一部の指定都市では償還に備えるべき基準財政需要額相当額の償還・積立が適切に行われていない可能性がある。この場合には、将来的に厳しい状況での臨財債の一括返済を余儀なくされる場合も想定される。

5.　臨財債償還に向けた償還・積立の要因

実際にこのような償還・積立額にどのような要因が影響を与えているのであろうか。図表 5-1 に対象となる 12 指定都市の将来負担比率と、実質公債費比率を示した。償還・積立不足の可能性のある団体は、千葉市を除き、起債の許可が必要となる 18% の水準には達していず [11]、また、地方財政健全化法の早期健全化基準であり、起債が制限される 25% の水準には達していないものの、実質公債費比率、将来負担比率が高いことが指摘できる。

図表 5-1　2015 年度の将来負担比率と実質公債費比率の状況

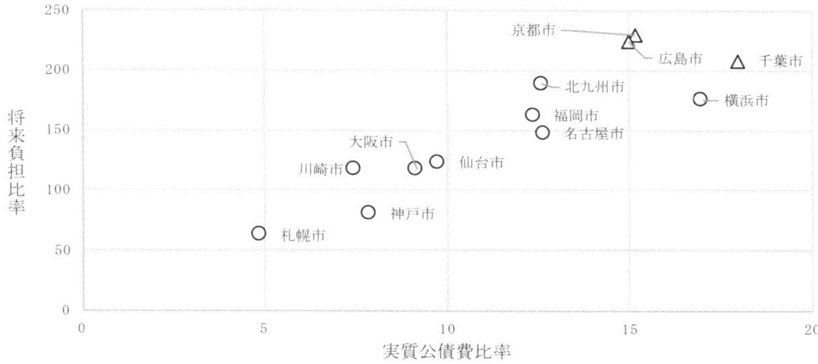

注）△は償還・積立不足が生じている可能性のある団体
出典：市町村別決算状況調べから筆者作成

こうした償還・積立を促す要因を分析するために、地方財政健全化法施行後の 2006 年度から 2015 年度のパネルデータを用いて、償還・積立額／標準財政規模について回帰分析を行う [12]。

従属変数の ①償還・積立額累計／算入額累計－1 は、基準財政需要額算入累計額に対して実際の償還・積立額累計が少ない場合にはマイナスの値が大きくなり、多い場合にはプラスの値となる。この値がマイナス、つまり償還・積立不足の場合には、一括償還時期が到来した際に、大きな財政負担が生じることになり、償還・積立を促すことから、係数はマイナスになると考えられる。

②実質収支比率は、黒字、赤字といった収支の標準財政規模に対する割合である。収支が黒字の場合は償還・積立財源を確保しやすいが、赤字の場合、臨財債の償還・積立に用いる財源の確保が困難であり、係数はプラスになると考えられる。

③実質公債費比率は一般会計等が負担する元利償還金等の標準財政規模に対する比率である。この比率が高い場合には地方債発行に許可が必要となる場合もあり、当該数値が高いと、償還・積立を促すインセンティブになり、係数はプラスになると思われる。

④財政力指数は、地方公共団体の財政力を示す指数であり、数値が高いほど、普通交付税算定上の留保財源が大きく、財源に余裕がある。この財政力指数が高ければ、臨財債の償還・積立を行なえる財政的余裕があり、プラスになると想定される。

こうした数値を用いた固定効果モデルによる分析結果を図表5-2に示した[13]。

図表5-2　臨財債の償還・積立の要因分析結果

n=12、T=10	係数	P値	
①償還・積立額累計／算入額累計－1	2.229061	0.00050	***
②前年度の実質収支比率	0.477091	0.00005	***
③前年度の実質公債費比率	-0.21849	0.00000	***
④財政力指数	2.023862	0.36785	
決定係数	0.70166		

注:*** は、0.1% 水準で有意なもの
出典：筆者作成

対象となる12の指定都市では、早期健全化水準であり、起債が制限される25%の水準等に至っていないこともあり、①償還・積立額累計／算入額累計－1はプラスの係数となっている。③実質公債費比率の係数はマイナスとなっている。①と③からは、基準財政需要額への算入額累計額に比して、償還・積立額累計額が少ないからといって、償還・積立額を増やすようなインセンティブが働いていないこと、実質公債費比率の上昇についても同様に償還・積立額を増やすインセンティブとなっていないことが指摘できる。こうした結果からは、2001年度からの償還・積立を適切に行っていない団体

ほど、単年度でも償還・積立が行われていない状況が指摘でき、標準財政規模比でも相当額の償還・積立不足があることから、満期到来時の対応に苦慮するようなことも想定される。

また、②実質収支比率の係数はプラスとなっていることからは、収支のよい団体ほど、償還・積立を行っていることが指摘できる。

なお、④財政力指数は、有意な関係を見出すことはできなかった。

このような結果からは、今後、適切な償還・積立を行っている団体と、そうでない団体の二極化が進むことも懸念される。

また、先行研究では、実質公債費比率算定ルールが積立を促す一定の機能を果たしており、また、早期健全化水準である25％に近くなるほど積立を促進するガバナンス機能を備えているとの指摘（石川・赤井 2013:79）もある。しかし、今回の指定都市のデータでは、全体として比較的健全な財政状況にあることも1つの要因と考えられるが、こうした関係性を見出すことができなかった。

6.　普通交付税不交付団体への臨財債発行の影響

不交付団体の臨財債の超過発行可能額等を分析するため、図表6-1に指定都市のうち、一定期間不交付団体となった団体について、人口基礎方式が廃止される2012年度までの期間を対象に、振替後財源不足額、振替前財源不足額、臨財債発行可能額、普通交付税額、超過発行可能額の状況を示した。具体的には、網掛けした千葉市では2006から2009年度、横浜市では2008、2009年度、川崎市では2003から2009年度、名古屋市では2006から2009年度が不交付団体の期間となる。超過発行可能額は、財源不足額以上に臨財債の発行が認められた次の額を示した。

振替前財源超過の場合：臨財債の発行可能額

その他の場合：（普通交付税額＋臨財債発行可能額）－振替前財源不足額[14]

図表 6-1　振替前後の財源不足額、臨財債の発行可能額等　単位：億円

	年度	01	02	03	04	05	06	07	08	09	10	11	12
千葉市	振替後財源不足額	90	70	52	29	37	-13	-42	-38	-1	43	88	74
	振替前財源不足額	141	181	259	177	151	91	53	51	137	268	325	272
	臨時財政対策債発行可能額	51	111	207	148	113	105	95	89	138	225	237	198
	普通交付税額	89	69	50	29	37	0	0	0	0	43	88	74
	超過発行可能額	0	0	0	0	0	13	42	38	1	0	0	0
横浜市	振替後財源不足額	768	572	496	423	305	126	18	-101	-94	146	218	228
	振替前財源不足額	973	1,019	1,241	962	718	505	362	222	406	920	930	977
	臨時財政対策債発行可能額	205	447	745	538	413	379	344	322	500	774	713	749
	普通交付税額	767	578	487	423	314	126	8	0	0	146	216	228
	超過発行可能額	0	0	0	0	0	0	0	101	94	0	0	0
川崎市	振替後財源不足額	113	58	0	-47	-79	-125	-164	-206	-244	-8	7	8
	振替前財源不足額	188	224	285	157	78	21	-31	-82	-51	186	163	151
	臨時財政対策債発行可能額	75	166	285	204	157	146	133	124	193	193	156	143
	普通交付税額	101	56	0	0	0	0	0	0	0	0	7	8
	超過発行可能額	0	0	0	47	79	125	133	124	193	8	0	0
名古屋市	振替後財源不足額	327	270	208	102	37	-67	-230	-260	-242	39	57	72
	振替前財源不足額	464	566	697	453	307	175	-10	-55	78	499	461	525
	臨時財政対策債発行可能額	138	296	489	352	270	242	220	206	320	461	404	452
	普通交付税額	315	264	200	109	37	0	0	0	0	39	57	73
	超過発行可能額	0	0	0	0	0	67	220	206	242	0	0	0

出典：地方財政状況調査資料から筆者作成

網掛けをした不交付団体の期間では、財源不足額以上の超過発行が可能となっており、特に、振替前に財源不足額が生じていない場合でも臨財債の発行が可能であったことが指摘できる。

こうした点からすれば、不交付団体にとっては、財源として活用できる枠が広がったのであり、対象期間中不交付となっている期間の長い団体では大きな財源の確保につながったといえよう。特に、1990 年代の単独事業の増加、バブル崩壊後の税収の低迷に伴う厳しい財政運営の中で、臨財債の超過発行が財政状況の改善に寄与した側面もあると考えられる。また、4. の発行状況とあわせてみれば、不交付団体も超過発行であるかを問わず、発行可能額をほぼ満額活用しており、利用可能な財源としてとらえていたと推測される。

一方、諏訪・森は「振替前財源不足額にリンクしない人口基礎方式による臨財債発行可能額の算定は、大都市自治体においては、財政好転時に臨財債の超過発行を招き、財政規律の弛緩を誘発する恐れがあると同時に、財政状況の如何を問わず、交付税配分額を超える臨財債の発行を誘発し、大都市自治体住民の将来的財政負担を増大させる可能性が高い」（諏訪・森 2012:55）としている。本来、臨財債は、財源不足を補てんする普通交付税の代替であり、

超過発行可能額を経常的経費に充当し、財政支出の拡大を招き、また、適切な償還･積立を行っていなかったとすれば、諏訪･森の指摘は妥当といえよう。だが、川崎市、名古屋市の公債費負担比率や将来負担比率は低く、その使途も含め、さまざまな観点からの分析が必要と考えられる。

7．小括

本章では、臨財債を取り上げ、指定都市への影響についてみてきた。この結果、次の点を指摘することができる。

1つ目の臨財債への指定都市の対応は、発行可能額をほぼ満額活用していること、その償還・積立は基準財政需要額の算入額累計額以上に積み立てられている団体と、そうでない団体とに2分されることを明らかにできた。

2つ目の償還・積立を促す要因について、償還・積立が不足していると考えられる団体は実質公債費比率が高いものの、起債制限にまでは至っていないため、償還・積立を促すような状況にはないことが指摘できた。特に、基準財政需要額算入額の累計額に比して償還・積立額累計額が小さい場合、交付税に算入された償還額の他の用途への転用による先食いである可能性もあり、償還時を迎えた場合に困難な財政運営を余儀なくされることも想定され、自律的に償還に備える対応が必要といえよう。

3つ目の不交付団体への影響は、臨財債の発行可能額の算定が財源不足でなく、人口基礎方式等であったことから、超過発行が可能となっており、振替前に財源不足が生じていない団体にも臨財債の発行可能額が割り振られていたことが指摘できた。こうした点では、1990年代の単独事業の増加、バブル崩壊等の影響により厳しい財政状況に直面している不交付団体にとって一定の財源確保に寄与した側面もあると考えられる。さらに、対象期間で交付・不交付の変動があった団体も、交付・不交付にかかわらず、臨財債の発行可能額をほぼ満額活用していることからは、こうした団体も臨財債を利用可能な財源としてとらえ活用していたものと推測される。

また、指定都市は、振替前財源不足額に占める臨財債発行可能額の割合が高く、本来普通交付税で交付されるべき額が臨財債で措置されるようになり、財源保障の意味が問われている。こうした臨財債が個々の団体の「総合計画財政計画」に与える影響については、第５章で検討する。

そして、本章で取り上げた臨財債以外にも、2000年以降、団塊世代が退職を迎えることから認められるようになった退職手当債[15]や、行政改革推進債など、地方財政法第５条の例外となる地方債が増えてきている。こうした地方債が自治体の財政運営に与える影響も小さくないと考えられる。

臨財債同様に、地方財政法５条の例外となる地方債の影響も、第５章で検討する。

脚注

1　東京都では、美濃部亮吉の知事就任後、国と一線を画した財政運営を行う中で、1974 年に職員給与のベースアップのために起債を行なおうとするが、国が許可せず、財政危機が一気に深刻化する中で、1977 年に都議会に起債訴訟議案を提出したが、最終的に反対多数で否決された（日比野 1987、池上 1987）。こうした事例は、政治的な要因を考慮しても、国の制度の中で自治体が財政運営を行わざるを得ないことを示した象徴的なものといえる。

2　地方財政計画の財源不足への対応として、1980・90 年代は、財源対策債の発行が認められてきたが、この財源対策債は基本的に建設事業費に充当が可能であるのに対して、臨財債は、一般財源に充当できるという点では自由度が高く、さまざまな用途に利用でき、自治体としてのメリットも大きいと考えられる。

3　赤井は、石川・赤井 2013 をベースとした資料において、臨財債の発行により、将来の財源は制約を受けることになり、将来は苦しくなることから、起債せずに今、節約すれば、将来に制約を受けずお得といった指摘をしている（www.geocities.co.jp/SilkRoad/3841/PPT10-2.pdf 2017 年 7 月 4 日閲覧）。

4　普通会計決算のルール上、満期一括償還方式の地方債の償還財源としての積立は公債費として扱われ、減債基金の積立としては計上されない一方、定時償還方式の地方債の返済に向けた減債基金積立は計上されることになる。この点で、市場公募方式を採用している指定都市については、臨財債を満期一括償還方式により調達していることが多いと考えられるが、その区分は公表されていないため、償還・積立としている。

5　創設当時の 2001 年度、2002 年度は主として人口を測定単位とする 5 つの基準財政需要額によって、2003 年度から 2006 年度は人口を測定単位とするその他諸費、2007 から 2009 年度は人口基礎方式が採用され、2010 年度から人口基礎方式と財源不足額基礎方式が併用され、2013 年度から完全に財源不足額基礎方式へ移行されている。

6 普通交付税法 10 条 3 項で、総務大臣は、交付すべき普通交付税の額を、遅くとも毎年 8 月 31 日までに決定しなければならないと規定されており、通常、7 月下旬に閣議決定され、公表される。

7　算入率が 100% の税目もあるが、ここでは、簡略化して示した。

8　森 2015 は、財源不足額基礎方式に移行した臨財債を取り上げ、道府県ごとの財源保障率を推計しており、最も財政力指数の高い神奈川県では 25.3% に過ぎない一方、最も財政力指数の低い鳥取県では 85.2% となっていることとともに、補正係数が財政力指数と加速度的に高まるように設定されており、大都市圏において財源保障機能を弱めていると指摘している。

9　石川・赤井 2013 では、30 年債を事例として、基準財政需要額算入額、実質公債費比率等のルールごとに積立額を試算しており、起債後の最初の 6 年間は実質公債費比率ルールが、13 年度目以降 30 年に達するまでは基準財政需要額方式の積立額が最速になるとしている。この点で、償還・積立額は、定時償還、満期一括償還といった償還方式とともに、積立ルールにより異なり、また、発行可能額を満額活用した場合を示しており、不足という概念が妥当するかは一概にはいえないが、基準財政需要額算入額累計額と比較して不足か、否かを示した。

10　衆議院の緒方林太郎議員の「臨時財政対策債償還に関する質問主意書」に対し、2015 年 2 月 3 日に出された答弁書では、臨財債の制度が導入された 2001 から 2013 年度までの間において、基準財政需要額に算入された臨財債償還費の累計額と比較して、臨財債の元利償還額の累計額が少ない指定都市は、千葉市：約 18 億 2,993 万 4 千円、京都市：約 204 億 4,502 万 9 千円、広島市：約 94 億 5,431 万円とされている。

11　18% を超過した場合、公債費負担適正化計画の策定が必要となる。18% 超である千葉市においては 2007 年 3 月に同計画を策定しているほか、川崎市も 2007 年 8 月に策定している。

12　従属変数の基本統計量は、図表に示したとおりとなっている。

図表　記述統計量等

	平均値	中位値	最大値	最小値	標準偏差
償還・積立額／標準財政規模*100	2.65897	2.70313	5.29051	0.40542	1.04967
①償還・積立額累計／算入額累計－1	0.03945	0.07960	0.68023	-0.45728	0.19086
②前年度の実質収支比率	0.65833	0.50000	3.20000	-0.90000	0.67990
③前年度の実質公債費比率	14.66583	13.85000	26.20000	5.90000	4.38027
④財政力指数	0.85850	0.85000	1.10000	0.66000	0.12248

出典：筆者作成

13　F 検定の結果、Pooling モデルよりも固定効果モデルのほうが、Hausman 検定の結果、random モデルよりも固定効果モデルのほうが適当との結論のため、固定効果モデルによる推計を行っている。

14　交付税の算定においては清算や錯誤といった手続きがあり、この式で計算した場合、振替後でも財源不足となっているにも関わらず、計算上超過発行可能額が算出されるものがある。こうしたものは図表 6-1 では 0 としている。

15　単なる赤字地方債との指摘もある退職手当債は（千葉 2007 など）、2015 年までの 10 年間の期間限定であったにも関わらず、10 年間特例が延長されるに至っている。

第３部
「総合計画財政計画」に基づく行財政運営

第３部では、第２部の結果を踏まえ、横浜市と川崎市の「総合計画財政計画」を取り上げ、その位置づけなどとともに、国の地方行財政運営方針が与える影響や財政ルールについて分析する。

第５章　横浜市と川崎市の「総合計画財政計画」の分析

わが国の財政運営の原則として、会計年度の歳出はその年度の歳入をもって支弁するという会計年度独立の原則、予算は毎年度国会の承認を得るという予算単年度主義などがある。こうした原則に縛られ、いくつかの例外を除き、会計年度を超えた財政運営が困難であることから、予算の使いきりの弊害がいわれてきた[1]。自治体の財政運営も、同様に、地方自治法208条２項で「各会計年度における歳出は、その年度の歳入をもつて、これに充てなければならない」、同211条１項で「毎会計年度予算を調製し、年度開始前に、議会の議決を経なければならない」とされ、会計年度独立、単年度主義が明確に規定されている。

一方、右肩上がりの経済成長が期待できず、財政状況が厳しさを増し、また、扶助費等の義務的経費の増加が顕著となってきた。こうした中で、中長期的に効率的な財政運営を行うことが求められ、複数年度予算をはじめ、年度を跨ぐ財政運営の必要性が指摘されるようになっている。法的な課題は別として、このような議論は目新しいものではなく、国において、中期的な財政フレームの必要性が提唱されたのは1960年代に遡る。そして、1981年度から財務省（旧大蔵省）が「財政の中期展望」を作成するようなった（田中2011：99)。

自治体においても、市町村総合計画の策定を推進する契機となったとされる『市町村計画策定方法研究報告』で、財政計画策定の必要性が指摘されている。

ここで、国と自治体の財政運営の相違点をみれば、主要なものの１つにルールの作成・変更への主体的関与がある。国は、国際債券市場の信用等を抜きにすれば、法律改正により、赤字国債の発行が可能であるなど、自立的なルール変更が可能である。これに対して、自治体は法律で枠組みが定められ、その枠組みの中での財政運営が求められる。実際、自治体の地方債発行は、地方財政法で建設地方債主義が規定され、例外的に赤字地方債の発行が認められる。分権改革以後に、地方債発行手続きが緩和されても、独自の地方債の発行は限定的となっている。さらに、地方財政健全化法等により、各種の財政ルールが課せられ、一定の水準を超えた場合には対応が求められるのであり、財政的な自立は限定的となっている。

そして、地方財政計画の財源不足額には、財源対策債をはじめとした地方債による対応が行われてきた。さらに、地総債による単独事業の誘導、制度減税に伴う財源不足額の減税補てん債による補てんと元利償還金の基準財政需要額への算入による対応など、自治体の地方債残高を増加させる誘因が提供されてきた。

このように、地方財政制度の枠組みに縛られ、自立性が限定的な自治体の財政運営でも、「単コロ」[2]、「オーバーナイト」[3]といった課題のある手法がとられてきた。さらに財政調整基金等の取り崩し、減債基金への積立の繰延などとともに、会計間の操作、第三セクターへの付替えなども行われてきた。こうした中には、基金の取り崩しのように年度間の財源の平準化のための適切な手法もある。だが、基金が底をつかないように、事業実施に伴う後年度負担を勘案し、年度間調整を図りながら、中長期的な財政運営をしていく必要があり、右肩上がりの経済成長が期待できない中で、その重要性は高まっている。

こうした状況を踏まえ、本章では、横浜市と川崎市の「総合計画財政計画」を取り上げながら、分権改革前後の変化に着目しつつ、分析を行う。

1.　本章の視点と先行研究

1.1.　本章の視点

本章は、分権改革前後の状況変化、低成長経済への移行も勘案しながら、「総合計画財政計画」に基づき、財政規律を確保した自律的な財政運営が可能かについて分析しようとするものである。「総合計画財政計画」に関連して、国では、後年度試算（財務省）、中長期の経済財政に関する試算（内閣府）、中期財政計画などが策定されている。先行研究では、中期財政フレーム、複数年度予算という用語が用いられ、その意味するところはさまざまとなっている。この中で、田中は、中期財政計画を予算の法的な単年度主義を克服し、複数年にわたって財政政策を立案・検討・決定する枠組みであり、支出、収入、収支、債務残高などの主要財政指標の中期的な見積り、あるいは予測を示すものと定義している（田中 2011：40）。

本章では、「総合計画財政計画」を単年度ではなく、総合計画の「実施計画」の計画期間を対象として、歳入と歳出を定めた当該計画に関連付けられる文書といった意味でとらえている。

また、中期財政フレームの評価基準として、田中は、①法的根拠、②対象範囲、③拘束力、④成長率の前提評価、⑤実績の検証、⑥独立的な評価、⑦議会の関与、⑧地方財政との調整を挙げる（田中 2011：312）。

本章は、こうした田中の挙げる評価基準も踏まえながら、次の３つの視点に立って、「総合計画財政計画」の分析を行うものである。

１つ目が「総合計画財政計画」の位置づけ、実態との誤差、対象範囲といったコミットメントの視点である。一部の自治体等は「総合計画財政計画」の策定を条例で義務付けている。だが、通常は、法令等に基づくものではなく、計画を構成する一部として示される場合が多い。こうした中でも、財政規律を確保しようとすれば、その位置づけを明確にし、それを順守していくコミットメントが重要となる。このコミットメントについて、田中は「財政規律を維持する意思」と定義し、それに影響を与えるものとして、(1) 予算制度からの経路、(2) 経済・政治・社会的な外的経路の 2 つを指摘する（田中 2011：5 ～ 6)。「総合計画財政計画」についていえば、(1) には「総合計画財政計画」と予算との関係、(2) には経済状況や自治体の財政状況、首長の政治的な環境などがある。また、財政規律にコミットメントしていくうえでは、(3)「総合計画財政計画」の達成状況等をブラックボックス化するのではなく、住民に対してガラス張りにしておくことも重要であろう。

(1) 予算制度からの経路に関して、田中は、当初予算はシーリングにより緊縮的だが、補正予算で拡張するといった指摘を行っている。

この点に関して、予算を含めた自治体の会計制度は、国と同様に、単一簿記・現金会計となっている。また、地方自治法 216 条で款項に区分すること、その款項は地方自治法施行規則 15 条の別記の中で区分が示されるなど、詳細な内容が法令で規定されている。

枠配分等の手法が導入されている自治体もあるが、この枠配分も含め、夏場から、財政担当、首長の査定、さらには議会審議という半年近い作業を要しており、そこでは事業ごとに所要額を積み上げる方式が採用されている。そして、予算成立後に予算の歳出枠を別の目的で用いるには、流用等の手続きが必要となる。

こうした規律密度の高さ、事前手続き等から、予算の調製後に生じた事由に基づき、補正予算を調製し、議会に提出する場合でも、当該年度中の既存予算の大幅な組み換えは容易ではない。

このため、新規事業を行う場合、国の補正予算や税収の上振れ分、基金など、新たな財源を確保することが多い。結果として、田中の指摘の通り、補正予算を踏まえた予算現額では拡張的となりやすい。一方、財政運営では、執行を留保したり、入札に伴う落札差金が発生することから、補正予算がなければ、歳出予算と歳出決算の比較では下振れする。この結果、歳出の予決算誤差は、補正予算をどのような場合に認めるかという個々の自治体の運用により異なってくる。こうした中でも、国の補正予算には自治体も財源確保のために対応する場合が多い。

そして、歳出予算が当該範囲内で執行の権限を付与するのに対して、歳入は見積もりに過ぎないが、歳入予算が下振れした場合には収支不足が生じ、赤字決算となる可能性がある。下振れリスクを回避するため、市税などの歳入予算と歳入決算では上振れすることが見込まれる。

こうした予算と決算の関係にくわえ、総合計画と財政の関係については、さまざまな議論がなされてきている。具体的には「実施計画」と予算の関係を強化すること、「実施計画」に計上されない事業は原則として予算化しないという考え方を徹底することの必要性が指摘されてきた（自治省行政局 1982:13 ～ 15）。実際、総合計画の先駆とされる都市において、たとえば、武蔵野市では新たな政策を予算化・制度化する場合には長期計画（総合計画）に根拠がなければならないことを原則としており（小森 2015:55）[4]、予算と長期計画が連動して運用されている。

また、総合計画は、「つくる計画」とされることが多く、いったん計画に位置づけた事業を延期したり、中止したりするのは容易ではない。このため、事業の推進が優先され、「総合計画財政計画」がないがしろにされてしまう可能性も大きい。こうした中で、「総合計画財政計画」が一定の財政規律をもって策定され、その規律を維持しようとすれば、とりわけ景気後退期などには、事業の延期など、事業費全体の見直しが求められる。一方で、市民サービスへの影響を回避するため、基金等の取り崩しによって臨時的に対応する場合もあろう。

(2) は、自治体の財政状況が厳しければ、「総合計画財政計画」を通じて財政規律を確保せざるを得ない。一方、首長によっては「総合計画財政計画」で財政ルールを位置づけたとしても、拡張的な財政運営を行い、財政ルールをないがしろにしかねない。さらには、２つ目の視点の国の地方行財政運営方針の影響として、地方財政制度の仕組みが財政ルールへのコミットを強めることもあろう。

(3) について、財政の透明性が高い国ほど公的債務残高は小さく、選挙直前に人気取りのための財政バラマキを行うことによって起きる「政治的景気変動」が観察されない。また、予算の透明性が高い国ほど累積債務残高（GDP比）が低い（加藤 2017：30 ～ 31）。

「総合計画財政計画」はどんなに緻密に見積もろうとしても、将来の予測に過ぎず、策定した時点から陳腐化に直面し、実態との誤差が生ずる可能性は否めない。こうした場合でも、誤差が生じた原因、その対応を議会や市民と共有し、説明責任を果たさなければ、「総合計画財政計画」を基本とした行財政運営を進めるうえでの財政的なやりくりは困難といえる。特に、財政計画の順守には、事業の先送りや中止など、痛みを伴う場合もあり、市民にその必要性が一定程度理解される必要がある。

こうした点にくわえ、「総合計画財政計画」の対象範囲についても議論がある。夕張市の事例を挙げるまでもなく、第三セクターが債務を増大させ、自治体がその債務に損失補償等を行っていた結果、自身の財政運営に影響を与えた事例は枚挙にいとまがない。また、土地の造成・分譲等を目的とした特別会計や企業会計で土地の売却が進まず、造成費用が捻出できず、最終的に一般会計で当該損失を補てんしなくてはならない場合もある。

こうした他会計等に起因する財政運営上の問題は、突如顕在化する場合も多く、一般会計の状況のみからは把握できないことも多い。この点について、松下は「旧自治省系の経常収支比率、公債費負担比率などの財務指数は一応の目安となるが、公社や第三セクターなどの外郭組織と連結していないので、カクレ借金などがわからない（松下 2003:22）」と指摘している。現在でこそ、地方財政健全化法の指標のうち、連結実質赤字比率では一般会計のみならず、特別会計や企業会計も対象となり、将来負担比率では一定の出資法人も含められるなど、より総合的・包括的にとらえられるようになってきている。

このように、「総合計画財政計画」の位置づけ、実態との誤差、対象範囲などについて分析しようとするのが１つ目の視点である。

２つ目が「総合計画財政計画」への国の地方行財政運営方針の影響である。国は、財源、人員など、自治体の管理する資源に対してさまざま形で関与している。財源については、マクロレベルの財源保障として地方交付税法７条の規定に基づき策定される地方財政計画で、財源不足が発生することが通常となっている。財源不足に対しては、本来、交付税原資である国税の法定率の変更により対応されるべきであろうが、実際は、財源対策債等の地方債の発行枠の確保等により対応されてきている。2001 年度以降は財源不足額を国と地方が折半するということで臨財債の発行可能枠が確保されるに至っている。

また、1994 年度には住民税の減税に対して減税補てん債の発行が認められた。1999 年度からは制度減税に伴う減収分が減税補てん特例交付金として交付されるとともに、減税補てん債の発行が可能となった。

さらに、1980 年代の国庫補助金の見直しに伴い、地方単独事業について、地方債措置とその元利償還金の交付税措置等による誘導が行われてきた。

このように国の地方行財政運営方針として、財源不足への対応として地方への資金確保を行う場合、地方債の発行枠の確保等により対応する場合が多くなっている。

また、職員数についても、同様に国の関与があり、「上からの改革」という形で、自治体は「行革大綱」に基づき、その削減等に取り組んできた。総合計画の体系については、『市町村計画策定方法研究報告』に示された三層を基本として策定に取り組んできた。

こうした中で、国の地方行財政運営方針が「総合計画財政計画」に与える影響を分析しようとするのが２つ目の視点である。

３つ目が、「総合計画財政計画」における財政ルールと、そのコミットメントについてである。自治体の場合、決算には地方財政健全化法の指標が一律に適用される。そして、この指標が基準値を超えた場合には財政健全化計画や財政再生計画の策定等が求められる。

このように決算においては早期に財政の健全化を促す措置が設けられているが、「総合計画財政計画」に適用されることはない。しかしながら、中期的な視点から財政規律を確保しようとすれば、「総合計画財政計画」でも、一定の財政ルールを設定し、策定する必要がある。

「総合計画財政計画」に位置づけられる財政ルールとともに、実態との誤差やその状況をどのように共有するかといった点について分析しようとするのが３つ目の視点である。

こうした視点を踏まえながら、検討を行っていく。

1.2.　先行研究

総合計画に係る研究の中では、その実行性確保のために、予算との連携の必要性や、財政計画の重要性が数多く指摘されている（日本都市センター 1981、新川 1995 など）。

『市町村計画策定方法研究報告』でも、10 年の「基本構想」、5 年の「基本計画」、3 年の「実施計画」という三層のうち、「基本計画」「実施計画」で財政計画を策定することが指摘されている。特に「実施計画」の「財政計画策定の意義は事業計画に掲げた事業の財政的裏付けの検討にあるが、前述のような事業計画の方式（毎年度の事業計画を計上する方式のこと：筆者注）を採用する場合」、「事業計画には重要な事業しかかかげないけれども、財政計画では全体的な才入の規模構造の見とおしと、才出の規模構造の見とおしが必要となる」としている[5]。

そして、自治体の具体的な事例研究については、先述の武蔵野市の事例とともに、多治見市の総合計画の事例などが実務家によって紹介されている。武蔵野市では次のとおり財政計画の設定方法が示されている（小森 2015：59 ～ 60）。あわせて、100 万円単位で事業費の推計を行い、それを計画にも掲載している。

武蔵野市の財政計画の設定方法

・国の制度変更や税制改正については、策定段階で確実に予測できるもののみを見込むこととする。

・計画は一般会計に限るものとする。なお、特別会計については、各会計の財政計画を作成し、一般会計の拠出金を推計する。
・各年度の歳入歳出に当たっては、従来の策定方式である直近年度の決算額を基礎値として、一定の伸びを乗じて歳入歳出を算出する方式を採用し、武蔵野市人口推計や経済見通し等を考慮して策定を行う。
・新規の事業計画の投資的経費については、各該当年度にその財源とともに計上する。なお、バランスシートから財政計画上考慮しなければならない後年度負担等についても明らかにしていく。

また、多治見市でも、計画と予算の一体化のために、総合計画進行管理と予算編成プロセスをリンクさせている（青山 2015：176）。

こうした「総合計画財政計画」の作成はそれほど珍しいものではなく、他の自治体でも類似した方法で取り組まれている。だが、財政規律の確保の点からは、その運用がどのように行われているのかが重要である。武蔵野市では長期計画が定着し、長期計画にないものは予算化しない、「長期計画事項」という言葉が日常的に飛び交っているなど（小森 2015：17 ～ 18）、先進都市の計画行政の皮膚感覚ともいうべき運用実態を知る数少ない紹介事例といえる。

一方、加藤により、自治体の財政計画を対象とした研究が積み重ねられてきた（加藤 1973b、加藤 1982）。この中では、推計方式など実効性ある計画とするうえでのポイント等について論じられている。また中期財政計画について、稲沢は、財源減少時代には、財源の点から確固たる予算フレームを冒頭に示す必要があり、その前提として中期財政計画の策定が必須になり、同計画が毎年の予算を拘束することを首長が強く自覚し、コミットすることが求められる（稲沢 2013：94）としている。田中も国の事例を引きながら自治体の中期財政計画の必要性を指摘している（田中 2010）。

国の財政計画については、財政規律が確保できる要因についての分析がなされている（田中 2011、田中 2013）。また、国政レベルを中心に、民主党政権下で非常に注目を集めた複数年予算も論じられている（田中 2002、名取 2003、碓井 2003、土居 2009）。特に、田中 2011 は、各国の中期財政計画と比較しながら、日本の中期財政計画において財政規律が守られない理由を分析している。

このように「総合計画財政計画」は、詳細な検証というよりは、事例分析も含めて規範的な指摘が多い。こうした中で、本章では、田中の中期財政計画の分析手法を踏まえながら、具体的な事例を取り上げ、分析を行っていく。

1.3.　研究対象

本章では、横浜市と川崎市の1990年代、2000年代の「総合計画財政計画」を取り上げる。

横浜市と川崎市を取り上げるのは、第1章で示した内容にくわえ、「総合計画財政計画」は、その計画期間の計画額を一括で示すものが多い中で、両市の計画では、2000年代に入り、年度ごとの計画額が示されるようになっているためである。こうした団体を分析することで、何らかの示唆を得ることができると考えている。

また、1990年代と2000年代を対象とするのは、2000年の分権改革前後の比較を通じて、改革後に「総合計画財政計画」に基づく自律的な財政運営が行われているかを分析することが可能なためである。

一方、2011年には、地方分権改革が進められる中、1969年から40年以上続いてきた地方自治法の「基本構想」策定義務付けが廃止された。この点からは、2011年の前後の状況を比較するのが妥当との意見もあり得よう。ただ、本章では、「基本構想」ではなく、「実施計画」の財政計画を対象としており、むしろ2000年の分権改革以降の地方債に係る改革等の影響が大きいと考えている。くわえて、2000年代に入り行われた都市自治体の総合計画の策定状況に係る調査では、三層制の「自治省モデル」をアレンジし、二層制の総合計画が一部の自治体で策定されており（日本都市センター 2002:76）、分権改革前後の状況変化をみるという点では興味深い分析が可能となる。さらに、2011年前後の比較という点では変更後の運用が明らかとなっていない部分があることなどから、1990年代と2000年代を対象とした。

なお、財政状況等の分析については、前後の状況を把握するため、必要に応じて前後も含めた推移を示している。

2.　本章の検討枠組み

2.1.「総合計画財政計画」へのコミットメント等

「総合計画財政計画」は、総合計画に基づく取組を進めるうえでのフレームとされたり、単なる参考資料と位置づけられたり、財政計画を順守していこうとするコミットメントが異なってくる。このため、「総合計画財政計画」の総合計画における位置づけを分析していく。

そして、「総合計画財政計画」は、図表 2-1-1 に示したように、将来の経済状況や、地方財政制度の変化等を踏まえた結果を予測しながら策定が行われる。だが、実際には、環境変化により、計画と実態には誤差が生じることが通常であり、その誤差をどのように解釈し、どのように対応するかが重要となる。

図表 2-1-1　計画のバイアス

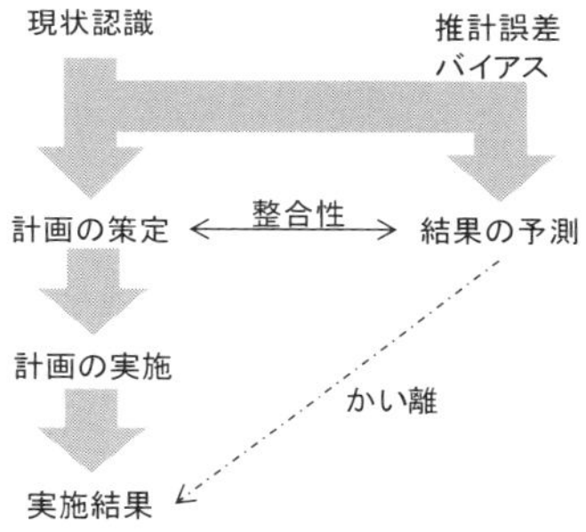

出典：川出 2014 を一部改編

とりわけ、財政運営では、当初予算偏重などが言われる中で、「総合計画財政計画」と予算、そして決算との誤差の実態について、先行研究を踏まえながら、次の平均百分率誤差を用いて分析する[6]。

平均百分率誤差＝実測値ー予測値 / 実測値

この誤差をみることによって、財政計画への国の地方財政制度の影響とともに、「総合計画財政計画」へのコミットメント等について分析していく。予算との誤差をみる場合には、他都市との比較のために一般的に用いられる市町村別決算状況調べのデータを用いることができないため、一般会計等を対象とする。

このように、本章では、「総合計画財政計画」へのコミットメントという視点から、①位置づけ、②詳細性、経済状況等の影響や、予算・決算での対応状況といった ③実態との誤差、説明責任を果たすために用いられる④説明媒体について検討していく。なお、③については、中期の傾向をみるため、三位一体改革をはじめとする制度変更は加味していない。また④について、「総合計画財政計画」の達成状況を示す可能性のある文書は膨大な量になることも想定され、そのすべてを検証するのは困難である。このため、分析の対象としては予算・決算資料など一般に公表されている行政文書を対象とすることを基本としている。具体的には、「予算案について」などの名称が冠されており、予算決算の議案以外に、その内容を示すために、作成される資料である。

そして、総合計画は、「つくる計画」「新規事業の登載簿」などといわれる中で、掲載される事業は、新規事業や拡充を行う事業が中心であることが多い。特に、高度経済成長期には、投資的経費を中心とした事業構成となっていた[7]。

また、財政運営では、先述の当初予算偏重、単年度主義にくわえ、一般会計偏重がいわれ、繰入金・操出金等を通じた会計間のやり取りが行われている。実際、首長選挙前に暫定的に策定される骨格予算などではないにも関わらず、当初予算で対応しきれない場合には、一般会計から特別会計への操出金を計上しないなど、補正予算による対応を前提とした当初予算の編成が行われている。

さらに、スクラップ＆ビルドの重要性がいわれる中で、包括性・総合性という点でどこまでを対象とするのか、また、行政改革との関係はどうすべきかといった議論がありえる。

こうした点について、第１章でみた図表 3-2-1 のように、新たに事業を拡大する部分のみを対象として「つくる計画」とするのか、行政改革によって事務を削減する部分も含め、スクラップ＆ビルドの計画としていくのか、さらにはすべての事務事業を対象として「総合的な資源管理」を行う計画としていくのかという、計画の対象範囲に行き着く。

こうしたことから、⑤対象、⑥行政改革計画との関係についても検討していく。

2.2.　国の地方行財政運営方針

国の地方行財政運営方針の影響について、第２部で検討した①職員数削減、②一般単独事業債、③臨財債の影響にくわえ、④総合計画の体系にも着目しながら検討を進める。

2.3.　財政ルールとコミットメント

財政ルールには、①収支（赤字）ルール、②債務残高ルール、③支出ルール、④収入ルールがある（田中 2011：288）。地方財政健全化法では、健全化判断比率として❶実質赤字比率、❷連結実質赤字比率（全会計の実質赤字等の標準財政規模に対する比率）、❸実質公債費比率、❹将来負担比率（公営企業、出資法人等を含めた普通会計の実質的負債の標準財政規模に対する比率）が規定されている。このうち ①収支（赤字）ルールとしては ❶実質赤字比率、❷連結実質赤字比率が、②債務残高ルールとしては❹将来負担比率に分類することができよう。

これ以外に、①収支（赤字）ルールにはプライマリーバランス、③支出ルールとしてはシーリングなどがある。

地方財政健全化法施行以前、毎年度の決算は地方財政再建促進特別措置法の赤字比率を超えた場合に財政再建団体の指定がなされた。現在は地方財政健全化法の実質赤字比率などが早期健全化基準、または財政再生基準を超えた場合に、それぞれ財政健全化計画、財政再生計画の作成が必要となる。また、実質公債費比率が 18% を超えた場合には、起債にあたって許可が必要となり、公債費負担適正化計画の策定が求められる[8]。

このように、法的根拠を有する財政ルール（以下「法的ルール」という。）は、単年度の普通会計決算ベースで順守できない場合、一定の対応や措置が制度に内包されており、結果として、自治体の順守を促すインセンティブが存在する。そして、こうしたルールを順守し続けるためには、年度ごとの場当たり的な対応でなく、中期的な視点に立った運営が必要となることから、法的ルールが適用されない「総合計画財政計画」でも､順守していくような対応が必要となる。

そして、より一層、規律を守った健全な財政運営を計画的に進めていくうえでは、財政再生基準等のぎりぎりでなく、一定の余裕度を持ったルール設定が求められる。この点で、独自ルールを設定している自治体も多い。

本章では、①財政ルールとして、独自ルールを中心に、必要に応じて、法的ルールにも着目していく。そして、コミットメントについては、経済環境や政治環境の変化が独自ルールの順守にどのような影響を与えるのかという視点から分析を進める。経済環境の悪化により、独自ルールが守られない懸念は高まる一方、財政再建を掲げる首長により、独自ルールが強化される可能性もあるためである。このように独自ルールと法的ルールの二つに着目し、どのようにコミットされ、また守られないのかについて②実態との誤差に着目しながら分析を進める。

あわせて、本章では、財政ルールに対する説明責任・透明性の確保という点から､「総合計画財政計画」の財政ルールの市民へのわかりやすさにくわえ、当該ルールの達成状況が、どのように公表され、説明責任が果たされるかに着目する。このため､「総合計画財政計画」と同様に ③説明媒体について分析していく。

3.　横浜市・川崎市の財政状況等

3.1.　横浜市・川崎市の財政状況

図表 3-1-1 に普通会計の経常収支比率の推移を示した。経常収支比率は、扶助費増加等により一般的に妥当とされてきた 80% を大きく超えている状況にある。特に、2000 年代以降、臨財債を含まない数値では 100% を超えており、硬直化が顕著なことを指摘できよう。

なお、2001 年の臨財債の導入以降、市町村別決算状況調等でも、臨財債を一般財源として含む場合の数値を基本として表記するようになっている [9]。

図表からは、1985 年度から 1993 年度までは、おおむね横浜市の経常収支比率は低く、川崎市と指定都市平均は、一部川崎市が高い年があるものの、ほぼ同じ推移をたどっている。1994 年度から 1999 年度は横浜市、川崎市、指定都市平均が近い値となっている。

図表 3-1-1　経常収支比率の推移

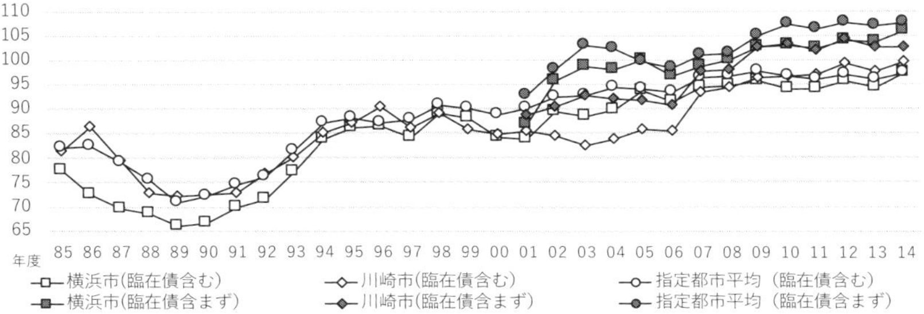

出典：市町村別決算状況調べから筆者作成

そして、2000 年度以降、臨財債を含む値は、横浜市において、前半に増加しているものの、後半には横ばいとなっており、指定都市平均と比べると低くなっている。一方、川崎市は、2000 年代前半、横ばいとなっており、横浜市や指定都市平均と比べると低くなっている。

また、2010 年度以降をみると、横浜市や川崎市の臨財債を含まない値は指定都市平均より低く、臨財債を含む値では川崎市は指定都市平均を超えている。こうした点からは、比較的財政力指数の高い川崎市は、経常収支比率の面でも、臨財債の算定方式の変更の影響を受けているといえる。

また、図表 3-1-2 に地方債発行額の推移を示した。これからは、横浜市、川崎市ともに、1990 年代前半に地方債発行額が増加し、その後減少していることがわかる。そして、2000 年代に入り、横ばい傾向となっているが、横浜市では 2013 年度、川崎市では 2003 年度に増加している。

横浜市では、街づくりの進展に伴い、「公社に依頼し新たに土地を取得する必要性が薄れたこと」や「厳しい財政状況の中で、事業化の進捗が遅れ、土地の取得にかかる借入金の金利負担が増加していること」などから、これまでに

図表 3-1-2　地方債発行額の推移（普通会計ベース）

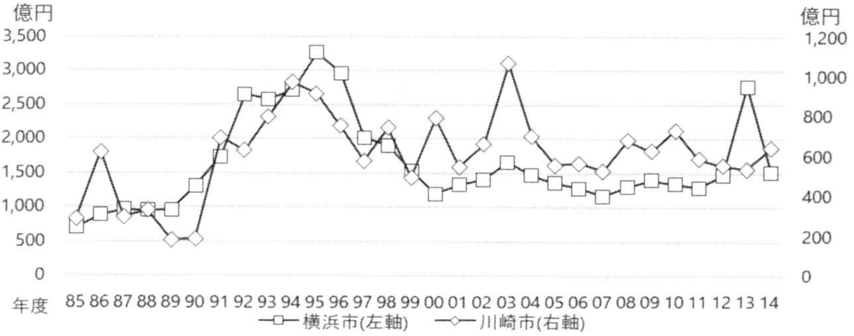

出典：市町村別決算状況調べから筆者作成

取得した土地の買取りを急ぐ必要があるため、土地開発公社を解散しており、その際に発行した第三セクター等改革推進債[10]により発行額が増加している。

また、川崎市では、ミューザかわさきシンフォニーホールといわれる公共施設に要する市債の発行とともに、土地開発公社の利子負担の軽減のために、市債を発行し、公社に無利子融資を行ったことなどが影響している。

このように、土地開発公社をはじめ将来的に負担をもたらす問題の早期解決のためであっても、国の地方債のメニューがなければ発行は困難といえるのである。

3.2　財政運営の分散化・統合化～一般会計、特別会計、企業会計の推移

このように硬直化が顕著な横浜市、川崎市について、一般会計と特別会計、企業会計の歳出合計の決算額の割合の推移を示したものが図表3-2-1である。

これからは一般会計、企業会計の決算額の割合はおおむね減少傾向にある反面、特別会計の割合が2000年代中盤まで一貫して上昇してきていることが指摘できる。この要因として公債管理会計など、地方債の償還のための会計が大きくなっていること、法定の特別会計として、国民健康保険、介護保険、後期高齢者医療などの特別会計の決算額が増えていることがある。

2000年代中盤以降、再び割合が減少に転じる理由は、後期高齢者医療制度に伴う後期高齢者医療保険特別会計は設置されているものの、横浜市では、横浜市立大学の独立行政法人化や、公共用地事業費特別会計の決算額の減少

図表 3-2-1　一般会計、特別会計、企業会計の歳出決算額の割合の推移

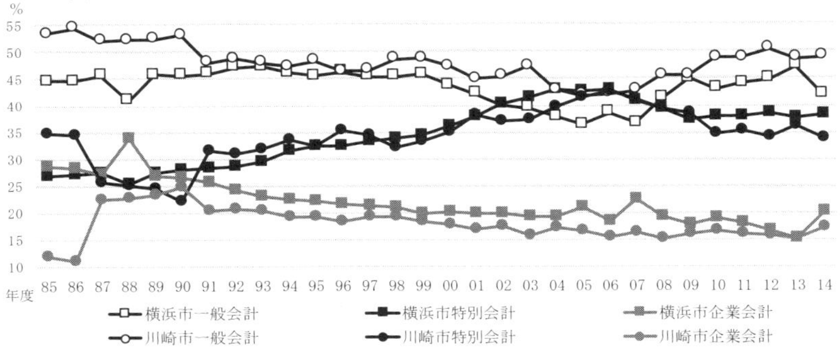

出典：大都市比較統計年報から筆者作成

がある。また、川崎市では、公共用地先行取得事業特別会計や公債管理特別会計の決算額の減少がある。

このように歳出決算額では増減を経ている特別会計や、全体として減少傾向にある企業会計の活用は都市によって異なっている。特別会計には、介護保険法をはじめ、他の法律の規定に基づき設置が義務付けられるものがある。一方で、自治体は、地方自治法 209 条２項に基づき、「特定の事業を行なう場合その他特定の歳入をもつて特定の歳出に充て一般の歳入歳出と区分して経理する必要がある場合において、条例でこれを設置することができる」。このため、港湾事業のように、一定の収入を期待できるものや、とりわけ高度経済成長期には土地開発事業など、地価の上昇に伴い、その売却益によって造成費用等の回収が期待できるものについても特別会計が設置されてきた。

また、企業会計は、地方公営企業法２条１項に基づき、水道事業、工業用水道、軌道事業、自動車運送事業、鉄道事業、電気事業、ガス事業に適用するとされ、また同２項で病院事業に財務規定等が適用されている。さらに、同３項で、自治体は「政令で定める基準に従い、条例で定めるところにより、その経営する企業に、この法律の規定の全部又は一部を適用することができる」。このため、自治体は、下水道事業などとともに、それ以外の埋立事業や都市開発事業について企業会計を設置してきた。実際、横浜市は埋立事業企業会

計、神戸市は新都市事業企業会計や港湾事業企業会計を設置して取り組んできた。このように、都市開発などを対象として、特別会計と同様に一定の費用回収が期待できる場合にも企業会計が設置されてきた。

特別会計、企業会計を問わず、土地造成事業など土地に係る会計については、地価の上昇が見込める時代は設ける妥当性があった。しかしながら、経済環境の変化により、土地を造成して企業に売却し、利益を上げ、さらに当該立地企業からの税収増につながるといったモデルが成り立たなくなる中で、逆に重荷となっていく。

3.2.1.　横浜市の他会計等の状況

横浜市の一般会計以外の状況をみるため、図表 3-2-1-1 に、公共事業、土地に係る主要な事業として、企業会計である埋立事業会計の地方債残高、特別会計である公共事業用地会計の地方債残高、地方三公社に位置づけられる土地開発公社の年度末の保有土地の簿価額を示した。埋立事業会計や公共用地特別会計、土地開発公社を取り上げるのは土地に係る事業がどのようにバブル経済とその崩壊を経て変化したか、そしてその影響をみるためである。

公共事業費用地会計の地方債残高、土地開発公社の保有土地の簿価額は、事前に計画していた土地の取得等の影響もあったと考えられるが、バブル経

図表 3-2-1-1　横浜市の主な事業の地方債の年度末残高等の推移

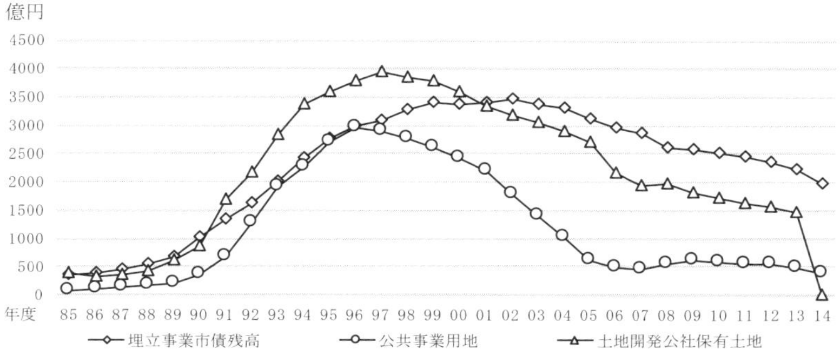

出典：横浜市統計書、横浜市記者発表資料、横浜市土地開発公社 1993 から筆者作成

済崩壊後も増加を続け、1990年代半ばにピークアウトし、減少に転じていく。さらに、埋立事業会計の地方債残高は、事業そのものが継続していることもあり、ピークアウトするのは2000年代前半となる。

このような土地に係る地方債残高の増加等が横浜市の行財政運営に影響していく。

3.2.1.1. 土地開発公社を取り巻く状況と解散

この中で特筆すべきは土地開発公社と埋立事業会計であろう。

土地開発公社については「平成元（1989）年度(末)には簿価額で約600億円の水準でしたが、3（1991）年度以降、「よこはま21世紀プラン第三次計画」や「ゆめはま2010プラン」などの総合計画に基づき、市民ニーズを踏まえ、本市が必要とする学校、病院、公園（動物園）、大規模市民利用施設（競技場、国際プール）、ＭＭ地区旧高島ヤードなどの用地を取得したことから、保有土地が増加しました」（横浜市発表資料平成24年7月24日）とされる。つまり、総合計画に位置づけられた事業を推進していくために、土地開発公社が先行取得し、結果として保有土地の簿価額が増加していった。特に、当該時期がバブル経済と当たったこともあり、積極的に土地の取得に動いたものと推察される。

しかしながら、バブル経済は長く続くことはなく、景気が低迷し、事業化の目途が立たず、保有土地の処分が進まない。1989年度末に600億であった公社の保有土地の簿価額は、2002（平成14年）度当初には3,354億円となる。

また、施設等が建設され、市民の利用に供された供用済み土地は、本来一般会計等で買い戻すべきだが、市の財政状況が厳しいこともあり、土地開発公社に保有させたままとなっていた。その額は2002年度当初の土地保有額の１割以上の343億円に及んでいた。本来的には認められない供用済み土地の存在により、土地の買い取り金をもって借入金を返済する基本的なスキームが崩れ、土地開発公社の財務を悪化させる原因となってしまっていた（平成16年度包括外部監査215～216）。

こうした中、2000 年 7 月の自治事務次官通知「土地開発公社経営健全化対策について」（自治政第 54 号・自治地第 142 号）を受け、横浜市では、2006 年度までの 5 か年を計画期間とする「公社経営健全化計画」（第一次健全化計画）を 2003 年 2 月に策定し、経営健全化に取り組まれる。その後も 3 次にわたる計画が策定され、継続されていく。

しかしながら、最終的には、2010 年 12 月に策定された「横浜市中期 4 か年計画」で「市が使う予定の土地を先行取得してきた横浜市土地開発公社は、一定の役割が終了したため、25(2013) 年度に廃止します」と位置づけられる。その後、約 1,300 億円の第三セクター等改革推進債を活用して 2014 年 3 月に土地開発公社は解散された。

3.2.1.2.　埋立事業会計

企業会計として運営されてきた埋立事業会計の対象には、1980 年代に細郷道一が市長を務める中で進められた象徴的な事業である「みなとみらい 21 事業」が含まれている。

この「みなとみらい 21 事業」は、飛鳥田一雄が市長のときに、都市の骨格をつくる 6 大事業の 1 つとして位置づけられた「都心強化事業」を具現化したものである。6 大事業の発表の当時、飛鳥田やそのブレーンであった田村明が考えていたのは「民間主体の開発方式」（田口 2017：1175）として「民間営利企業がまちづくりの事業化により、適正な利益を上げつつ、法人市民として地域に責任をもち永く貢献する」（田口 2016：5）という形であった。また、1969 年 3 月当初の想定は「開発規模は、わずか 33.7(33.68)ha で、海面埋立も 1.8ha でしかなかった」(田口 2016:57、田口 2017:1177)。しかしながら、港湾局関係者の間では埋立てが『無から有を生み出す』と言われていたように、予想される土地需要に応じて埋立て規模を増やすという理由以外に、安く造成される土地（埋立地）を増やすことによって開発地全体の土地価格を下げるという屁理屈が語られ、最終的には開発規模が 186ha、海面埋立も 76.2ha と大幅に拡大した（田口 2016：56）。

こうした取組の背景には、比較的広い水際線を抱え、大規模な埋立事業が可能な地理的特性にくわえ、大震災、昭和初めの経済恐慌、戦争と空襲、占領と接収、人口爆発という五重苦を抱え、また昼夜間人口比率が低く、首都圏において拠点性が低くなる中で、横浜市を自立できる都市としたいという考えがあったと思われる[11]。

この埋立事業会計によって整備された「みなとみらい21」をはじめとする土地が横浜市の経済的発展に大きく貢献し、また一般会計に重要な収入をもたらしてきた。そして、経済環境の変化の中で、2004年度に「埋立事業会計中期財政プラン」を策定して以降10年間にわたり、会計の健全化に向け、さまざまな取組を行ってきた。だが、「横浜市中期４か年計画2014～2017」の策定にあたり、2022年度末に埋立を完了し、保有土地の売却を進めるとともに、その後の会計の廃止に向けて一般会計で計画的に負担することを発表する。

このように、経済環境の大きな変化により、一般会計外の事業が一般会計に負担をもたらすようになる。また、厳しい環境の改善という点で、土地開発公社の健全化を進めるうえでは供用済み土地への地方債措置、解散にあたっては第三セクター等改革推進債など、国の支援策が大きかったことが指摘できる。

そして、土地開発公社の解散等は横浜市の総合計画の「実施計画」である「中期４か年計画」に位置づけられ、取組が進められていくことになった。

こうした他会計等の状況が、総合的な資源管理の役割を担う横浜市の「総合計画財政計画」において、どのように位置づけられていたのかについて、4.で検証していく。

3.2.2.　川崎市の他会計等の状況

横浜市同様に、川崎市の一般会計以外の状況を分析するため、図表3-2-2-1に、特別会計である港湾埋立事業の市債残高、公共事業先行取得事業の市債残高、土地開発公社の年度末の保有土地の簿価額を示した。

図表 3-2-2-1　川崎市の主な事業の地方債の年度末残高等の推移

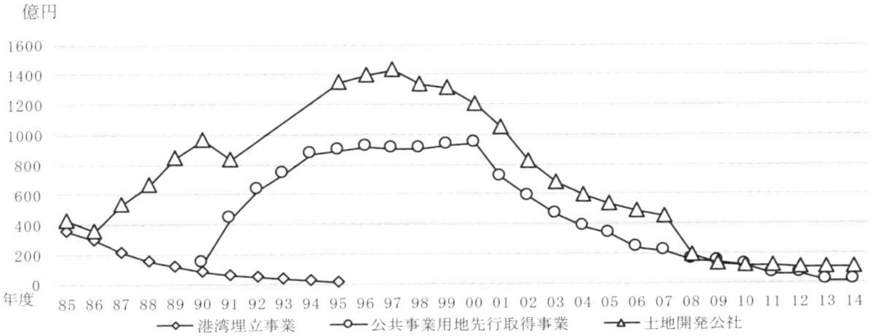

出典：川崎市統計書、川崎市土地開発公社 1993 等から筆者作成

3.2.2.1.　川崎市土地開発公社

横浜市との比較で取り上げるべきは、土地開発公社の保有土地の簿価額と港湾埋立事業特別会計であろう。土地開発公社は、公社設立以来バブル崩壊前までは、用地取得難による事業の遅延に悩まされていたこと、地価の上昇により簿価の膨らみは吸収されるとの前提が成り立っていたことから、積極的な活用が行われてきた。しかし、バブル経済崩壊後、状況は一変し、用地ストックの拡大により、処理対策が急務となった (間山 2001：37)。

こうした中、川崎市は、1999 年 5 月に、国の動向に先駆けて「川崎市低未利用地対策基本方針」を策定し取組を進めるとともに、国に支援策を要望する。要望を踏まえた 2000 年 7 月の自治省通知「土地開発公社経営健全化対策について」(自治政第 54 号・自治地第 142 号) を受け、2000 年度から 2005 年度までの 6 か年を計画期間とする「公社経営健全化計画」(第一次健全化計画) を 2000 年 9 月に策定する。川崎市でも、土地開発公社の経営健全化に取り組まれ、3 次にわたる計画が策定され、その後も継続されていく。

一方、これ以上の海面埋立てが容易でない川崎市でも、他都市が進めたのと同様に、企業誘致等のための土地の確保を進める動機が高かった。具体的には、1981 年 3 月「川崎市産業構造・雇用問題懇談会」の「川崎市産業構造の課題と展望 : 産業政策と地域政策の統合をめざして」という提言を受け、

1985年にはマイコンシティ基本構想を発表し、区画整理事業に伴う用地の取得を行うなど、むしろ内陸部への取組を進めていく。このうち、マイコンシティ栗木地区は、栗木第二土地区画整理組合が施行した用地の一部を川崎市が取得し、それを企業に分譲する方式で直接的に関与する方式に転換したものであった。区画整理事業は、地権者同意が得られず遅延し、売却開始はバブル経済崩壊後の1995年度となった。1993年12月から1994年１月に行った意向調査では60区画に対して50区画の希望があった[12]。だが、実際の1995年度の売却は対象区画13のうち２区画に申し込みがあるにすぎなかった。さまざまな誘致方策を導入しても区画がすべて埋まることはなく、最終的に2004年度から事業用定期借地方式に事業手法を転換し、2006年度に誘致が完了する。

このように経済環境の変化の影響を強く受けたこともあり、2000年代に入り、土地開発公社の保有土地の売却、一般会計での買戻しなどを積極的に進める中で、売却方式から定期借地方式へと転換された。最終的に、提案から14年で売却開始、さらに９年で事業方式の転換、さらに２年で借地決定という形で25年を要する事業となった。

こうしたマイコンシティの土地も土地開発公社が先行取得していた時期もあり、土地開発公社の経営にも影響を与えたと考えられる。

さらに、川崎市の土地開発公社保有土地で最も大きなインパクトを与えたのが道路の代替地として取得された５万㎡を超える川崎臨海部の水江町の用地であった（「高橋市政が川崎に遺したもの」編纂委員会 2017:22 ～ 23）[13]。公共用地の拡大に関する法律に基づき土地開発公社が取得した土地は都市計画法の都市施設に関する事業等に供さなければならないという用途制限があり、買戻しができない中で、バブル期に取得した土地の簿価は利払いがかさみ、上昇していった。2000年度からは国の支援スキームを活用し、市として転貸債を発行し、土地開発公社に無利子で貸し出すことで、利払いを抑制する。そして、2008年に、地域再生法に基づく地域再生計画として認定された「川崎市企業誘致・産業立地促進計画」に基づき、国の財政措置を適用し、市が取得し、それを事業用定期借地というスキームで、民間事業者に貸し出すことになる。

横浜市とは対照的に、川崎市では、2013年2月に「川崎市の総合的土地対策と今後の土地開発公社を含めた先行取得制度活用の考え方」を発表し、未だ一定の用地確保需要があるため、公社の利点・特徴を活かし、機動的・安定的な公共用地取得に活用するとして、土地開発公社は存続が決定している。

こうした中で、土地開発公社、土地開発基金、公有地先行取得事業特別会計の保有土地の状況が議会の常任委員会に毎年報告され、公表されるようになっている。結果として透明性が高くなってきているといえよう。

3.2.2.2. 川崎市港湾埋立事業の状況等

横浜市は、広い水際線を有し、「みなとみらい21地区」をはじめ、さまざまな地域で埋立事業を進めていった。一方、川崎市の臨海部では、戦前から埋立てが行われてきたきたことにくわえ、水際線が短く、埋立てにより、土地を生み出す可能性のある部分は小さい。このため、廃棄物の海面埋め立て等を除けば、この時期の市の埋立事業は、伊藤三郎が市長を務めた際に七大事業の1つとして位置づけられ、1972年度に着手され、1994年度末に会計が閉鎖されるまで継続された東扇島のみとなっている。この事業も、「みなとみらい21地区」と同様に、当初の4,026,920㎡から1973年に94,410㎡増加し、4,221,060㎡にまで拡大され、さらには新規に133,634㎡の埋立を行った(川崎市港湾局 2011:123,124)。だが、その拡大幅は全体の5%程度であり、「みなとみらい21地区」と比較すると、限定的であったといえる。

埋立期間には、1985年のプラザ合意前後の景気後退や、バブル経済崩壊など、経済環境の変化の影響があった。しかしながら、早期に販売が行われ、また、東扇島は立地条件が良いことから、当該市有地の売却処分も順調に行われ、安定した土地売却収入が得られた。1994年には最後となる東扇島地内市有地の処分の議案が提出される。結果として、港湾事業埋立事業特別会計から一般会計の操出金は510億円余となり、市の財政運営に貢献する結果となった(川崎市港湾局 2011:135)。

このように川崎市でも、一般会計以外の土地関係の特別会計等で、バブル崩壊期には大きな地方債等を抱えることになったが、解消に取り組んできた結果、その額は減ってきている。

横浜市と同様に、川崎市でも、経済環境の変化により、土地開発公社の有する低未利用が一般会計に負担をもたらしたといえる。

こうした他会計等の状況が、総合的な資源管理の役割を担う川崎市の総合計画の財政計画において、どのように位置づけられていたのかについて、4. で検証していく。

4.　行財政運営と「総合計画財政計画」

4.1.　1990 年代の横浜市の行財政運営と「総合計画財政計画」

4.1.1.　政治状況等

1970 年代後半に市長に就任し、３期目の終了を間近に控えた細郷は 1990 年２月に逝去する。1990 年代に入り初めての横浜市長選挙は、既に 1990 年４月に計画されており、当初の予定通り実施される。選挙の結果、建設事務次官を務めたキャリアを有する高秀が当選を果たす。

２期目、３期目は相乗りの状況となり、３回の当選を重ねる。2002 年４月に行われた市長選挙でも、高秀は、同様に各党の推薦を得て相乗りの状況で４選を目指し立候補する。しかし、無所属で立候補した中田宏に敗れてしまう。1960 年代から 1970 年代に市長を務めた飛鳥田以後、国の官僚が続く中で、2000 年代に入って、改革を求める市民の声の存在が中田の当選につながった側面もある（〈横浜改革〉特別取材班ほか 2005:9）。

高秀は、「旧建設省事務次官の出身でトップダウンを貫いてきた」（〈横浜改革〉特別取材班ほか 2005:8）。自らも行政は下からの意見を積み上げるボトムアップが基本だが、時代が急激に変化している情勢の下では、結論を出すまでに時間がかかる。ときと場合によっては行政にもトップダウンが必要としていた（苅谷 1991：245、高秀 1997：174 ～ 178）。自治事務次官出身で元市長の細郷の静に対して、動の高秀ともいわれ、市長として異なるマネジメントスタイルをとった。

高秀の市長就任後、初めての予算編成となった1991年度予算では、積極型予算となったものの、「財源確保に苦心の跡がうかがわれ」、「予算規模の割に市税収入が前年度比4.8％増と低い伸びにとどまる見通しであることから、これを補うため、①金沢埋め立て事業の利益から一般会計に100億円を繰り入れる、②前年度に続き財政調整基金50億円を取り崩す、③前年度比15.3％増、1,560億円の市債を計上するなどの措置をとっている（苅谷1991：248）」。このような多くの財源対策が持続可能とはいえなかった。高秀について、かつて市の技官を務めた田村は「高秀市長は建設省出身だから、戦略よりも事業中心になってゆく」（田村2006:132）と指摘している。バブル経済の影響等もあったと考えられるが、開発志向が強く、「ハコモノ」行政中心との批判も強かった[14]。

4.1.2.　総合計画の概要

1990年代に、高秀が市長を務める中で策定された総合計画が「ゆめはま2010プラン」である。「ゆめはま2010プラン」の計画体系は、1973年に議決された「横浜市基本構想」をベースとしながらも「長期ビジョン」「基本計画」「5か年計画」の三層（「基本構想」をくわえれば、四層）をとっている（川股1997：36）。「自治省モデル」の三層とともに、「長期ビジョン」を策定する計画となっている。さらに、18を数える横浜市の行政区ごとに計画を策定している[15]。

このように大規模な計画となっており、トータルでは2年半近い策定期間を費やしている。具体的には、1990年4月の市長就任後、1992年5月に総合計画策定要領を作成し、計画の策定に着手し、約1年半をかけて1993年12月に「長期ビジョン」、その後、約1年を費やし1994年12月に、「基本計画」と、「実施計画」に相当する「5か年計画」を策定している。計画策定着手時は未だバブル経済の余韻の残る中にあり、実際に実施計画に基づく取組を進めていく時にはバブル経済が崩壊し、厳しい財政状況に直面するという計画推進のうえでは、難しい対応が迫られる[16]。

「長期ビジョン」「基本計画」は2010年を目標年次とし、計画期間はそれぞれ18年間、17年間、「実施計画」は５年間となっている。また、17年もの計画期間を有する「基本計画」にもさまざまな事業が位置づけられていた。

このように、「ゆめはま2010プラン」は、バブルの余韻の残る中で策定され、17年という長期にわたる「基本計画」を有し、さまざまな事業を位置づけていたことは、後述する「川崎新時代2010プラン」と類似している。結果として、経済環境の大きな変化もあり、実施する事業の選別は実施計画である「５か年計画」にゆだねざるを得なかった。実際、1994年度の一般会計歳出予算がおよそ１兆４千億円となっている中で、投資的経費を含めた「ゆめはま2010プラン」の「基本計画」での事業費が18兆８千億円となっていたことは、こうした事実を表しているとも考えられる。

4.1.3. 「総合計画財政計画」

4.1.3.1. 「総合計画財政計画」のコミットメント

「ゆめはま2010プラン」の「総合計画財政計画」を図表4-1-3-1-1に示した。この財政計画では、「５か年計画」の計画期間である５年間を一括して示している。「第１期５か年計画」は５か年計画事業費と一般財源収支見通しという位置づけとなっている。その歳入は、市全体の一般財源を推計したうえで、通常の経常的経費に充当する一般財源を除外した額を５か年計画充当可能一般財源としている。3.2.でみたように土地開発公社の保有土地の簿価額や埋立事業会計の地方債残高が多額に上っていく中でも、こうした状況は反映されていない。

そして「第２期５か年計画」では、歳入の見通し等を何ら示していない。この要因としては、厳しい経済状況とともに、国の住民税減税の影響もあり、歳入面での見通しを立てることが困難であったことなどが考えられる。結果として「計画の実行に必要な財源は、効率的・効果的な行政運営をはかり、行財政改革を推進していくことになどにより、計画事業への重点的な配分につとめ、財源を確保していきます」（横浜市企画局1997:124）と言及するにとどまる。なお、財政計画に関して、行財政改革等への言及は、この部分のみ

図表 4-1-3-1-1　ゆめはま 2010 プランの「総合計画財政計画」

総合計画財政計画	対象計画	第1期5か年計画					第2期5か年計画				
	計画期間	94-98					97-01				
	位置づけ	５か年計画事業費　一般財源収支見通し					5か年計画事業費				
	前提等	一般財源収支見通しは、1994年度における地方行財政制度をもとに、過去の実績等を勘案して見込みました。 注）1994年度の特別減税及び今後の税制改正の影響額については、今回算入せず、旧来の項目で整理 ５か年事業費は5兆7,180億円					5か年計画事業費は、「主な事業」に掲げた事業を対象に、1997年度における地方行財政制度や物価、物価水準などの諸条件のもとで積算しました。 ５か年事業費の総額は3兆7,960億円を見込んでいます				
	一般財源	47,850									
	市税	42,090									
	地方譲与税	1,290									
	諸交付金	2,370									
	地方交付税	580									
	その他	1,520									
	一般財源充当額	36,800									
	計画外投資	2,000									
	５か年計画事業	11,050									
		1994※	1995	1996	1997	1998※	1997	1998※	1999	2000	2001
予算	総額	13,918	14,133	14,510	13,850	13,971	13,850	13,971	13,844	13,412	13,398
	市税	6,739	7,028	7,144	7,281	7,180	7,281	7,180	6,996	6,675	6,803
	交付税	115	175	190	500	535	500	535	690	890	680
決算	歳入総額	14,011	14,511	14,754	14,073	14,330	14,073	14,330	14,735	13,830	13,888
	市税	6,813	7,103	7,180	7,427	7,219	7,427	7,219	7,126	6,888	6,925
	交付税	199	165	341	537	560	537	560	738	909	785
	歳出総額	13,909	14,400	14,674	13,971	14,119	13,971	14,119	14,598	13,708	13,770
計画予算誤差	市税	-16.0%									
	交付税	161.2%									
計画決算誤差	市税	-15.1%									
	交付税	210.7%									
予算・決算誤差	歳入総額	0.7%	2.7%	1.7%	1.6%	2.6%	1.6%	2.6%	6.4%	3.1%	3.7%
	市税	1.1%	1.1%	0.5%	2.0%	0.5%	2.0%	0.5%	1.9%	3.2%	1.8%
	交付税	73.4%	-5.9%	79.5%	7.4%	4.6%	7.4%	4.6%	7.0%	2.2%	15.5%
	歳出総額	-0.1%	1.9%	1.1%	0.9%	1.1%	0.9%	1.1%	5.4%	2.2%	2.8%

※1994年度、1998年度予算は市長選挙後の補正予算を反映

出典：計画書、予算、決算資料から筆者作成

にとどまっており、その効果を見える形で反映させていなかった。

こうした経済環境の厳しさは国も同様である。1997 年 11 月に赤字国債の発行をゼロとし、各種支出の削減目標値を定めた構造改革推進法が成立したものの、わずか半年後の 1998 年 5 月には赤字国債発行規制の一時停止、1998 年 12 月には全体を停止している。

また、「第 1 期 5 か年計画」の市税見込みは、バブル経済崩壊の影響等もあり、決算と比較して 6,300 億円もの下振れとなっている。住民税減税分は、減税補てん債等で補てんされているが、5 年間で約 1,700 億円の減税補てん債等の発行額を勘案しても大きな誤差となっている。当初予測に用いた実績がバブル期のものであったこともあり、厳しい状況となったと考えられる。

また、後述する財政ルールは別として、「総合計画財政計画」と予算、決

算の誤差が関連資料等で触れられることはなかった。

このように名称が見通しに過ぎず、経済環境の大きな変化もあり、「総合計画財政計画」を中心に据えた行財政運営をしていく観点は弱かったといえる。

4.1.3.2. 「総合計画財政計画」に対する国の地方行財政運営方針の影響

行政改革の状況等を図表 4-1-3-2-1 のとおり整理した。

横浜市では、94 年通知を踏まえ、1995 年 11 月に「行政改革推進指針」を、実行計画として 1996 年 3 月に「横浜市行政改革実施計画」を策定している。後者の実施計画では、既に 1996 年度当初に実施した削減内容を示す一方、具体的な目標は位置づけられておらず、職員数は 10 名の増加となっている。

図表 4-1-3-2-1　1990 年代の横浜市の行政改革計画

計画・期間		目標	実際
1996.3横浜市行政改革実施計画	1996年～1998年	無	10
1999.3 横浜市行政改革推進計画	1999年～2003年	職員定数の適正な管理として、職員定数（34,243人）について5%（1,712人）以上の見直し	-1,815

注　削減実績は定員管理調査の数値を用い、対象期間の削減数を算出、計画期間当初と計画期間終了後の4月1日の差を算出

出典：横浜市資料等から筆者作成

経済状況が厳しくなる中、97 年通知を踏まえ、「横浜市行政改革推進計画」を策定している。職員数は 5%以上（1,712 人）の見直し目標が明記され、これに沿った取組が進められ、総定員では 1,815 人の削減を達成する。12 の指定都市では 1997 年時点で人口あたり職員数が福岡市に次いで低くなっており、この削減は減量型の行政改革という点では評価できよう。ただし、図表 4-1-3-2-2 からもわかる通り、2001 年度までの削減数は限定的であり、2002 年に中田が市長に就任した以降の削減が大きくなっている。

そして、「総合計画財政計画」との関係をみると、1990 年代の行政改革の状況について、総合計画との連動という点では、時期的な整合もとられておらず、国の指導に従って計画を策定したという側面が強いと考えられる。

行政改革の取組も含め、国の地方行財政運営方針の影響を整理したのが図表 4-1-3-2-2 である。先述のとおり、2001 年度までの職員数削減は限定的であることが指摘できる。

図表 4-1-3-2-2　1990 年代の国の地方行財政運営方針の影響

総合計画実施計画		ゆめはま2010プラン5か年計画					ゆめはま2010プラン5か年計画				
計画期間		94-98					97-01				
年度		1994	1995	1996	1997	1998	1997	1998	1999	2000	2001
行政改革	計画名			横浜市行政改革実施計画			左計画		横浜市行政改革推進計画		
	計画期間			96～98			左計画		99～03		
	職員数　※	34, 128	34, 362	34, 330	34, 305	34, 310	34, 305	34, 310	34, 340	34, 173	34, 075
	増加率		0. 7%	-0. 1%	-0. 1%	0. 0%	-0. 1%	0. 0%	0. 1%	-0. 5%	-0. 3%
一般単独事業債(普通会計)		771	926	976	667	545	667	545	406	352	371
増加率			20. 1%	5. 4%	-31. 7%	-18. 2%	-31. 7%	-18. 2%	-25. 5%	-13. 4%	5. 4%
普通建設事業単独事業費(普通会計)		3, 689	3, 634	3, 626	2, 982	2, 500	2, 982	2, 500	2, 327	1, 926	1, 755
増加率			-1. 5%	-0. 2%	-17. 7%	-16. 2%	-17. 7%	-16. 2%	-6. 9%	-17. 2%	-8. 9%
市債発行額（普通会計）		2, 709	3, 261	2, 956	2, 009	1, 901	2, 009	1, 901	1, 533	1, 196	1, 327
総合計画体系		四層(基本構想除けば三層)					四層(基本構想除けば三層)				
参考（普通会計）	減税補てん債	500	435	509	0	240	0	240	74	93	96
	臨時税収補てん債				171		171				
	減収補てん債	49	56	0	50	76	50	76	40	0	0
	地方特例交付金								206	261	262
	市債残高	16, 618	19, 161	21, 347	22, 451	23, 314	22, 451	23, 314	23, 622	23, 491	23, 571

※　職員数は定員管理調査による

出典：地方財政状況調査等から筆者作成

一般単独事業債は、1996 年度の 976 億円をピークに減少を続け、2001 年度には 371 億円と、およそ 4 割の水準となる。この要因は、後述する市債発行ルールに従って、市債発行削減を進める中で、補助事業ではなく、単独事業に伴う市債発行を削減したことが考えられる。

そして、総合計画の体系は先述のとおり、国の三層という指導を踏まえつつ、実際には四層となっていた。

なお、参考として示したが、先述のとおり、国が景気対策として行った減税に対して、地方特例交付金が交付されるとともに、減税補てん債が発行されている。さらには交付税算定時より減少した市税収入に対しては減収補てん債も発行し、対応が行われている。

このように、1990 年代の行政改革は国の指導に基づき行われてきた側面が強い。一方、一般単独事業債は、国の誘導策もありバブル期には増加させてきたが、その崩壊後、発行額の削減に自らコミットしていることが指摘できる。

4.1.3.3.　財政ルールの状況

「総合計画財政計画」では、財政ルールへの言及がないものの、別途、1997 年度以降、前年度比 12％の市債発行削減（減税補てん債等を除く）という独自ルールが設定される。このルールの「ゆめはま 2010 プラン」の計画期間における状況は図表 4-1-3-3-1 のとおりとなっている。

図表 4-1-3-3-1　1990 年代の財政ルールと達成状況

総合計画実施計画		ゆめはま2010プラン5か年計画					ゆめはま2010プラン5か年計画				
計画期間		94-98					97-01				
年度		1994	1995	1996	1997	1998	1997	1998	1999	2000	2001
予算	一般会計市債（減税補てん債等除く）	1,773	1,840	1,952	1,712	1,507	1,712	1,507	1,203	1,081	950
	一般会計市債の増減率		3.8%	6.1%	-12.3%	-12.0%	-12.3%	-12.0%	-20.2%	-10.1%	-12.1%
決算	一般会計市債（減税補てん債等除く）	1,695	2,041	2,016	1,697	1,567	1,697	1,567	1,310	1,068	973
	一般会計市債の増減率		20.4%	-1.2%	-15.8%	-7.7%	-15.8%	-7.7%	-16.4%	-18.5%	-8.9%
普通会計	実質収支比率	0.70	0.20	—	—	0.10	—	0.10	0.10	0.10	0.20
	起債制限比率	—	12.5	13.4	14	14.4	14	14.4	15	14.7	14.4
減債基金残高		358	289	396	315	395	315	395	287	455	776

注１　1998年度と2001年度は、補正予算において翌年度の市債発行枠の一部を前倒して活用したため、当初予算に比べ発行額が増え、1997年度当初予算から実施している対前年度▲12%の発行抑制比率を下回っている、前倒し活用分を翌年度に戻して計算すると、1998年度は▲12.4%、2001年度は▲22.4%となっている。

注２　予算、決算額、減債基金残高は、予算案について、決算の概要の数値を用いている。

出典：横浜市資料、地方財政状況調査から筆者作成

1998 年度と 2001 年度の決算では、補正予算における市債の前倒し活用があったため、決算では 12％削減を達成していないものの、前倒しを当該年度に振替えて計算すると、達成している状況にある。また、図表 4-1-3-2-2 の通り、増加を続けていた市債残高も横ばいとなっていく。

そして、市債発行削減ルールの達成状況が、予算・決算に係る議会への議案として取り扱われる以外の資料において言及され、一定の説明責任が果たされるようになっている [17]。

一方、財政状況が厳しいとはいえ、実質収支比率は黒字となっており、地方財政再建促進特別措置法の赤字比率が赤字になるようなことはなかった。先述のように、土地開発公社や企業会計などが厳しい財政状況であっても、同法の対象が普通会計であり、また、早期是正措置を伴わないことから、こうした状況となっていたと考えられる。

このようにバブル経済の崩壊という厳しい経済環境があったが、別途設定した独自ルールへコミットされる一方、「総合計画財政計画」は示されなく

なっていくのであり、総合計画を通じた総合的な資源管理という側面は弱いといえるのである。

4.2.　1990年代の川崎市の「総合計画財政計画」と行財政運営

4.2.1.　政治状況等

川崎市では、1988年に国政をも揺るがせたリクルート事件が発生する。この事件では、当時の市長、伊藤の右腕であった助役の小松秀熙がリクルートコスモスの未公開株の譲渡を受けた[18]。この譲渡について川崎駅前の開発との関連が疑われ、川崎市議会では初となる100条委員会が設置される[19]。

伊藤は、リクルート事件の心労もあり、病気で退職し、1989年10月に市長選挙が行われる。選挙では、1983年から市の助役をつとめ、当時筆頭助役であったが、当該事件に関係のない高橋の名前が伊藤の後継として挙がる。最終的に、革新系候補として「市民の皆さんと築く『人間都市』」を訴え、当選を果たす。高橋は、革新系といわれる[20]が、２期目以降、自民党も推薦し、３期目には共産党が他の候補を立てることになる。しかしながら、半数以上の得票を得て、３回の当選を重ねる。

そして、４期目の当選に向け、高橋は立候補するが、市政改革を訴える阿部孝夫に敗れることになる。

ここで、高橋市政の特徴として、「リクルート事件の衝撃を色濃く残し」（土山2006：78）ていたことが挙げられる。このため、「市民参加と情報公開を積極的に進める姿勢」がとられた。そして「庁内意思決定過程を分権化し、各部局で市役所内外の関係者と話し合い、そこで合意されたことを尊重しようというボトムアップの意思決定が行われ」、「そのために、事業部局ごとに政策立案するための局企画セクションが設けられた」（打越2006:14）。また、その市政運営の特徴として、「市民オンブズマン、情報公開、外国人市民の市政参加、区づくり白書など、バブル崩壊による財政的ダメージともあいまって、機構改革やソフト的な施策に力が注がれる」（内海2006：223）。

全般的には、こうしたイメージが強いが、バブル経済の影響もあり、手塚治虫ワールドの誘致、川崎駅西口市民文化施設の整備（現在のミューザかわさきシンフォニーホール）などの単独事業の計画が進められる。また、市域を縦断する縦貫高速鉄道（地下鉄）の建設も推進される。こうした大規模事業は阿部の市長就任後に見直しが行われることになる。

4.2.2.　総合計画の概要

高橋は、伊藤時代の「かわさき2001プラン」を引き継ぎ、その実施計画として「川崎市中期計画」を策定し、取組を進めていく[21]。そして、新しい総合計画である「川崎新時代2010プラン」の策定に取り組んでいく。

「川崎新時代2010プラン」は、新たに議会の議決を経て策定された「川崎市基本構想（1992年12月議決）」、2010年度までの18年間を計画期間とする「基本計画」、5年間を計画期間とする「中期計画」の三層となっている。この総合計画は、川崎市では初めて策定当初から三層で策定された計画となる[22]。ただし、三層としたために、前計画の中期計画策定後、1990年4月の「基本構想」策定検討の市長指示に始まり（高橋市政が川崎に遺したもの編纂委員会2017：16)、「基本計画」策定の1993年3月の公表まで3年、「第1次中期計画」策定の1993年8月までにさらに数か月を要している。

この総合計画は、バブル経済の時期に大きな経済成長を前提として策定されたものの、計画推進時には税収の落ち込みに直面する。実際、当時の関係者も、「ちょうどバブル崩壊の時期にあたる平成5(1993)年に策定され、その影響がすぐに市税収入にではじめ」、「策定時はバブル絶頂期、スタート時には、税収の落ち込みに直面するという格好」であった[23]。こうした中で、「約10年間、市役所内部では、経済は好転する、いや構造的不況だという議論が交わされる中で、世の中の方はどんどん動いていって、取り残されてしまった（川崎市2002：18)」と回顧している[24]。

三層の計画体系を有し、計画策定着手から「実施計画」の策定までに長期間を費やしたことも、経済環境の変化に取り残される結果となった要因の1つであった。

4.2.3.「総合計画財政計画」

4.2.3.1.「総合計画財政計画」のコミットメント

「川崎新時代 2010 プラン」の財政計画を図表 4-2-3-1-1 に示した。その位置づけは、「1 次中期計画」では財政収支見込み、「2 次中期計画」では一般財源収支見通しとされ、「新中期計画」では「総合計画財政計画」が示されなくなる。その「総合計画財政計画」は計画期間の 5 年間を一括したものとなっている。また、一般財源での経常的な歳出などを控除し、そのうえで残りの財源を計画に位置づけられた事業に割り振る形となっており、あくまでも計画事業費がメインとなっている。そして、行政改革は、後述するように、国の指導に沿って策定されたという印象が強く、「総合計画財政計画」に反映された内容を明示的に読み取ることはできない。

さらに、「新中期計画」では、横浜市と同様に「総合計画財政計画」がなく、計画に位置づけた事業費のみが示されるようになる。この理由の 1 つに、

図表 4-2-3-1-1　「川崎新時代 2010 プラン」の「総合計画財政計画」

<table>
<tr><td rowspan="11">総合計画財政計画</td><td></td><td colspan="5">川崎新時代2010プラン
1次中期計画</td><td colspan="5">川崎新時代2010プラン
2次中期計画</td><td colspan="5">川崎新時代2010プラン
新中期計画</td></tr>
<tr><td>計画期間</td><td colspan="5">93-97</td><td colspan="5">96-00</td><td colspan="5">99-03</td></tr>
<tr><td>名称</td><td colspan="5">財政収支見込み</td><td colspan="5">一般財源収支見通し</td><td colspan="5"></td></tr>
<tr><td>概要</td><td colspan="5">歳入の根幹である市税は国の経済見通し等で想定している名目経済成長率5%程度を基礎に算定。
5年間の歳入は2兆2,404億円と見込まれ、このうち、3,318億円が中期計画充当一般財源と見込まれ、中期計画事業費は1兆3,338億円と見込まれる 。
注）一般会計を基に、中期計画事業以外の経費を算定したものです。</td><td colspan="5">5年間の一般財源の収入額は1兆7,563億円と見込まれ、そのうち2,543億円が中期計画事業に充当できる一般財源として見込まれ、事業費の総額は9,071億円を見込む。</td><td colspan="5">5年間で7,511億円と見込まれ、所要一般財源は1,936億円と見込む。</td></tr>
<tr><td>歳入 市税</td><td colspan="5">15,722</td><td colspan="5">14,665</td><td colspan="5"></td></tr>
<tr><td>歳入 国県支出金</td><td colspan="5">1,400</td><td colspan="5"></td><td colspan="5"></td></tr>
<tr><td>歳入 その他</td><td colspan="5">5,282</td><td colspan="5">2,898</td><td colspan="5"></td></tr>
<tr><td>歳入合計　注1</td><td colspan="5">22,404</td><td colspan="5">17,563</td><td colspan="5"></td></tr>
<tr><td>歳出合計　注2</td><td colspan="5">19,086</td><td colspan="5">15,020</td><td colspan="5"></td></tr>
<tr><td>計画充当一般財源</td><td colspan="5">3,318</td><td colspan="5">2,543</td><td colspan="5"></td></tr>
<tr><td></td><td colspan="15"></td></tr>
<tr><td colspan="2">一般会計</td><td>1993</td><td>1994</td><td>1995</td><td>1996</td><td>1997</td><td>1996</td><td>1997</td><td>1998</td><td>1999</td><td>2000</td><td>1999</td><td>2000</td><td>2001</td><td>2002</td><td>2003</td></tr>
<tr><td rowspan="2">予算</td><td>歳入・歳出総額</td><td>4,902</td><td>5,057</td><td>5,064</td><td>5,180</td><td>5,221</td><td>5,180</td><td>5,221</td><td>5,105</td><td>5,091</td><td>5,097</td><td>5,091</td><td>5,097</td><td>5,382</td><td>5,273</td><td>5,485</td></tr>
<tr><td>市税</td><td>2,755</td><td>2,712</td><td>2,684</td><td>2,693</td><td>2,811</td><td>2,693</td><td>2,811</td><td>2,808</td><td>2,698</td><td>2,616</td><td>2,698</td><td>2,616</td><td>2,643</td><td>2,610</td><td>2,484</td></tr>
<tr><td rowspan="3">決算</td><td>歳入総額</td><td>5,119</td><td>5,155</td><td>5,175</td><td>5,027</td><td>5,101</td><td>5,027</td><td>5,101</td><td>5,334</td><td>5,338</td><td>5,458</td><td>5,338</td><td>5,458</td><td>5,343</td><td>5,287</td><td>5,842</td></tr>
<tr><td>市税</td><td>2,718</td><td>2,595</td><td>2,714</td><td>2,737</td><td>2,853</td><td>2,737</td><td>2,853</td><td>2,756</td><td>2,731</td><td>2,657</td><td>2,731</td><td>2,657</td><td>2,687</td><td>2,627</td><td>2,551</td></tr>
<tr><td>歳出総額</td><td>5,051</td><td>5,100</td><td>5,113</td><td>4,987</td><td>5,055</td><td>4,987</td><td>5,055</td><td>5,241</td><td>5,287</td><td>5,411</td><td>5,287</td><td>5,411</td><td>5,291</td><td>5,247</td><td>5,798</td></tr>
<tr><td>計画・予算予測誤</td><td>市税</td><td colspan="5">-13.2%</td><td colspan="5">-7.1%</td><td colspan="5"></td></tr>
<tr><td>計画・決算予測誤</td><td>市税</td><td colspan="5">-13.4%</td><td colspan="5">-6.4%</td><td colspan="5"></td></tr>
<tr><td rowspan="3">予算・決算
予測誤差</td><td>歳入総額</td><td>4.4%</td><td>1.9%</td><td>2.2%</td><td>-2.9%</td><td>-2.3%</td><td>-2.9%</td><td>-2.3%</td><td>4.5%</td><td>4.9%</td><td>7.1%</td><td>4.9%</td><td>7.1%</td><td>-0.7%</td><td>0.3%</td><td>6.5%</td></tr>
<tr><td>市税</td><td>-1.3%</td><td>-4.3%</td><td>1.1%</td><td>1.7%</td><td>1.5%</td><td>1.7%</td><td>1.5%</td><td>-1.9%</td><td>1.2%</td><td>1.6%</td><td>1.2%</td><td>1.6%</td><td>1.7%</td><td>0.7%</td><td>2.7%</td></tr>
<tr><td>歳出総額</td><td>3.1%</td><td>0.9%</td><td>1.0%</td><td>-3.7%</td><td>-3.2%</td><td>-3.7%</td><td>-3.2%</td><td>2.7%</td><td>3.8%</td><td>6.2%</td><td>3.8%</td><td>6.2%</td><td>-1.7%</td><td>-0.5%</td><td>5.7%</td></tr>
</table>

注1　2次中期では一般財源収入額
注2　2次中期では一般財源充当額

出典：計画書、予算、決算資料から筆者作成

横浜市と同様、景気動向とともに、市税収入の伸びについて、減税補てん債が発行されているように、国の減税等の影響もあり、財政計画と決算の誤差が「１次中期計画」ではマイナス 13.4%、「２次中期計画」ではマイナス 6.4% と大きくなり、将来予測が困難であったこともあると考えられる。

また、「基本計画」には多くの事業が掲載されているにもかかわらず、「中期計画」で選別するという考えにたち、財政計画は示されなかった[25]。この計画を踏まえた「１次中期計画」の計画事業費は１兆 3,338 億円であり、当時の市の一般会計規模およそ 5,000 億円からすれば、大きな事業費となっている。しかし、「新中期計画」ではおよそ半額の 7,511 億円にまで減額されており、事業の重点化に取り組んだと考えられる[26]。

4.2.3.2. 「総合計画財政計画」に対する国の地方行財政運営方針の影響

1990 年代の川崎市の行政改革計画を図表 4-2-3-2-1 に示した。94 年通知も踏まえ、1995 年 11 月には「行財政システム改革の推進に向けた基本方針」、1996 年４月には「行財政システム改革の推進に向けた実施計画」が策定される。全体として、タイトルに「行財政システム改革」とあるように、減量型の行政改革のみならず、情報公開、オンブズマン制度など、その対象は非常に幅広くなっている。また、この実施計画では具体的な削減目標が明記されることはなかった。

一方、97 年通知も踏まえ、1999 年６月に策定された「第２次・行財政システム改革実施計画」では、今後５年間に 5% 以上の職員配置の見直しを実

図表 4-2-3-2-1　1990 年代の川崎市の行政改革計画

計画・期間		目標	実際
1996.4 行財政システム改革の推進に向けた実施計画	1996年～1998年	無	−214
1999.6 第２次・行財政システム改革実施計画	1999年～2001年	職員配置の適正化の推進として、今後5年間に5%以上の職員配置の見直しを実施	−434

注　削減実績は定員管理調査の数値を用い、対象期間の削減数を算出、計画期間当初と計画期間終了後の4月1日の差を算出

出典：川崎市資料等から筆者作成

施すると記載されているものの、配置の見直しとあるように、削減目標はなかった。

しかしながら、こうした記述と反するように、国の指導や、厳しい財政状況もあったと思われるが、二つの実施計画の期間ではそれぞれ約200人、約400人と一定の削減を達成している。

図表4-2-3-2-2に国の地方行財政運営方針の影響を示した。「2次中期計画」、「新中期計画」の開始年度は行政改革の計画と一致し、「1次中期計画」[27]、「2次中期計画」[28]、「新中期計画」[29]の中でも行政改革に言及され、こうした行政改革計画と連携しながら取組を進めようとしている。だが、2000年代の川崎市の「総合計画財政計画」と比較すると、その具体的な「総合計画財政計画」への反映内容は示されない。また、策定時期や対象期間からみると、国の通知に基づいて策定されたという感が強い。

市債の残高が増加していく中でも、1990年代の一般単独事業債の発行額はほぼ200億円前後で推移し、2000年度、2003年度などは土地開発公社への無償貸付などもあり、増加している。このように一般単独事業債発行額からは国の影響により、バブル期にハコモノ事業に着手したということは読み取れないものの、単独事業費全体に着目すると、やはり1993年度から

図表4-2-3-2-2　1990年代の国の地方行財政運営方針の影響

総合計画実施計画		川崎新時代2010プラン・1次中期					川崎新時代2010プラン・2次中期					川崎新時代2010プラン・新中期				
年度		1993	1994	1995	1996	1997	1996	1997	1998	1999	2000	1999	2000	2001	2002	2003
計画期間		93-97					96-00					99-03				
行政改革	計画名				同右		行財政システム改革の推進に向けた実施計画			同右		第2次行財政システム改革推進実施計画				
	計画期間						96～98					99～01				
	職員数	16,492	16,644	16,677	16,643	16,544	16,643	16,544	16,480	16,429	16,366	16,429	16,366	16,214	15,995	15,664
	増加率		0.9%	0.2%	-0.2%	-0.6%	-0.2%	-0.6%	-0.4%	-0.3%	-0.4%	-0.3%	-0.4%	-0.9%	-1.4%	-2.1%
一般単独事業債(普通会計)		209	212	331	227	212	227	212	217	178	480	178	480	281	238	610
	増加率		1.8%	55.7%	-31.2%	-6.7%	-31.2%	-6.7%	2.0%	-17.8%	169.8%	-17.8%	169.8%	-41.5%	-15.4%	156.2%
単独事業費(普通会計)		1,182	1,233	911	775	577	775	577	649	498	637	498	637	503	552	695
	増加率		4.2%	-26.1%	-14.9%	-25.5%	-14.9%	-25.5%	12.5%	-23.3%	28.0%	-23.3%	28.0%	-21.0%	9.7%	26.1%
市債発行額(普通会計)		797	966	912	750	573	750	573	741	491	788	491	788	545	658	1,064
	増加率		21.3%	-5.6%	-17.7%	-23.6%	-17.7%	-23.6%	29.2%	-33.8%	60.5%	-33.8%	60.5%	-30.7%	20.7%	61.7%
総合計画体系		三層					三層					三層				
参考(普通会計)	減税補てん債		174	155	183	0	183	0	85	27	33	27	33	35	34	49
	臨時税収補てん					76		76								
	減収補てん債	67	21	16	0	13	0	13	51	8	8	8	8	0	17	0
	地方特例交付金									72	92	72	92	94	95	96
	市債残高	4,549	5,298	5,933	6,390	6,673	6,390	6,673	7,107	7,301	7,562	7,301	7,562	7,578	7,828	8,520

注　職員数は定員管理調査による　　出典：地方財政状況調査等から筆者作成

1995 年度の金額が大きくなっている。

4.2.3.3. 財政ルールの状況

「総合計画財政計画」に限定されるものではないが、独自ルールとして何らかの市債発行も含め、一般財源の目標値を設定すべきという議論は市議会でもあった。しかし、総合的な土地対策などの影響もあり、市債発行が必要と考えられ、具体的な目標が設定されなることはなかった[30]。さらに、「総合計画財政計画」の達成状況等が予算の議案書以外で説明されることはなかった[31]。

一方、法的ルールに着目すると、実質収支比率は黒字であり、地方財政再建促進特別措置法に基づく赤字比率が赤字になる状況でなかった。2002 年に財政危機宣言を行う中でも、実質収支が黒字であったことからすれば、減債基金をはじめとする各種基金を取り崩したうえで、突如赤字に転落するという構図が地方財政再建促進特別措置法ではあったといえるのである。

そして、2000 年度以降の予算編成は厳しさを極め[32]、最終的に市長が交代し、財政非常事態宣言を行うことになる。

図表 4-2-3-3-1　1990 年代の財政ルールと達成状況

		川崎新時代2010プラン・1次中期					川崎新時代2010プラン・2次中期					川崎新時代2010プラン・新中期				
		1993	1994	1995	1996	1997	1996	1997	1998	1999	2000	1999	2000	2001	2002	2003
普通会計	実質収支比率	0.70	0.60	0.50	0.40	0.40	0.40	0.40	0.40	0.30	0.30	0.30	0.30	0.20	0.20	0.20
	起債制限比率	―	―	12	13	14	13	14	14	13	13	13	13	13	12	11
	市債残高	4,549	5,298	5,933	6,390	6,673	6,390	6,673	7,107	7,301	7,562	7,301	7,562	7,578	7,828	8,520
減債基金残高		147	246	274	239	364	239	364	443	561	838	561	838	864	830	739

出典：川崎市資料、地方財政状況調査から筆者作成

4.3. 2000 年代の横浜市の「総合計画財政計画」と行財政運営

4.3.1. 政治状況等

2002 年の市長選挙では、4 選をめざす現職の高秀を抑え、無党派の中田が指定都市の市長として最年少の 37 歳で横浜市長に就任する。この衝撃は、選挙結果を全国紙が一様に、「横浜市長に中田宏が当選」というニュースをトップ記事で伝えた（南ほか 2005:1）ことからもわかる。中田の市長当選は、

飛鳥田市政以後、「高級官僚出身の市長が2代24年間続いた横浜市政の不満や改革を望む思いが、37歳の最年少市長の誕生という新たな風を呼び込む形となって表れた」（＜横浜改革＞特別取材班ほか 2005:9）。ただし、2期目は主要政党の支援を得て、安定的な得票を得る。

中田は、「改革派の首長」として「非『成長・拡大』の時代」という時代認識を示している（跡田ほか 2003:60、横浜市都市経営局 2003：37～38)」。このうえで、望ましい社会のあり方は「民の力が存分に発揮される社会」であり、「『コーディネート型行政』が、これからの行政に求められるとした。この実現に向け、共創推進室を設置するなど、より民間の力が発揮できるような行政への転換を積極的に進めた(横浜市都市経営局 2006など)。

このように大きな転換を図る必要が生じたのは、バブル経済崩壊を踏まえ、市債発行の抑制に舵を切ったものの、1980年代後半から大規模事業に重点をおき、普通建設事業費が高止まりしていたことがある。実際、「MM21計画は徐々に財政を圧迫するようになり、いつしか横浜財政を圧迫するハコ物行政の象徴になってしまっていた（＜横浜改革＞特別取材班ほか 2005:200～208)」。中田も、高秀が行った横浜国際総合競技場や横浜港大さん橋国際客船ターミナルなどの施設整備、横浜市営地下鉄の延伸といった大型公共事業が長引く経済の停滞により財政を逼迫し、次世代に負の遺産を残しかねない状況になっていた（中田 2011：65～67）としている。

一方、中田は、横浜港開港150年を記念したヨコハマ開港博の問題、各種スキャンダルなど、マスコミを騒がせるようなこともあった。

最終的に、中田は、任期を残したまま、突如、市長の退任を発表する。これを受け、2009年8月に市長選挙が行われ、民間企業の社長などを務めた経歴をもつ林文子が当選し、市長に就任する。

4.3.2.　総合計画の概要

2000年代で初めて、市長の中田の元で策定されたのが「中期政策プラン」である。この「中期政策プラン」は、1960年代、市長が飛鳥田の時代に議決された「基本構想」を引き継ぎつつ、実態としては、政策の方向転換のため、「中期財政ビジョン」、「新時代行政プラン」とともに、「リバイバルプラン」として３つの計画が一体となって運用される。

その目的は「『民の力が活かされる都市経営を構築し、横浜を蘇生する』ということにあり」、「中田がここでこだわったのは、」「三つのプランの連動だった」（＜横浜改革＞特別取材班ほか 2005:70 ～ 89）。「中期政策プラン」が最初に発表され、策定の前提となった「中期財政見通し」に基づく４年間の収支不足見込みは 1,200 億円～ 1,380 億円に上り、この財源の手当てが問題となった。そして、最終的に「中期政策プラン」の財源は、計画から 2,600 億円削って、7,600 億円になった[33]（南ほか 2005:47 ～ 49）。こうした取組からも厳しい財政状況にあったことがうかがわれる。

「中期政策プラン」は非常に短期間で策定作業が進められた。実際、2002 年４月の中田の市長就任からわずか５か月後の９月に基本的な考え方を示し、11 月には原案が議会の全員説明会で報告され、12 月に策定されている。平行して中期財政ビジョン策定の一環として「中期財政見通し」が 2002 年９月に発表されており、「中期政策プラン」はこの財政見通しを踏まえたものとなっている。

そして、一定の行政改革を経て、中田のもとで、新たな「基本構想」とともに、本格的に策定された総合計画が「横浜リバイバルプランⅡ開港 150 周年羅針“版”」を副題とする「横浜市中期計画（以下「中期計画」という。）」である。「中期政策プラン」が非常に短期間で策定されたのに対し、この計画の「基本構想」は 2005 年２月に「長期ビジョン策定の考え方」が示され、2006 年６月の議決までには約１年４か月を要している。「中期計画」は、同年７月に「課題と計画の方向性」が示され、９月中旬からパブリックコメントが行われ、最終的に 12 月に策定されている。全体としては約２年と、一定の時間をかけ、計画の策定が進められていく。また、前の計画が政策・財政・行政運営が別々の計画であったのに対して、この計画では「構成上では政策・財政・運営の３つの計画を連動させる「リバイバルプラン」の流れを受け継ぎつつ、必要な人や資源の活用を一体的に進める「都市経営」という考え方のもと、「政策的視点」「行政運営的視点」「財政的視点」が1つの計画にまとめられている」(横浜市 2013:4)。

このように2000年代の横浜市の総合計画は、「基本構想」と「実施計画」の二層[34]となっていく。また、重点戦略型の計画として全体がシンプルな体系となったことや、財政や行政改革との一体化などを進めていったことなどが特徴として挙げられる。

4.3.3. 「総合計画財政計画」

4.3.3.1. 「総合計画財政計画」のコミットメント

図表4-3-3-1-1に2000年代の横浜市の「総合計画財政計画」を示した。「中期政策プラン」については、財政計画としてプランの中で言及されている2002年9月公表の「中期財政見通し」を示している。

「中期政策プラン」が前提としていた「中期財政見通し」では、横浜市の「総合計画財政計画」として、はじめて年度ごとの見通しが示される。これは、既に独自ルールとして前年度比で市債発行額（減税補てん債等を除く）を12%抑制する方針が示されており、その達成状況が予算関連資料等でも言及されていたため、このルールへの対応を示すためと考えられる。なお、「中期政策プラン」では「中期財政見通し」の数値を用い、計画期間の5か年を集約した形で財政計画が示されている。2003年1月には「中期財政ビジョンⅠ」として横浜市の財政の実態と課題が明らかにされ、2003年10月には「中期財政ビジョンⅡ」として、持続可能な財政の確立に向けた今後の財政運営における基本的な考え方や、2006年度までの財政運営の指針及び具体的な取組がまとめられる。こうした中では、一般財源にとどまらず、一般会計全体の財政見通しが「総合計画財政計画」として位置づけられるようになっていく。

具体的な財政計画の中身に着目すると、歳出総額について、計画・予算比では「中期政策プラン」では下振れしており、2,600億円削減したというように、見通しの中で歳出を抑制しようという意図が感じられる。一方、「中期計画」では上振れし、予算で拡張的になっている。

図表 4-3-3-1-1　横浜市の 2000 年代の「総合計画財政計画」

		中期政策プラン（中期財政見通し）					中期計画				
		2002	2003	2004	2005	2006	2006	2007	2008	2009	2010
財政計画	名称	中期財政見通し					計画期間中の財政見通し				
	歳入総額	13, 160	13, 070	12, 890～12, 920	12, 840～12, 940	12, 670～12, 850	13, 000	13, 040	13, 180	13, 250	13, 420
	一般財源	8, 970	8, 760	8, 610～8, 640	8, 580～8, 680	8, 420～8, 600	8, 330	8, 350	8, 490	8, 550	8, 720
	市税　※１	6, 700	6, 520	6, 490～6, 520	6, 500～6, 600	6, 380～6, 560	6, 730	7, 250	7, 430	7, 460	7, 640
	交付税※２	980	980	860	810	760	210	40	40	40	40
	その他	1, 290	1, 260	1, 260	1, 270	1, 280	1, 390	1, 060	1, 020	1, 050	1, 040
	市債※３	700	740	650	570	500	1, 230	1, 170	1, 110	1, 060	1, 000
	特定財源	3, 490	3, 570	3, 630	3, 690	3, 750	3, 440	3, 520	3, 580	3, 640	3, 700
	歳出総額	13, 160	13, 600	13, 790	13, 920	14, 050	13, 000	13, 300	13, 360	13, 450	13, 560
	収支不足額	0	▲ 530	▲340～▲370	▲110～▲180	▲220～▲300		-260	-180	-200	-140
									B　事業費	C　国庫等の歳入	D=B-C
								追加事業費	1, 080	250	830
										収支不足額	-1, 610
予算※４	歳入・歳出総額	13, 161	13, 014	12, 947	12, 843	13, 002	13, 002	13, 310	13, 599	13, 714	13, 604
	市税　※5	6, 696	6, 498	6, 447	6, 532	6, 726	6, 726	7, 279	7, 324	7, 255	6, 870
	交付税	980	1, 120	930	810	580	210	40	10	15	115
決算	歳入総額	13, 381	13, 410	13, 168	12, 992	13, 186	13, 186	13, 337	14, 153	15, 186	13, 848
	市税	6, 784	6, 544	6, 532	6, 677	6, 855	6, 855	7, 235	7, 295	7, 140	7, 007
	交付税	1, 042	1, 247	975	739	515	136	18	11	12	160
	歳出総額	13, 243	13, 279	13, 038	12, 840	12, 998	12, 998	13, 209	13, 452	15, 041	13, 690
計画・予算予測誤差	歳入総額	0. 0%	-0. 4%	0. 3%	-0. 4%	1. 9%	0. 0%	2. 1%	3. 2%	3. 5%	1. 4%
	市税	-0. 1%	-0. 3%	-0. 9%	-0. 3%	4. 0%	-0. 1%	0. 4%	-1. 4%	-2. 8%	-10. 1%
	交付税	0. 0%	14. 3%	8. 1%	0. 0%	-23. 7%	0. 0%	0. 0%	-75. 0%	-62. 5%	187. 5%
	歳出総額	0. 0%	-4. 3%	-6. 1%	-7. 7%	-7. 5%	0. 0%	0. 1%	1. 8%	2. 0%	0. 3%
計画・決算予測誤差	歳入総額	1. 7%	2. 6%	2. 0%	0. 8%	3. 3%	1. 4%	2. 3%	7. 4%	14. 6%	3. 2%
	市税	1. 3%	0. 4%	0. 4%	1. 9%	5. 9%	1. 9%	-0. 2%	-1. 8%	-4. 3%	-8. 3%
	交付税	6. 3%	27. 2%	13. 4%	-8. 7%	-32. 2%	-35. 2%	-55. 6%	-72. 4%	-69. 7%	300. 8%
	歳出総額	0. 6%	-2. 4%	-5. 5%	-7. 8%	-7. 5%	0. 0%	-0. 7%	0. 7%	11. 8%	1. 0%
予算・決算予測誤差	歳入総額	1. 7%	3. 0%	1. 7%	1. 2%	1. 4%	1. 4%	0. 2%	4. 1%	10. 7%	1. 8%
	市税	1. 3%	0. 7%	1. 3%	2. 2%	1. 9%	1. 9%	-0. 6%	-0. 4%	-1. 6%	2. 0%
	交付税	6. 3%	11. 3%	4. 8%	-8. 7%	-11. 1%	-35. 2%	-55. 6%	10. 3%	-19. 3%	39. 4%
	歳出総額	0. 6%	2. 0%	0. 7%	0. 0%	0. 0%	0. 0%	-0. 8%	-1. 1%	9. 7%	0. 6%

※1　中期計画では、2006年度は50億円、2007年度以降は30億円の留保財源含まず

※2　中期財政見通しの交付税には臨財債含むため、中期政策プランの期間中は予算・決算とも同様の取り扱いを行い、中期計画期間は臨財債は市債の項目で整理した。

※3　中期政策プランでは臨財債等除く一般会計債、中期計画では一般会計債すべてとなっている。

※4　2002年度は、市長選挙後の現計予算を示す。

※5　2002から2005年度は30億円、2006年度は50億円、2007・2008年度は30億円の留保分含まず。

出典：計画書、予算決算資料から筆者作成

市税は、「中期政策プラン」では非「成長・拡大」という認識を示していたこともあり、右肩上がりのものとはなっていないが、2006 年度を除き、計画・予算では下振れしている。「中期計画」では景気の回復もあり右肩上がりの見込みをしている中で、計画・予算では 2007 年度を除き同様に下振れをしている。特に、「中期計画」では、市税は予算・決算でも下振れしている年もあり、厳しい経済環境であったことがうかがわれる。

このように、市税は計画・予算では下振れしやすく、景気後退期にはより

大きな下振れとなること、歳出総額は景気後退期には計画・予算で上振れしやすく、景気の後退期の対応が難しいことが指摘できよう。

また、収支の内容を具体的にみると、厳しい財政状況の中で、「中期財政見通し」では 1,200 ～ 1,380 億円の収支不足を見込むものとなっている。こうした収支不足が「中期財政ビジョンⅡ」では縮小され、収納率の向上などの歳入の確保や、公共施設整備費や経常的経費といった歳出削減で対応するものとなっている。同様に、「中期計画」では、780 億円の財源不足にくわえ、新たな事業による 830 億円の総計で 1,610 億円の財源不足額が生じるとしており、職員定数の削減など人件費の伸びの抑制による効果見込額 (90 億円)、経常的経費の縮減効果見込額の総計（410 億円)、施設等整備費の縮減効果額 (1,110 億円) の総計で 1,610 億円を生み出すものとなっている (横浜市都市経営局 2006：201)。

こうした中でも、2000 年代の横浜市では、年度ごとの歳入見通しを示し、それに基づく計画行政を推進してきたという点では評価されるべきであろう。

総じて、厳しい財政状況の中、スクラップを前提として「総合計画財政計画」が組まれている。行政改革が停滞するようなことがあれば、市民への安定的なサービス提供が困難になるという危機感を有していたといえよう。

4.3.3.2. 「総合計画財政計画」に対する国の地方行財政運営方針の影響

この時期の行政改革に関する取組を図表 4-3-3-2-1 に示した。「新時代行政プラン」のアクションプランでは、「平成 18(2006) 年度までの削減効果として、

図表 4-3-3-2-1　2000 年代の横浜市の行政改革計画

計画・期間		目標	実績
2003.3 新時代行政プラン　アクションプラン 注1　注２	2003年～2006年	2,100人の削減	-5266
2006.12　横浜市中期計画　注1	2006年～2010年	平成17（2005）年度比1,900人以上の削減	-2677
集中改革プラン	2005年～2009年	1,900人削減	-2677

注1　削減実績については自治体独自の報告資料を使用
注2　実績には市大の独立行政法人化（2,633減）を含む
注3　集中改革プランの目標値は、総務省の発表資料を利用

出典：横浜市資料等から筆者作成

経費の削減見込み約 210 億円、職員定数の削減目標約 2,100 人」という具体的な目標が設定される。実際には横浜市立大学の独立行政法人化などもあり、職員数の削減は既に一人当たり職員数では指定都市の中で低い水準にあるが、5 千人以上の職員数削減を達成する。

また、リバイバルプランのあと、2006 年 12 月に策定された「中期計画」でも 2005 年度比で 1,700 人の職員数削減という目標が設定され、実際に約 2,600 人もの職員数の削減を達成する。

05 年通知に基づく集中改革プランの時期は 2005 年度からである。横浜市では、厳しい財政状況もあり、国の指導に先駆けて取組が行われていた。ただし、2005 年度の削減が大きく、横浜市立大学の独立行政法人化など、国の制度改正等に伴い、導入可能となった行政改革手法が貢献していると考えられる。

図表 4-3-3-2-2 に、「総合計画財政計画」への国の地方行財政運営方針の影響を示した。一般単独事業債は 200 億円前後で推移していること、一般単独事業費も年度による違いはあるもののおおむね 1,300 億円前後で推移していることが指摘でき、1990 年代のような額には大きく及ばない。

図表 4-3-3-2-2　2000 年代の国の地方行財政運営方針の影響

総合計画実施計画		中期政策プラン（中期財政見通し）					中期計画				
年度		2002	2003	2004	2005	2006	2006	2007	2008	2009	2010
行政改革	計画名	新時代行政運営プラン					中期計画と一体化				
	計画期間	中期政策プランと同一									
	職員数	33,871	33,285	32,525	30,783	29,855	29,855	29,013	28,178	27,579	27,200
	増加率		-1.7%	-2.3%	-5.4%	-3.0%	-3.0%	-2.8%	-2.9%	-2.1%	-1.4%
一般単独事業債（普通会計）		223	205	288	383	165	165	215	227	219	178
	増加率		-8.1%	40.8%	32.7%	-56.8%	-56.8%	29.8%	5.7%	-3.3%	-18.7%
単独事業費（普通会計）		1,397	1,537	1,286	1,275	1,325	1,325	1,316	1,255	1,168	981
	増加率		10.0%	-16.3%	-0.9%	3.9%	3.9%	-0.7%	-4.7%	-6.9%	-16.0%
臨財債超過発行可能額		0	0	0	0	0	0	0	101	94	0
臨財債発行額		447	745	538	413	379	379	344	322	500	700
計画体系		二層					二層				
参考（普通会計）	減税補てん債	96	121	136	98	78	78	0	0	0	0
	減収補てん債	0	0	0	0	0	0	19	93	50	0
	地方特例交付金	269	265	260	266	217	217	46	87	87	75
	行政改革推進債					88	88	68	73	101	73
	地方債発行額	1,408	1,660	1,472	1,359	1,277	1,277	1,169	1,299	1,398	1,345
	地方債残高	23,345	23,342	23,172	23,418	22,747	22,747	22,423	22,309	22,281	22,211

出典：地方財政状況調査等から筆者作成

横浜市では、不交付団体となった年度が限定的であったこともあり、臨財債の超過発行可能額は 2008 年度の 101 億円、2009 年度の 94 億円のみであり、川崎市と比較するとその効果は限定的といえる。

参考に示したように、減税補てん債、減収補てん債等の発行にくわえ、2006 年度からは行政改革推進債も活用されるようになっていく。

4.3.3.3　財政ルールの状況

図表 4-3-3-3-1 に 2000 年代の横浜市の「総合計画財政計画」における財政ルールとその達成状況を示した。

1990 年代には、「総合計画財政計画」に明確な位置づけのないまま、市債発行額（減税補てん債等除く）の 12% 削減という独自ルールが設定されていた。だが、「中期政策プラン」の前提となっている 2002 年策定の「中期財政見通し」では、このルールが位置づけられる。ただし、「中期政策プラン」に基づく政策が推進される中で、2003 年 10 月に策定された「中期財政プランⅡ」では、臨財債等の特別な市債も含め、前年度の発行額の 8% 削減というルールに変

図表 4-3-3-3-1　2000 年代の財政ルールと達成状況

		中期政策プラン（中期財政見通し）					中期計画				
		2002	2003	2004	2005	2006	2006	2007	2008	2009	2010
12%削減目標（臨財債等除く）	計画	(840)									
		700	740	650	570	500					
	予算	702	696								
	決算　注1	761	698	761	807						
8%削減目標（すべての市債）	計画	(1, 400)	(1, 590)								
		1, 260	1, 550	1, 460	1, 340	1, 230					
	予算	1, 266	1, 544	1, 456	1, 340	1, 233					
	決算 注2	1, 373	1, 564	1, 436	1, 318	1, 211					
5%削減目標（すべての市債）	計画							4, 340			
							1, 230	1, 170	1, 110	1, 060	1, 000
	予算						1, 233	1, 171	1, 113	1, 147	1, 274
	決算						1, 211	1, 104	1, 159	1, 279	1, 282
横浜方式PB（予算）	市債発行額		1, 544	1, 456	1, 340	1, 233	1, 233	1, 171	1, 113	1, 147	1, 274
	元金償還額		1, 085	1, 117	1, 301	1, 309	1, 309	1, 381	1, 406	1, 383	1, 401
	プライマリーバランス		-459	-339	-39	76	76	210	294	236	127
普通会計	実質収支比率	0. 20	0. 60	0. 60	0. 90	1. 20	1. 20	0. 40	0. 30	0. 50	1. 20
	起債制限比率	14. 3	14. 7	14. 3	14. 2	13. 5	13. 5				
	実質公債費比率				23. 3	26. 2	26. 2	20. 6	20. 2	19. 1	18
減債基金残高		747	824	539	173	127	127	367	495	400	804

注1　2005年度は横浜市大債務継承分をさかのぼって整理したもの
注2　2004年度以前は、市大承継分を含まないもの
注3　数値は、普通会計の数値を除き、すべて横浜市の予算案について、決算の概要を用いた

出典：地方財政状況調査から筆者作成

更される。一般単独事業債などの発行を削減してきた結果、12% という高い目標を継続していくことが困難となったこと、交付税が臨財債の発行可能額として配分されるようになったことなどが一因と考えられる。

さらに、「中期計画」では、当該ルールが当該期間内で毎年度 5% 削減とした場合の範囲内へと変更される。2006 年度から 2008 年度の 3 年間は、おおむねその範囲で対応されているが、リーマンショック後の景気後退の影響もあり、2009 年度以降、市債発行額は上振れする。2009 年度は予算案で一般会計が負担する特別会計の起債の枠を活用するとされ、2009 年度、2010 年度に 90 億円ずつ上乗せされる。

さらに、2010 年度予算では、「平成 20（2008）年度後半からの急激な景気悪化が市の財政に与える影響はとても深刻で、22（2010）年度の市税収入見込みは前年度当初予算に比べ 385 億円もの大幅な減収が見込まれ、まさに「非常事態」ともいうべき状況」と、非常事態を宣言している。このうえで、「このような状況の中でも、市民の皆さんの生活や市内経済を守ることを第一に考え、「緊急避難的な対応」として、市債の活用などさまざまな財政運営上の対策を講じることにしました。」とあり、このルールが停止された。

一般的に○%削減といった目標は、一定の余裕がある当初は対応可能であるものの、年を重ねるにつれ、達成が困難となっていき、変更せざるを得なくなる。横浜市の事例は、景気後退期の対応の難しさにくわえ、こうしたルールの難しさを示している。

市債発行削減ルールにくわえ、「中期財政ビジョンⅡ」では、2006 年度までに横浜方式のプライマリーバランスを黒字化するという、より厳しい財政ルールへの順守が追加される。横浜方式のプライマリーバランスは、「市債発行額を、その年度の元金償還予算額の範囲内に抑える」とともに、市債以外の歳入確保と歳出抑制を徹底し、「当該年度の収入で、利払いを含む当該年度の支出を賄う」ものである。国のプライマリーバランスが利払いを含んでいないのに対して、利払いも含めた収支を対象とすることで、長期的に見て市債残高は確実に減少していく。

この横浜方式のプライマリーバランスは、図表 4-3-3-3-1 に示したように、ルール通り、2006 年度からの黒字化が図られている。なお、2010 年度の非常事態宣言後は、このプライマリーバランスが主要な独自ルールとして用いられるほか、債務返済指数[35]といったルールも位置づけられていく。

さらに、地方財政健全化法の施行等の影響もあると考えられるが、2006 年度の 127 億円をボトムとして、減債基金への積立が行われ、残高は増加していく[36]。

このように 2000 年代の横浜市では、総合計画、財政計画、行政改革計画の一体化が図られるようになり、それが「総合計画財政計画」にも反映される。さらに、独自の財政ルールを設定し、順守していくことで、財政状況は改善されていく。ただし、景気後退の影響は大きく、財政状況は厳しさを増す中で、当該ルールの一部が停止される。

4.4.　2000 年代の川崎市の「総合計画財政計画」と行財政運営

4.4.1.　政治状況等

2001 年 10 月に行われた市長選挙では、現職で 4 選をめざす高橋ら 4 人とともに、自治官僚出身で、大学教授であった阿部が立候補する。選挙戦では、多選批判とともに、抜本的な市役所改革、住民投票やタウンミーティングの導入といった主に行政手法の改革を重視した主張を行い、当選する。2 期目は、相乗りの形で、安定的な勝利をおさめる。しかし、3 期目は出馬にあたっての混乱などもあり[37]、非常に厳しい状況の中、当選を果たす。

阿部が市長として市政運営を担う中で、東京都区部を超える高い人口増加率、低成長にあえぐ日本にあって、都市基盤整備事業が順調に進むなど、持続可能なまちづくりを達成した。こうしたまちづくりと都市経営を支える要因として、「①既成市街地の再開発、②既存交通インフラの機能更新、③民間主導の事業運営・資金調達、④補助金等の活用による公共公益施設整備、⑤アウトソーシングの活用と目標管理型人事評価による少数精鋭の職員体制の構築」（辻 2013:12 ～ 13、19）があったという。

2000 年代以降、行政のプロを自認する阿部が市長を務め、さまざまな改革を進め、市政運営は大きな転換が図られる。

4.4.2.　総合計画等の概要

阿部の市長就任後の 2000 年代当初は、総合計画の策定よりもむしろ行財政改革に重点をおいた市政運営が行われる。この背景には厳しい財政状況があった。2001 年 11 月の市長就任から間もない 2002 年 7 月に「このままの行財政運営を続けるとするならば平成 17(2005) 年度に赤字決算となり、翌年度以降には財政再建団体に転落する可能性があると、いわゆる『財政危機宣言』を行った」（唐仁原 2008：36）。これを受け、2002 年 9 月には、主に 2002 年度から 2004 年度の 3 か年を計画期間（財政フレームについては 7 年間を提示し、収支均衡をめざす形となっている）とする「1 次改革プラン」を策定し、積極的に行財政改革を進め、財政の健全化に取り組んでいく。地方財政再建促進特別措置法に基づく財政ルールへの順守ということで、法的ルールが行財政改革に取り組むきっかけになったといえる。

その中身をみると、直営主体のサービス提供を抜本的に見直し、「民間にできることは民間で」を基本とし、「行政体制の再整備」「公共公益施設・都市基盤整備の見直し」「市民サービスの再構築」の取組が位置づけられる（川崎市総務局行財政改革推進室 2002）。そして、阿部の市長交代まで 4 次にわたり「行財政改革プラン」が策定されていく。

このように行財政改革に先行して取り組み、財政状況が改善されていくのと並行して、2003 年 10 月には第 1 回の川崎市総合計画策定検討委員会が開催されるなど、「川崎再生フロンティアプラン」の策定に着手される。2004 年 12 月に「川崎市基本構想」が議決され、続いて 2005 年 3 月に「実行計画（以下「第 1 期実行計画」という。）」が策定され、2005 年 4 月から計画に基づく取組が開始されている。

1990年代に策定された「川崎新時代2010プラン」が「基本構想」「基本計画」

「実施計画」の三層であったのに対して、「川崎再生フロンティアプラン」では、「基本構想」と「実行計画」の二層に変更される。その計画期間に着目すると、「川崎再生フロンティアプラン」では「基本構想」は10年程度、「実行計画」の計画期間は3年で、最終年にローリングする形となっており、計画期間が短くなっている。

こうした体系と計画期間を設定した理由には、「川崎新時代2010プラン」で、長期にわたる「基本計画」にさまざまな事業を盛り込み、「中期計画」で選別するという方式を採用したが、経済環境の変化の中で、転換が迫られたことがあると思われる。

さらに、「川崎再生フロンティアプラン」の特徴として、「実行計画」は市が取り組むすべての施策・事務事業を対象としたうえで、行財政改革と連携するとともに、計画の実行性を確保するため、計画事業費と財政収支見通しとの整合を図り、財政的な裏付けを明示していることなどがある[38]。

つまり、行政改革計画と連携を図りながら、総合計画の対象が市の全事務事業となり、総合計画が市全体の資源の管理を行うという点でも、大きな転換を図ったといえるのである。

4.4.3. 「総合計画財政計画」

4.4.3.1. 「総合計画財政計画」のコミットメント

図表4-4-3-1-1に「総合計画財政計画」を示した。特筆すべきは、これまでの川崎市の総合計画では、常に計画期間の収支等を一体的に示すものであったが、横浜市と同様に年度ごとに示すものとなったことである。くわえて、行財政改革を推進する「行財政改革プラン」に示される財政フレームと連携し、予算の裏付けのある計画としている。見通しなどではなく、フレームという言葉を用いた点にも財政計画にコミットしていこうという姿勢がうかがわれる[39]。

「第1期実行計画」「第2期実行計画」を通じて、歳出総額、一般会計歳出は計画・予算ではおおむね下振れしているが、2010年度は子ども手当の創設、景気後退に伴う生活保護費の増加などにより上振れしている。また、市税は、

図表 4-4-3-1-1　川崎再生フロンティアプランの「総合計画財政計画」

対象計画		川崎再生フロンティアプラン・第１期実行計画			川崎再生フロンティアプラン・第２期実行計画		
計画期間		05-07			08-10		
名称		実行計画の計画事業費と財政フレーム			実行計画の計画事業費と財政フレーム		
年度		2005	2006	2007	2008	2009	2010
財政計画	歳出総額	9,999	10,377	10,845	10,652	10,684	10,354
	一般会計歳出総額	5,106	5,539	5,611	6,095	5,997	5,779
	市税	2,517	2,555	2,593	2,888	2,924	2,976
	一般財源市債	192	153	126	123	102	87
	その他	473	531	539	313	631	454
	一般財源計　A	3,270	3,417	3,586	3,578	3,925	3,776
	減債基金新規借入　B	98	150	150	100	0	0
	充当可能一般財源　A+B=C	3,368	3,567	3,736	3,678	3,925	3,776
	実行計画事業費　D	3,368	3,604	3,788	3,678	3,964	3,825
	要調整額　C-D	0	-37	-52	0	-39	-49
予算	歳出総額	9,999	10,204	10,472	10,652	10,485	10,605
	一般会計歳入・歳出総額	5,106	5,456	5,524	6,095	5,817	6,117
	市税	2,517	2,619	2,822	2,888	2,890	2,727
	一般財源市債	192	171	132	123	167	206
	減債基金新規借入金	98	150	150	100	0	150
決算	歳出総額	9,713	9,806	9,943	9,969	10,335	10,190
	一般会計歳出総額	5,042	5,241	5,243	5,746	5,927	5,998
	一般会計歳入総額	5,095	5,305	5,313	5,859	6,057	6,071
	市税	2,628	2,703	2,897	2,938	2,852	2,820
	一般財源市債	193	175	133	123	193	193
	減債基金新規借入金	0	0	0	0	0	0
予測誤差 計画・予算	歳出総額	0.0%	-1.7%	-3.4%	0.0%	-1.9%	2.4%
	一般会計歳出総額	0.0%	-1.5%	-1.5%	0.0%	-3.0%	5.9%
	市税	0.0%	2.5%	8.8%	0.0%	-1.1%	-8.4%
	一般財源市債	0.1%	11.8%	5.1%	-0.3%	63.3%	137.0%
	減債基金新規借入金	0.0%	0.0%	0.0%	0.0%	0.0%	皆増
予測誤差 計画・決算	歳出総額	-2.9%	-5.5%	-8.3%	-6.4%	-3.3%	-1.6%
	一般会計歳出総額	-1.3%	-5.4%	-6.6%	-5.7%	-1.2%	3.8%
	一般会計歳入総額	-0.2%	-4.2%	-5.3%	-3.9%	1.0%	5.1%
	市税	4.4%	5.8%	11.7%	1.7%	-2.4%	-5.2%
	一般財源市債	0.5%	14.5%	5.4%	-0.3%	89.2%	122.4%
	減債基金新規借入金	皆減	皆減	皆減	0.0%	皆減	皆減
予測誤差 予算・決算	歳出総額	-2.9%	-3.9%	-5.1%	-6.4%	-1.4%	-3.9%
	一般会計歳出総額	-1.3%	-3.9%	-5.1%	-5.7%	1.9%	-1.9%
	一般会計歳入総額	-0.2%	-2.8%	-3.8%	-3.9%	4.1%	-0.7%
	市税	4.4%	3.2%	2.6%	1.7%	-1.3%	3.4%
	一般財源市債	0.4%	2.5%	0.3%	0.0%	15.9%	-6.2%
	減債基金新規借入金	皆減	皆減	皆減	皆減	皆減	皆減

出典：計画書、予算書、決算書から筆者作成

「第１期実行計画」では計画・予算、計画・決算ともに上振れとなっているが、「第２期実行計画」では景気後退もあり、おおむね下振れとなる。こうした中で一般財源の市債は計画・予算、計画・決算では上振れしており、想定よりも臨財債等が発行できたことが要因と考えられる。ただし、2010 年度以降、臨財債の発行可能枠が財源不足額も踏まえて算定されるようになり、2010 年度の予算・決算では下振れしている。このように、国の地方財政運営の方針の影響を強く受けることが指摘できるのである。

さらに、図表の収支部分に着目すると、横浜市と異なり、「総合計画財政計画」上は、別途行政改革の効果を見込むのではなく、「行財政改革プラン」で見積もられており、それが反映されている。このため、行政改革が目標通

りに進まなければ、歳出増の要因となる。この点では、財政収支は改革の行方に大きく左右されるともいえよう。なお、行財政改革プランでは、職員数削減をはじめ、それぞれの効果額が積算され示されている。

このように行政改革効果を見込み、減債基金からの新規借入を見込んだうえでも、生じる財政収支不足を要調整額として計上している。この額は「各年度における予算編成作業や施策調整、事務事業の見直しなどにより十分対応が可能と推定される規模である」とされる（川崎市総合企画局企画調整課 2005：560)。最終的には歳入と歳出のバランスがとれ、要調整額はゼロにならなければ予算案として議会に提出することはできない。こうした点も歳出の計画・予算比がマイナスになる結果につながっている。

4.4.3.2. 「総合計画財政計画」に対する国の地方財政運営方針の影響

図表 4-4-3-2-1 に行政改革計画の職員数削減目標と結果を示した。2002 年９月に、主に 2002 年度から 2004 年度の３か年を計画期間とする「１次改革プラン」を策定し、積極的に改革を進め、財政の健全化に取り組んでいく。横浜市と同様に、川崎市でも「改革派の首長」によって国の指導に先駆ける形で計画が策定され、改革に取り組んでいく。

図表のとおり、それぞれの計画には削減目標が明記され、「1 次改革プラン」

図表 4-4-3-2-1　2000 年代の川崎市の行政改革計画

計画・期間		目標	実績
2002.8 第1次改革プラン　注1	2002年～2004年	約1,000人削減	−1,214
2005.3 第2次川崎市行財政改革プラン 注1	2005年～2007年	約1,000人削減	−964
2008.3 新行財政改革プラン　注1	2008年～2010年	約1,000人削減	−409
集中改革プラン	2005年～2009年	1700削減	−1,155

注1　削減実績については自治体独自の報告資料を使用
注2　集中改革プランの目標値は、総務省の発表資料を利用

出典：川崎市資料等から筆者作成

図表 4-4-3-2-2　2000 年代の国の地方行財政運営方針の影響

対象計画		川崎再生フロンティアプラン・第１期実行計画			川崎再生フロンティアプラン・第２期実行計画		
計画期間		05-07			08-10		
名称		実行計画の計画事業費と財政フレーム			実行計画の計画事業費と財政フレーム		
年度		2005	2006	2007	2008	2009	2010
行政改革	計画名	第2次行財政改革プラン			新行財政改革プラン（第3次改革プラン）		
	計画期間	05～07			08～10		
	職員数	14,833	14,546	14,208	13,931	13,793	13,678
	増加率	-2.4%	-1.9%	-2.3%	-1.9%	-1.0%	-0.8%
一般単独事業債（普通会計）		170	101	144	232	75	143
	増加率	-27%	-40%	42%	61%	-68%	90%
普通建設事業費単独事業費（普通会計）		417	451	406	573	354	416
	増加率	-12%	8%	-10%	41%	-38%	17%
臨財債超過発行可能額		79	125	133	124	193	8
臨時財政対策債発行額		157	146	133	123	193	193
体系		二層			二層		
参考（普通会計）	減税補てん債	36	29	0	0	0	0
	減収補てん債	0	0	23	33	19	0
	地方特例交付金	98	80	17	35	33	29
	行政改革推進債	0	43	8	26	28	55
	退職手当債発行額	0	0	37	37	37	37
	地方債発行額	553	565	524	677	624	727
	地方債残高	8,820	8,698	8,633	8,416	8,395	8,530

出典：地方財政状況調査資料等から筆者作成

を除き、目標の達成には至っていないものの、実に阿部の交代まで４次にわたり、行財政改革プランが策定される。12 年間での累積効果額は 800 億円超、職員数削減は 3,000 人超となる（川崎市 2014：1）。特に、清掃部門の民間委託、公の施設への指定管理者制度の導入、保育園の民営化等により、職員数削減が行われた。

図表 4-3-2-2-2 に 2000 年代の「総合計画財政計画」への国の地方行財政運営方針の影響を示した。2009 年度までは、臨財債の超過発行可能額が 100 億円を超える水準で推移している。一般単独事業債は、年度により異なるものの、100 億円を下回る年度もあり、1990 年代と比較すると大きく減少していく。一方、先述の臨財債以外の特例債をみると、行政改革推進債、退職手当債も発行されており、こうした地方債を用いた財源対策が行われていた。

4.4.3.3.　財政ルールの状況

川崎市独自の財政ルールとして挙げられるのが減債基金からの借入である。市長の阿部も非常にこだわりをもち[40]、「総合計画財政計画」でも常に減債基金からの新規借入という点に重点が置かれていた[41]。実際、図表 4-4-3-3-1 に示したように、減債基金からの新規借入は計画・予算では第１期に

図表 4-4-3-3-1　2000 年代の財政ルールと達成状況

対象計画		川崎再生フロンティアプラン・第１期実行計画			川崎再生フロンティアプラン・第２期実行計画		
計画期間		05-07			08-10		
年度		2005	2006	2007	2008	2009	2010
減債基金新規借入等	計画	98	150	150	100	0	0
	予算	98	150	150	100	0	150
	決算	0	0	0	0	0	0
	計画・予算かい離	0%	0%	0%	0%	0%	皆増
	計画・決算かい離	皆減	皆減	皆減	0%	皆減	皆減
	予算・決算かい離	皆減	皆減	皆減	皆減	皆減	皆減
	減債基金残高	683	612	709	1,125	1,068	1,299
普通会計	実質収支比率	0.30	0.40	0.40	0.50	0.40	0.50
	起債制限比率	12.3	14.1				
	実質公債費比率	17.9	21.1	16.3	15.6	13.4	11.9

出典：川崎市資料、地方財政状況調査から筆者作成

は計画通り計上し、決算では皆減の状況だが、２期の 2010 年度には、計画していなかった借入を予算に位置づけている。だが、2010 年度の決算はゼロで、計画・予算は皆増、計画・決算は皆減となる。このように、川崎市では、減債基金からの新規借入が財政ルールとして、さらには財政運営上の一種のバッファーとして機能していたことがうかがわれる。

減債基金の積立という点での大きな分岐点が 2007 年度である。2006 年度[42]の実質公債費比率が 18% を超え、2007 年度には、起債に許可を要することとなり、公債費負担適正化計画を策定する。計画では「新たに発行するものから据置期間をおかずに、翌年度から 1/30（3.33%）を積立てる」という地方財政健全化法の算定ルールを踏まえた積立方法の採用を位置づけている。結果として減債基金の積立が 2007 年度以降増加している。さらに、2011 年度からは積立不足を解消して所要の残高を確保している[43]。

このように減債基金の積み立て不足を解消した一方、減債基金の新規借入を行わないことを目指すという姿勢を市長の阿部が強調することによって、議会等でも減債基金からの借入が議論されるようになる。

実際、積立不足があった際にはどの程度足りないのかが明確でなく、イメージがつきにくい部分があった。だが、所要額を積立てたうえでの借入ということでは、借入＝収支不足という一定の解釈が可能であり、議論がしやすくなったと考えられる。特に、プライマリーバランスなどよりも借入が収支不足をイメージしやすく、財政健全化への指標としてクローズアップされるようになったといえる。

また、法的ルールをみると、2002年７月の財政危機宣言は財政再建団体への転落の回避のためであったが、2002年度の実質収支比率は黒字であり、20%を超える赤字という状況は読み取ることができない。しかしながら、減債基金の取り崩し、繰延によっても数年後には赤字比率が20%を超えるという、シミュレーションの結果、大胆な行財政改革に舵を切った。やはり、地方財政再建促進特別措置法には早期是正措置がなかったことや、他会計の状況が反映されにくかったことが指摘できる。

このように、川崎市の「総合計画財政計画」も、2000年代に入り、行政改革との連携が図られ、より総合計画を通じた資源管理機能が高まったといえる。くわえて、法的ルールとともに、独自ルールを設定し、減債基金をきちんと積み立てていくことによって財政状況の改善が図られた。

一方、財政状況の改善には、臨財債の超過発行などが貢献している側面もある。行政改革等に自立的に取り組んでいるとはいえ、依然として国の地方行財政運営方針が「総合計画財政計画」や財政ルールに与える影響は小さくないと考えられる。

5. 小括

本章では、横浜市と川崎市を対象に、「総合計画財政計画」を取り上げ、検討してきた。その結果は、図表5-1の通り集約できる。

１つ目の「総合計画財政計画」の①位置づけは、2000年代の川崎でフレームとされたのを除き、見通しであり、拘束するという視点は弱かった。一方、②詳細性は、1990年代の計画期間を一括して提示するものから、2000年代に入り、年度ごとの歳入歳出を示すものとなってきている。つまり、財源等の裏付けをきちんと示していく形に変化してきている。③実態との誤差という点では、推計に使われる国の経済予測の誤差が一つの要因であるが、計画・決算比較でみると、税収が景気後退時に下振れしている。後述する財政

図表 5-1　総合計画財政計画の位置づけ等

		1990年代		2000年代	
		横浜市	川崎市	横浜市	川崎市
❶総合計画財政計画	①位置づけ	見通し	見通し	見通し	フレーム
	②詳細性	5 年間(計画期間)一括	5 年間(計画期間)一括	年度別に提示	年度別に提示
	③実態（決算）との誤差	税収下振れ	税収下振れ	税収：前半上振れ、後半下振れ 歳出：前半下振れ、後半上振れ	税収：前半上振れ、後半下振れ 歳出：下振れ
	④説明媒体	（予算案等）	なし	予算案等	予算案等
	⑤対象	歳出：計画事業費 歳入：一般財源(※)	歳出：計画事業費 歳入：一般財源(※)	歳出：一般会計 歳入：一般会計	歳出：全会計・一般会計 歳入：一般財源
	⑥行革行政改革計画との関係	—	—	連携→統合	連携
	⑦備考	後半：財政計画無	後半：財政計画無		
❷地方財政運営方針の影響	①職員数削減	指導に基づく	指導に基づく	自立的・財政計画と一体化	自立的・財政計画と連携
	②一般単独事業債	削減	概ね横ばい	横ばい	横ばい
	③臨時財政対策債			超過発行有	超過発行有
	④体系	四層	三層	二層	二層
❸財政ルールとコミットメント	①財政ルール	（市債発行額の削減）	無	市債発行額の削減 横浜版PB	減債基金新規借入 （国ルールの影響大）
	②実態との誤差	（12%削減を達成）		前半は市債ルールを順守、景気後退で停止 ⇒市債残高は減少 PBの黒字化	概ね順守、景気後退で減債基金からの新規借入の予算計上 ⇒地方財政健全化法の基準で減債基金を積立 ⇒積立繰延を停止
	③説明媒体	（予算案等）	無	予算案等	予算案等

※　一般会計を基になどとされ、対象となる会計範囲は明確にされていない

ルールとも合わせ、景気後退期にどのように対応すべきかは大きな課題といえる。④説明媒体は、市議会の議案書以外の冊子において、財政ルールの達成度合いなどが説明されるようになる。⑤対象は、1990 年代は、新たな事業などに着目した計画事業費方式であったが、2000 年代に入り、厳しい財政状況もあり、一般会計全体へと拡大する。また、総合的な資源管理という点では、1990 年代の「総合計画財政計画」の対象には、土地開発公社の保有土地の簿価等が含まれていなかった。こうした保有土地の問題等が、バブル経済崩壊後の厳しい経済環境とも相まって、急激に厳しい財政状況を生み出したとも考えられる。

⑥行政改革計画との関係については、2000 年代に入り、行政改革との連携が「総合計画財政計画」上明確に位置づけられていく。この点で、企画部門の「つくる計画」というのではなく、より市政運営全体を管理する計画に変化していったといえよう。

２つ目の国の地方行財政運営方針の「総合計画財政計画」へ影響のうち、

①職員数削減について、1990年代は、国の通知等に従って計画を策定したという感が強く、それが「総合計画財政計画」に明確に反映されることはなかった。一方、2000年代に入り、財政の厳しさもあり、自立的に取り組まれ、一定の職員数削減を達成する。そして、その効果が「総合計画財政計画」にも反映されていく。ただし、その削減の要因としては、指定管理者制度や地方独立行政法人など、法の規律密度が高い中で、民に仕事をゆだねることができる制度が導入されたことも大きい。この点で、自治体の裁量で対応できる部分は限定的ともいえる。

また、②一般単独事業債は、横浜市においてバブル期に増加し、財政ルールの影響もあり、大きく減少していく。一方、川崎市は、もともと少ない発行額であったが、逆に、事業によってはそれが活用されていく。

③臨財債は、導入当初、人口基礎方式であったため、両市で超過発行が認められ、それが一般財源の確保につながり、「総合計画財政計画」にも影響していく。

さらに、国の影響という点では、1990年代は、景気対策として、一般単独事業が増加するとともに、住民税減税に伴う減税補てん債による対応などが行われた。特に、景気低迷に伴い税収が落ち込む中で、減税補てん債により歳入が確保されたともいえようが、あくまでも交付税措置であり、地方債残高を増加させたと考えられる。あわせて、市税収入の落ち込み時には、減収補てん債が発行され、市民サービスへの影響を減じる形で取組が行われていた。

④体系は、2000年の分権改革後、「基本構想」と「実施計画」の二層となっていく。具体的な施策や事業を位置づけた「実施計画」を短期間で策定することが可能となり、「総合計画財政計画」の対象範囲の拡大や行政改革計画との連携とも相まって、実質的な資源配分の役割を実施計画が担うことが可能になっていった。

このように、「総合計画財政計画」への国の地方財政運営方針の影響は、交付税の代替である臨財債も含め、財源不足額等への地方債による対応によってもたらされている。こうした取組が自治体の行財政運営の安定化に寄与している部分もあるが、交付税措置されるとはいえ、あくまでも自治体の借金であり、償還も含めた計画的な対応が求められるといえる。

３つ目の財政ルールとコミットメントについて、①財政ルールは、法的ルールが大きい役割を担っている一方、独自ルールも一定の役割を果たしている。川崎市が財政危機宣言を行い、行財政改革に大きく舵を切ったのは赤字比率が 20% を超え、地方財政再建促進特別措置法に基づく財政再建団体への転落を回避するためであった。さらに、減債基金への積立方式を変更し、繰延をやめ、所要額を積立てるようになったのも、実質公債費比率が 18% を超え、地方債の発行が許可となり、公債費負担適正化計画の策定が求められたことがきっかけであった。このように、法的ルールの役割も大きい。

一方、独自ルールについて、横浜市では、横浜版のプライマリーバランスが導入され、また市債発行抑制の独自ルールが定められ、市債発行の抑制につながっている。

また、川崎市の減債基金からの新規借入の解消という独自ルールは、適正な積立を減債基金に行ったうえで、借り入れるという、より厳しいものに変更された。特に、適正な積立を前提とした場合、減債基金からの新規借入を収支不足額と同様に扱うことができ、理解しやすく、議論が行われやすい状況につながっている。

②実態との誤差という点では、独自ルールが健全化に寄与した部分は大きいと考えられる反面、景気後退に伴い、横浜市、川崎市ともに財政ルールの順守が困難となってきている。市町村税は、固定資産税など、景気に左右されない安定的な税目が多いとされるが、都市自治体の場合は法人関係税収も大きい。一方、地方交付税制度により、税収減で財源不足が生じた場合には、普通交付税で補てんされ、財源の安定化が図られることになっている。こうした中で、自治体として景気変動に対応したルールをどう設定するかは大きな課題と考えられる。こうした点については引き続き、検討課題としたい。

③説明媒体という点では、横浜市では 1990 年代から、川崎市は 2000 年代に入り、予算案についてなど、市議会の議案書以外の冊子において、財政

ルールの達成度合いなどが説明されるようになる。この結果、当該ルールの達成状況等に係る議論が市議会で行われるとともに、各種新聞でも取り上げられるようになっていく。

横浜市と川崎市の「総合計画財政計画」の検証からは、両市が2000年代に入り独自の取組を進めている反面、国の制度の影響を強く受けていることが指摘できる。こうした制度的な制約の中であっても、総合的･計画的に「総合計画財政計画」に基づく行財政運営を行っていく必要性が指摘できる。

また、今回取り上げた横浜市と川崎市の事例でも、就任当初、2000年代の市長は行政改革に重点を置き、必要に応じて事業の実施そのものを見直している。だが､就任から時間を経過するにつれて､見直しの余地は減っていき、行政改革の効果も小さくなっていく。このため、就任から時間を経て、景気後退期に直面した場合の対応の難しさが指摘できるのである[44]。

脚注

1　一般的には予算単年度主義の弊害というと、残った予算を翌年度に繰り越すことが難しく、年度末に無理な予算執行を行わざる得ないという、会計年度独立の原則をさすことが多い。

2「単コロ」は、地方公共団体が第三セクター等に対して行っている短期貸付（同一年度に貸付と返済の双方が行われる貸付）の中で、毎年度、反復かつ継続的に行われ、しかもその返済が出納整理期間に行われることが常態化しているものをいう（総務省自治財政局地方債課 2015：3）。

3「オーバーナイト」は、地方公共団体から第三セクター等に対する短期貸付で、毎年度、反復かつ継続的に行われているが、返済は年度末までに行われ、第三セクター等は地方公共団体への返済のため、一般的に年度末の日をまたいで２日間のみ金融機関から資金を借り入れる財政運営手法をいう（総務省自治財政局地方債課 2015：3 ～ 4)。

4　武蔵野市長期計画条例２条４項においても「市が実施する政策は、すべて長期計画にその根拠がなければならない」と規定されている。

5　このため、具体的には、歳入として市町村税、地方交付税、譲与税などの一般財源、分担金、負担金、使用料、国庫支出金、県支出金、財産収入、寄付金、繰入金、諸収入、地方債などの特定財源を見積もるとともに、歳出は、人件費、物件費などの経常的経費や、経常的な投資的経費、その他の支出（扶助費、交際費、積立金、出資金、貸付金、繰出金など）、さらには、重要な事業に関する経費（各事業ごとに所要経費を算出する）を積み上げることとされている。

6 このように財政計画と実態の誤差に着目しながら分析を行う本章では、実際の歳入・歳出と、予測値の誤差を考えていく。こうしたうえで、先行研究では、ＭＥ（平均誤差）、ＭＡＥ（平均絶対誤差）、ＲＭＳＥ（平均平方二乗誤差）の３つの誤差が示されている（田中 2011：74 ～ 75)。こうした中で、「総合計画財政計画」を分析する本章では、ＭＥの平均百分率誤差（ＭＰＥ）を用いる。

7　本書では、対象としていないが、横浜市で 1980 年代に策定された「横浜 21 世紀プラン」の「第１次実施計画」、「第２次実施計画」では、財政見通しの中で計画に充当可能な事業費に言及する際、投資的経費のみがあげられているほか、川崎市で 1980 年代に策定された「2001 かわさきプラン」の事業費では、9 割以上が投資的経費となっており、こうした状況がうかがいしれる。

8　実質公債費比率は，算定方法の変更により 2007 年度から都市計画税収を特定財源として考慮する措置が取られることになった。

9　2001 年度以降の市町村別決算状況調べでは、経常収支比率を掲載したのちに、減収補てん債 (特例分) 及び臨財債を経常一般財源等から除いた経常収支比率が記してあり、1980 年代の臨時財政特例債と順序が逆転しており、主従の関係が逆になっている。

10　地方財政健全化法の全面施行（2009 年４月）により地方公社や第三セクターに係る債務等が健全化指標（将来負担比率）で捕捉されるようになったことを踏まえて、第三セクターの健全化に向けた抜本的な対策を進めるために導入された地方債である。

11　高秀 2001a や高秀 2001 b でも高秀は都市の自立という点を重視していた。

12　1994 年３月９日の第１回定例会で、池田経済局長は、1993 年 12 月から 1994 年１月末にかけて、527 社を対象に、郵送で企業立地意向調査を実施し、244 社から回答があり、分譲予定区画が約 50 に対し、立地したい及び立地を検討したいという希望を持つ企業が 60 社であったと答弁している。

13　1989 年の取得当初、土地開発公社が取得した土地は 92,740.71 ㎡に上っている（平成２０年議案第１５１号水江町産業活性化・企業誘致推進事業用地の取得について・参考資料）

14　週刊東洋経済 2002 でも、高秀がハコモノ重視であったとしている。

15　横浜市の行政区は、1994 年 12 月に港北区と緑区から青葉区と都筑区が分区し、18 区となった。1994 年 12 月に策定の区別計画も 18 区を対象として策定されている。

16「平成 7(1995) 年度の財政状況は、①中長期的財政運営の堅持（今後５年間の財政見通しを踏まえた予算編成)、②臨時財源の減少（財政調整基金などの財源活用の限界)、③市債残高の増加傾向など、きわめて制約された財源状況であった。こうした中で、①ゆめはま 2010 プラン２年度目としての着実な推進、②とくに重点施策としての地震、福祉、環境、職住近接関連への財源配分、③行政改革への予算の取組み、④景気への配慮の４点、を予算編成の基本的な考え方として取り上げている。これをどのように実現していくのか、それぞれが二律背反するところもあり、まさに苦渋の選択を強いられたといっても過言ではない (深川 1997：56)」との指摘もある。財政調整基金もピークの約 245 億から 10 億程度に減り、厳しい状況にあった。こうした状況もゆめはま 2010 プラン推進時の財政状況の厳しさ、実際の施策実施の難しさを表しているといえよう。

17　たとえば 2002 年度予算について「平成１４年度当初予算案について」P28 の資料８において市債計上額等の推移として対前年度 12% 減とした場合の市債発行可能額が示されている。

18　小松は次期市長候補といわれており（朝日新聞横浜支局 1988:55,63)、この事件の直前に、小松が局長を務めた企画調整局は「企業「作戦本部は、いま」川崎市役所企画調整局「百万都市」のソフト改造を策す異才軍団」というタイトルで雑誌に取り上げられている（徳丸 1988:328 ～ 333)。

19　「川崎駅周辺再開発事業等に係る小松前助役のリクルートコスモス株取得についての疑惑が、昭和 63(1988) 年６月の新聞に報道された。（中略）この前助役についての疑惑を解明するため、同年９月 29 日に、地方自治法 100 条に基づく川崎駅周辺再開発事業等調査特別委員会を設置し、以来実に 256 日間の長期にわたる調査を行った」とされ、実に 1989 年６月まで調査が続いた（川崎市議会 1990：はじめに)。

20　阿部・塚越 2002 で、市長の阿部孝夫が「革新の " 実験都市 " 川崎に開いた風穴 --30 年ぶり保守市政奪回の主役の決意とは」というタイトルで対談を行っていたことから、支持・推薦した政党とは異なり、革新市政というイメージが強かったと思われる。

21　中期計画案は前市長の総合計画の実施計画として検討していたものであったことから、当初担当は市長交代に伴いボツにせざるを得ないと考えていたが、再レビューして当面の三年程度をカバーする政策指針として問題ないと確認し最初の政策指針として発表したという（「高橋市政が川崎に遺したもの」編纂委員会 2017：14)。

22　「基本構想」の策定義務付け後に初めて策定された総合計画では、議会で否決された都市憲章を「基本構想」として位置づけることも想定されていたが、最終的に議会の議決を得ることができず、二層の体系となっていた。

都市憲章条例の制定は、1971 年の市長選挙の際の伊藤市長の公約であり、都市憲章起草委員会の答申を受けて、1973 年の第４回定例会に提案されたが、審議未了で廃案となった。そのまま、次の第５回定例会に提案されたものの、無記名投票の結果、賛成 26、反対 32 で否決されるに至っている。その後、与党が多数になった時点でも、再度議会に提案されることはなく、総合計画の中に取り入れて、それを施策の中で活かしたという（伊藤市政記念誌編集委員会 2005：90 ～ 91)。

この都市憲章については「(一) 国の憲法と同じように、市政の指針として、基本法的な位置付けが必要であること、(二) 市長はもとより、すべての市民が一様に拘束される規制力をもつこと、(三) 地方自治法２条５項の「基本構想」としての性格をあわせもつこと、という観点から自治体の自主法である『条例』として制定すべきであるということで意見の一致をみた（伊藤 1982：95 ～ 98）という。

そして、新総合計画の次に策定された「かわさき 2001 プラン」においても、当初は二層制の総合計画が策定され、その目標、政策体系部分を要約した形で、1985 年 10 月に「川崎市基本構想」が議決される。

23　バブル経済は 1986 年 12 月から 1991 年２月までとされるが、関係者の発言をそのまま引用した。なお、月例経済報告の政府の景気判断は１年程度の遅れがあった（北坂 2009:153)。

24　他の当時の関係者も同様の指摘を行っている（高橋市政が川崎に遺したもの編纂委員会 2017：19)。

また、高橋が市長を務めた時代の幹部職員も、当時は都市経営的な視点で考える風土がなく、新しく乗り込んできた人から数多くの問題点を指摘されてそれが当たっているというのは相当深刻との指摘をしている（伊藤市政記念誌編集委員会 2005:190 ～ 191）。また、当時は、「川崎市政の改革を推進するための原動力を内部から調達することが不可能」で、「予算の逼迫にも関わらず、市政のための英断をしない首長に対して、職員の間から「風通しが悪い」という不満の声が漏れ始めていた」（打越 2006：15）という。

25「18 年の計画期間が設定されていますが、バブル絶頂期で来年の予測も難しい状況下に、18 年もの超長期計画を策定するということで、事業費やそれに伴う財源といった財源フレームは考えない、実施については、中期計画で担保するということで、各局が考えられる計画を全部載せるという前提で策定されたというのが実際のところ」（政策情報かわさき 2002:18）というように、「基本計画」レベルでは財政的な裏付けは考えられていない。

26　市長の高橋も著書で事業評価を行い優先順位付けを行う必要性を述べ、「新中期計画」でこうした手法を用いたことを指摘している（高橋 1999：105 ～ 108）。

27 「１次中期計画」では「今後の景気動向について、慎重に見守りつつ、本市の厳しい財政環境を踏まえ、今後とも国に対して、大都市財政の実態に即応した財源の拡充を求めていくとともに、『第２次事務事業総点検・改革』を進め、従来にも増して、事務事業の徹底した見直しに全庁をあげて取り組」む（川崎市 1993:155）としている。

28 「２次中期計画」では、「多様化し、厳しさを増す社会経済環境の変化の下での的確な計画推進にあたっては、時代状況に対応した新たな行財政システムの構築とこれを支える簡素で効率的な行政の執行体制づくりが求め」られるとしたうえで、「２次中期計画」と並行して策定した行財政システム改革の実施計画と、「車の両輪として、計画事業の着実な推進と効率的な行財政運営の展開を図」るとしている（川崎市 1996:163）。あわせて、財政の見通しの中でも、「行財政システム改革の推進などを勘案し、過去の実績等を基礎に算定」したとある（川崎市 1996:162）。

29　このときの担当者は「新中期計画」とした理由として「中期計画・財政の健全性確保・行財政システム改革を三位一体として進めるなど、今までにない新しい取組みをどうして策定過程の中に組み込まなければならなかったのか、その答えにあたる新たな行政への転換の必要性と実現への固い決意が、この中期計画に込められているのだという意味で新・中期計画と呼びたい。世紀末にあって、大惨事を招かないためにも」（土方 1999:43）としている。

30　2000 年 09 月 13 日の第３回定例会の自民党代表質問での「財政改革を進め，一般財源の収支不足を起債に頼らざるを得ない財政構造体質から転換するためにも，来年度予算編成作業において，この際，起債発行額も含めた一般財源の抑制目標数値を明確に示すべきと我が党は考えますが，市長の見解を伺います」との質問に対して、「平成 13(2001) 年度予算編成におきましては，長期保有土地や供用済み土地を解消するため，総合的な土地対策の推進という大きな課題がありますので，市債の積極的な活用を図っていかなければならないものと考えております。したがいまして，総合的な土地対策を推進していく間は，市債発行の抑制を基調としつつも，土地対策に伴う市債発行は増加するものと考えております」と答弁しており、具体的な抑制目標数値には消極的な考えが示されている。

31　実際、予算案に関する冊子が川崎市において配布されるようなるのは 2002 年度予算からであり、市議会でも 2002 年 03 月 06 日に開催の第１回定例会において、増渕議員は「今年度から議員一人一人に「平成 14 年度川崎市予算案について」という冊子が配られておりますが、大変わかりやすく説明されていると思います。今後とも継続して作成されることをお願いをいたしておきます」と指摘されており、予算に係る情報の積極的な対応に転じたことがうかがわれる。

32 2000 年３月 15 日に開催の予算審査特別委員会において、財政局長は「平成 12(2000) 年度の予算編成に当たりまして，現行制度等を前提に当時の政府経済見通しの名目成長率０．５％で財政収支を試算いたしますと，市税収入等が伸び悩む中で義務的経費等が増大することにより，一般会計の一般財源ベースでは 325 億円に上る収支不足が生じることが明らかとなったことから，全庁挙げて歳入歳出の全般にわたって徹底的な見直しを行ったところでございます。（中略）当初の財政収支試算で見込まれた収支不足額 325 億円のうち，歳入歳出を合わせて 230 億円は圧縮することができたものの，なお 95 億円の収支不足が生じたところでございます。これらの収支不足を解消するため，平成 12 年度の予算編成に当たりましては，臨時的財源の活用を図り，財政調整基金を 48 億円取り崩すとともに，土地売払収入 16 億円を計上したほか，財政運営上の措置として，将来の公債費の償還にも十分留意しつつ，縁故債の一部 31 億円について減債基金への積み立ての繰り延べを行うことといたしました」としていることからもその厳しさがうかがわれる。

33　中期政策プランでは、計画事業型として５年間の 7,600 億円としているが、分析を進めるうえでの「総合計画財政計画」は中期財政見通しのものを使用している。

34　横浜市の中期計画には、毎年局・区・事業本部が作成する運営方針も含めて、三層としているが、本書では、運営方針が単年度の方針であり、全体の資源管理というよりは、各局区事業本部が独自に作成する方針という性格が強いと考え、対象に含めていない。

35　債務返済指数は、「借入金残高等の債務」に対し、「各年度の償還財源（市税等の債務返済にあてられる財源から人件費等の経常的な経費を引いたもの）」を全て返済にあてた場合、どの程度の年数で債務を返済できるかを示す指標となっている。

36　たとえば、横浜市では、市会において財政部長が「減債基金の残高がどの程度必要かという御質問に明確にお答えするのはなかなか難しい面がございますが、一つ、国が実質公債費比率の算定に当たって示してございます基準どおり算定をいたした場合は、本市の平成 25(2013) 年度の実質公債費比率に用いる平成 24(2012) 年度の減債基金の積立相当額は約 3,700 億円となります。なお、これに対する平成 24(2012) 年度末の基金残高は 1,517 億円となります。」（横浜市会決算第二特別委員会 10 月 10 日）と答弁している。

37　「阿部氏が『民主単独推薦』を希望したが、民主は福田氏を推薦。連合は阿部氏を推薦し、民主支持層が分裂していた」（朝日新聞 2009 年 10 月 26 日）。

38　担当者も「本市の『財政フレーム』の特徴は、全事業について、３カ年分の事業費、財源等の積み上げを行い、それに基づき策定する「実行計画」と連携しているところであり、その点が他都市との大きな違いである」（三橋 2008：20、南 2011:20、三田村 2011:36）と、その特徴を指摘している。

39　2016 年３月に策定された「今後の財政運営の基本的な考え方」では、収支フレームを「持続可能な行財政基盤の構築に向けた指針」としており、「収支均衡に向けて、平成 28（2016）～32(2020) 年度の５年間を「収支フレーム」と位置づけ、その後の平成 33(2021) ～ 37(2025) 年度の５年間の「収支見通し」も視野に置きながら、財政運営を行います」としたうえで、「今後、５年間は、この「収支フレーム」に沿った財政運営を行っていきます」としていることから、収支フレームという表現にはコミットしていこうという意思があると考えられる。

40　市長会見でもたびたび減債基金からの借入に言及しており、思い入れが強かったと考えられる。たとえば、記者からの予算案の採点という質問に対して、2013 年２月７日の会見では「点数で言うと、今回は 89 点という具合です。(中略) 減債基金の借り入れがまだ続いているという意味で、５点マイナスで、結局は４点プラスで、89 点です。減債基金からは 85 点でも５点引いていますから、減債基金関係は 10 点減点となります」、2012 年２月８日の会見でも「昨年の自己評価は 82 点です。特に減債基金からの借り入れを大変厳しく評価しておりますけれども、この 82 点を基礎としたいと思います。(中略)、社会経済情勢が変動する中で、減債基金からの新規借り入れについて、財政フレームに掲げているとおり着実に圧縮したところですけれども、引き続き新規借り入れは計上せざるを得ない状況でございまして、改革の取組を進め色々とやりくりしながら課題を克服していかなければならないという意味で、せっかく８点引き上げたんですが、連続で減債基金でやりくりしないといけないという意味で５点減点しまして、そうすると、82 点にプラス８点、マイナス５点の 85 点という数字になります。」と回答している。

41　「従来手法 (行財政改革) を併用しながらも、平成 21(2009) 年度には減債基金からの借入れを行わずに、収支均衡が図れるような財政構造とする」とされ、2008 年３月に策定された総合計画実行計画では、同様に「３次改革プラン」で掲げられた ①平成 21(2009) 年度に減債基金からの借入れを行わずに収支均衡を図る。②実質公債費比率を早期に 18％未満へ引下げる。③継続的な収支均衡と安定的なプライマリーバランスの黒字の確保を図るということが目標として位置づけられる。①は 2009 年度予算でも借入を行ずに済み、一定程度コミットできたといえようが、景気後退の影響を受け、2010 年度には、予算では借入を行うようになる。

②は、2007 年度に実質公債費比率が 18% を上回る 21.1% となり、市債発行には許可を要することとなり、川崎市公債費負担適正化計画を策定するに至っている。この背景には、1999 年度から財源対策のため満期一括償還方式地方債の一部について減債基金への積立を繰延べてきていることがある。

42　川崎市公債費負担適正化計画では、「平成 19（2007）年度の実質公債費比率は 21.1％となり」とあり、2007 年度が起債の許可団体となるか、否かの判断に用いる年次の値、つまり 2004 から 2006 年度の平均をもって、当該年度の実質公債費比率と表記している。ここでは、地方財政状況調査結果の表記にあわせ、2004 から 2006 年度の平均を 2006 年度の数値としている。

43　2013 年 9 月 20 日の決算審査特別委員会の山田益男委員の質問に対して、財政局長は「過去に行っておりました一般会計の減債基金への積み立て繰り延べにつきましては平成 18(2006) 年度からは行わないこととし、平成 23(2011) 年度には積み立て不足を解消して所要の残高を確保しているところでございます」と答弁している。

44　「ミスター行革」「名管財人」と鈴木都知事がいわれる一方で、「臨海副都心開発にはインフラ整備に都だけで 1 兆円以上のカネをつぎ込むが、バブル経済崩壊とともに進出企業は相次ぎ撤退を表明し、赤字都政へのきっかけとなっていく。最後の鈴木は「裸同然であった」。「三期で退いていたら名知事」であったかもしれないが、鈴木が皮肉にも財政悪化の引き金を引いて終わることになった」（佐々木 2011：44 ～ 48）という指摘は、就任当初は改革に取り組みやすいが、自らが取り組んできた事業を容易にはやめられないという証左ともいえる。

第４部
総合計画を中心とした計画体系の分析

第４部では、総合計画と分野別計画の関係を分析していく。この中では、環境分野を取り上げ、分野横断的な中間計画、個別計画と、総合計画の関係について論じていく。

第６章　総合計画と環境分野の計画間関係の分析

「計画のインフレ」ともいわれるように、本書の主たる対象である総合計画以外にも、自治体では多くの計画が策定されている。この中には、法律で義務や努力義務などの規定が設けられ、それを根拠としているものも多い。

義務付け・枠付けについては、地方分権改革の一環として、2011 年の地方自治法の「基本構想」策定義務の廃止をはじめとして見直しが進められている。一方、新規制定法において、自治体による計画等の策定に係る努力義務やできる規定が設けられている。たとえば、まち・ひと・しごと創生総合戦略も策定は努力義務であるが、交付金による集権的手法が用いられ、ほぼすべての自治体で策定されている（公職研 2018：48）[1]。

特に、都道府県や指定都市については、努力義務であって、財政措置がなくとも、省庁のホームページで策定状況が公表され、他団体の取組と比較・参照されることによって、結局、策定せざるを得ない状況に追い込まれることもあろう[2]。そして、省庁等は、分権改革の流れの中で、法律で義務規定を設けることは無理であっても、努力義務等により、自治体に自らの省庁の省益にかなった計画を策定させ、目的達成に自治体の資源を動員することを企図していると考えられる。

このように、省庁側の意向により、多くの行政計画の策定を余儀なくされた場合、その縦割りが自治体に持ち込まれ、計画密度が上昇し、重複部分も増え、その関係がうまく整理されず、総合的な行財政運営が困難になる懸念が生じる。さらに、個々の行政計画に一定の目玉的な事業が求められる結果、財政規律が弛緩してしまう事態をもたらすこともありえよう。このため、総合計画を中心とした自治体の計画体系を構築し、「総合計画財政計画」と整合を図りながら、分野別計画を策定していくことが重要となっている。

こうした中で、本章では、はじめに計画策定の努力義務等の法的位置づけや、その規定数の状況を取り上げる。そして、環境分野における計画策定の努力義務等の状況変化とともに、「環境基本計画」を取り巻く都道府県・指定都市の対応を概観する。このうえで、横浜市、川崎市の総合計画、「環境基本計画」、個別計画の分析を行う。このことにより、総合計画を中心とした計画体系の構築、ひいては、今後の計画行政への示唆を得ることを目的としている。

1.　本章の視点、研究対象

1.1.　視点

主として2000年の地方分権改革以降の計画行政の状況を分析しながら、中間計画としての「環境基本計画」の役割とともに、総合計画と他計画の整合の確保[3]について論じようとする本章の視点は次の3点に集約される。

1つ目が、国の地方行財政運営方針が計画策定に係る法律の規律密度に与えた変化を分析することである。第2期分権改革[4]では、行政計画の策定義務を努力義務へ改正することも義務付け・枠付けの見直しの1つとされている[5]。この中では、法律の規律密度の質的側面に重点が置かれるがゆえに、量的側面は置き去りにされた感も強い。努力義務、できる規定だからということで、省庁の意図にそって、計画策定に対する規律密度が高まるような場合には、計画密度の上昇をもたらし、自治体側の政策が断片化され、一体的な政策運営に齟齬をきたす可能性も高い。こうした中で、義務付け・枠付けの見直しにおいて、質的側面に重点が置かれた結果、計画に係る規定がどのように変化したのか分析していく。

2つ目が、規律密度の変化に対応した自治体の計画策定状況を明らかにすることである。計画策定等の努力義務は自治事務であり、その努力義務等に基づき、省庁が技術的助言である各種のガイドライン等を作成し、計画策定を誘導していくことが多い。技術的助言は、あくまでも助言に過ぎず、努力義務等への対応は自治体側の裁量にゆだねられる。縦割りの構造の中で、自治体の担当部局は、計画策定を契機として自らの領域の拡大や、活動量の増加など、より多くの資源獲得へ向けた活動を行うことも考えられる。一方、自治体の資源制約が厳しくなる中で、計画策定に係る資源投入への回避行動をとることもあり得よう。この点で、都道府県・指定都市の「環境基本計画」と、近年、策定努力義務等が課せられた法定計画との関係を取り上げ、その実態を分析していく。

３つ目が、行政計画が増加し、計画密度が上昇する中での総合計画、中間計画、個別計画の関係を分析することである。多くの行政計画が策定される中で、個々の計画の対象領域の重複が生じるとともに、その位置づけや重要性が相対的に低下していくことが想定される。一方で、財政状況が厳しく、資源制約が大きい中で、個別計画でさまざまな事業を進めていくとすれば、財政的な裏付けを一定程度有していなければ絵に描いた餅となりかねず、担当部局としては「総合計画財政計画」との連携を重視することも考えられる。この場合、中間計画よりも、個別計画が「総合計画財政計画」との整合を志向する可能性もある[6]。こうした中で、環境分野の計画を取り上げながら、計画体系、時間軸の中での総合計画と中間計画、個別計画の関係性等を分析していく。

こうした３つの視点を踏まえ、検討を進めていく。

1.2　研究対象

本章では、環境分野の中間計画として「環境基本計画」、さらに、環境分野の個別計画を取り上げ、「総合計画財政計画」との関係を分析していく。

環境分野を取り上げるのは、同分野では、「環境基本条例」「環境基本計画」など、自治体が国に先駆けて総合的・計画的な行政運営に取り組んできており、その対応を分析することで、今後の自治体の計画行政に一定の示唆が得られると考えるためである。くわえて、環境分野が自治体のほぼすべての活動領域に関係しており、こうした広い射程を持つ「環境基本計画」が総合計画と個別計画をつなぐうえで果たしている役割を分析することは、計画間関係の整理に貢献すると思われるためである。

一方、さまざまな行政計画が存在する中で、どのような計画を総合計画と個別計画をつなぐ中間計画として定義するかは議論がある。たとえば、松下は「課題別計画」という概念を示し、「行政機構の『部局別』ではなくして、市民からみた『課題別』の編別フレーム」としなくてはならないと指摘している（松下 1973:292）。さらに、松下は、中間計画の対象として防災、緑化、市民施設、福祉・保健、地域づくり、環境をあげている（松下 1999:178）。このように、松下は、特定の自治体計画を中間計画として位置づけているというよりは、地域の課題を踏まえながら、市民からみた中間計画を策定する必要性を指摘しているように思われる。

打越は、総合計画と個別計画をつなぐ計画を「政策分野別基本計画」とし、それを「一定の政策分野の課題を体系化して整理し、長期的な活動目標を掲げる計画」（打越 2004:11）としている。そして、環境分野の「政策分野別基本計画」としては、「環境基本計画」と、「一般廃棄物処理基本計画」を事例として取り上げている（打越 2004）。

たしかに、「一般廃棄物処理基本計画」の対象である廃棄物分野もリサイクルをはじめ自治体独自の施策が進み、変化してきている。また、容器包装リサイクル法に基づく「市町村分別収集計画」のように、同計画の下位に位置づけられる個別計画も出ている。しかしながら、同計画を中間計画として位置づけると、より大きな対象をもつ「環境基本計画」との関係が同列ということでは整理できない。

さらに、1993 年の環境基本法の制定から 10 年以上を経て、「環境基本条例」「環境基本計画」が自治体に普及する中で、その位置づけも変化してきている[7]。くわえて、法定計画の増加に伴い、総合的に環境行政を推進していく中間計画としての「環境基本計画」の役割が問われている。

こうしたことから、本章では、総合計画と個別計画をつなぐ一定の領域を対象とした計画を中間計画とし、このうち、環境分野における中間計画である「環境基本計画」を対象として分析を進める。

なお、環境分野でも、とりわけ公害分野において自治体は先導的に取り組んできたとされるが、この分野は規制行政が中心であり、行政計画は体系化されるに至っていないことから対象とはしていない。

また、横浜市、川崎市を事例として取り上げ計画間関係の分析を行うとともに、義務付け・枠付けへの対応状況については都道府県・指定都市の「環境基本計画」を中心とした関連計画に着目する。都道府県も含めて、計画体系の分析を行うのは指定都市と比較されることが多く、情報が公表されており、比較対象として分析することが容易なためである。

このように対象を位置づけ、検討を進めていく。

1.3.　先行研究

本章が対象とする総合計画と中間計画、個別計画に関する研究は、①総合計画と個別計画の間に位置する中間計画に関する研究、②総合計画と個別計画の関係に関する研究、③特定の政策領域での計画間関係に関する研究、④国の計画等との関係に関する研究の大きく４つに分けることができる。

１つ目の中間計画に関するものとしては、先述の打越や松下などの研究がある。打越は、川崎市の「一般廃棄物処理基本計画」「環境基本計画」「地域防災計画震災対策編」「住宅基本計画」「高齢者保健福祉計画」の５つの「政策分野別基本計画」を対象に分析を行っている。打越は、「政策分野別基本計画」を「一定の政策分野の課題を体系化して整理し、長期的な活動目標を掲げる計画」としている（打越 2004:10 ～ 11)。そして、政策の大枠を定める「基本計画」は、机上の空論であると軽視する風潮があるが、「所管体系」を超える発想を生み出し、それに応じた「政策体系」を定めるものとして有効であるなどと指摘している（打越 2004:269)。

松下も、シビル・ミニマムの量充足から質整備へという政策課題の転換をめぐって、政策・制度のスクラップ・アンド・ビルドの加速化が不可欠となってくる中で、「個別・具体の施策のスクラップ・アンド・ビルドをめぐって、個別施策と長期総合計画の間に、各部課レベルでの中間計画の策定が新たに必要となってきた」（松下 1999:177）としている。

２つ目の総合計画と個別計画の関係に関する研究として、環境分野では宇都宮 1994、宇都宮 1996、笹谷 2001、宇都宮 2008 などがあるほか、福祉については高橋 2001 など、都市計画については饗庭ほか 1997、伊藤 1997、溝口 2001 などがある。

このうち、本章が対象とする環境分野について、宇都宮 1994 や宇都宮 1996 では、総合計画のグリーン化傾向を指摘するとともに、環境管理計画（1993 年の環境基本法制定以前は、この用語が一般的であった。）の策定を分析している。この中では、総合計画から環境管理計画への流れは上から下への一方通行であり、環境管理計画から総合計画への逆の流れもあることが看過されている、環境管理計画が分野別の計画であり、分野別計画の一つに過ぎないとされていることを指摘している。そして、地球環境時代の要請に応えていくためには、両者が相互に影響し合う有機的関係をいかに確保するかが課題であり、環境管理計画から総合計画へのフィードバック過程を重視するシステム化が必要としている。さらに、宇都宮 2008 は、「環境基本計画」の位置づけについて、福祉、教育、開発などの分野別計画の一つとしてではなく、これらの分野別計画の基底をなすもので最優先に位置づけられなければならないとする。

このような考えは、川崎市の「環境基本計画」について、当時の策定担当者は「『環境基本計画』には、総合計画をも拘束する『基底性』を持たせるべき」「総合計画と『環境基本計画』は、上位・下位の関係ではなく並列の兄弟関係である」としていた（打越 2004:127・128）こととも通ずるものがある。

一方、笹谷 2001 は、総合計画と環境計画の対比を行いながら、総合計画の下位にあるすべての行政計画を、総合計画の「実施計画」と統合化すべきと指摘している。このような指摘は先述の川崎市の「環境基本計画」について、全庁的な企画セクションからは「『環境基本計画』とは、他の分野の行政計画や行政目的との適切な調整のもとに総体として推進可能な内容を目指すべきもので、総合計画の下位である限り他の部門の行政計画と同等であること、それ以上の権限や影響力を持つべきでないことが指摘され」、後退を余儀なくされた（打越 2004:127 ～ 128、148）ことども同様の方向であるといえよう。

さらに、総合計画と個別計画の関係を取り上げたものとして、一條は、三鷹市を取り上げ、「2006 年施行の自治基本条例において、「基本計画と個別計画の連動を図る」と規定し、個別計画の目標年次や改定時期を基本計画に合わせてきた。その結果、20 を超える主要な個別計画が第 3 次基本計画と同様に 2010 年度末で計画期間満了となる。そこで、第 4 次基本計画の策定とともに、多くの主要な個別計画の策定や改定を同時並行で進めるという、前例のない取組を行った」としている（一條 2013：50・51)。

関連して、今里・木原 1995 では、自治体の計画活動について、後述する規定性・被規定性といった道具立てを示しながら、ツリー型でない、もち網のようなグリッド型モデルの計画体系を提示している。

3 つ目の分野別計画における計画間関係のうち、環境分野を対象としたものとして、中口 2002 や増原 2016 などがある。中口は静岡県三島市の事例を取り上げ、「環境基本計画」を除き、土地利用フレーム、情報や人材といった点で環境関連マスタープランの中で、共有が図れたことを指摘している。

増原は、打越 2004 を引きながら、環境分野の計画が増加している状況を計画の族生現象とし、計画間関係等を分析している。その中では、①市区町村の規模とそれにほぼ比例する行政組織規模に応じて最適な関連計画の策定数が決定されること、②関連計画の数に比較して目標共有項目が多すぎると、計画と目標間の対応関係が複雑になり、十分な目標管理ができない可能性が生じること、③「環境基本計画」と関連計画の間で目標が共有されていない大きな要因の一つは、環境学習や環境活動への参加などの実施計画が未策定である状況があり、こうした計画の策定が進めば、目標の共有状況は向上することなどがあげられている。

4 つ目の国等との関係に係る研究については、山下 1995、木原 1996、斎藤1996、木原1998などがある。山下1995は、老人保健福祉計画を取り上げ、同計画の策定が自治体に総合的な政策形成能力を備えることを強要している一方で、国の詳細な策定マニュアルが提示され、県レベルでも詳細な指導がなされたとする。そして、老人保健福祉計画は、分権の流れの中で拡大していってほしい自治体の政策能力・計画化能力が試される試金石であるとする。木原1996では政策分野ごとに作成実施される部門別計画には、計画体系が自治体内で完結している単独計画と、計画体系が異なる政府にまたがる協働計画があるとし、木原1998では森林計画、市町村老人保健福祉計画、市町村過疎地域活性化計画の分析を行っている。そして、分権の流れの中で、単独計画が増えていくとしている。

斎藤1996は、当時の地方自治法別表を手がかかりに、行政計画の分析を行っており、中央地方関係における行政計画を「団体自治の視点でみれば法制度上、中央の地方に対する制約条件を構造化したもの」としている。このうえで、分権型の地方政府への移行に伴って重視されるべきことは、地域をトータル・マネジメントする自治型の思考であり、その思考に支えられた手法ないし行政技術として重要なのが「行政計画」であり、国との関係における行政技術とは異なっていくとする。

このように１つ目では中間計画、政策分野別基本計画の役割を積極的に評価するとともに、２つ目では中間計画である「環境基本計画」の位置づけをより重視する視点が示されている。そして、３つ目の研究では、増加する行政計画への懸念が根底にある一方、４つ目では、地方分権の流れをとらえ、自治体に期待を寄せる研究が多くなっている。全体として、３つ目を除き、それぞれの論考が対象とする研究領域を前向きに評価しようという基調となっている。

こうした中で本章では、計画間関係の分析においては １～３の研究を、国との関係では ４の研究を踏まえながら検討を進める。

1.4.　研究の枠組み

新たに計画を策定し、公表していく際には、その売りともいうべき、目玉の政策が求められる[8]。自治体として計画の対象分野に積極的に取り組んでいく場合は別として、法律の努力義務等に応じて策定する場合には、それほど自治体として優先順位の高くない分野であっても、一定の資源を配分していくことを余儀なくされよう。さらに、KPIといった成果指標を計画に位置づけることがいわれたりする中で、計画の進行管理に要する手間も大きくなっている[9]。

こうした中で、本章では、①法律による規律密度の量と質の変化に着目するとともに、その自治体の対応として ②自治体の自律性と活動量という道具立てを用いて分析していく。

①法律の規律密度は「法令等による義務付け、枠付け」を指すとされ[10]、ここではそれを量的側面と質的側面の二つの軸に分解して検討を進める。

量的側面は、法律が規定する計画の数を指す。

一方、質的側面は、法定計画の自治体に対する規定の強さであり、できる、努力義務、義務という形でその強度が増していくことになる。この質的側面は、義務といったハードロー（hard law)、努力義務やできる規定といったソ

図表 1-4-1　規律密度の量的側面と質的側面からみた分権改革のあるべき方向性

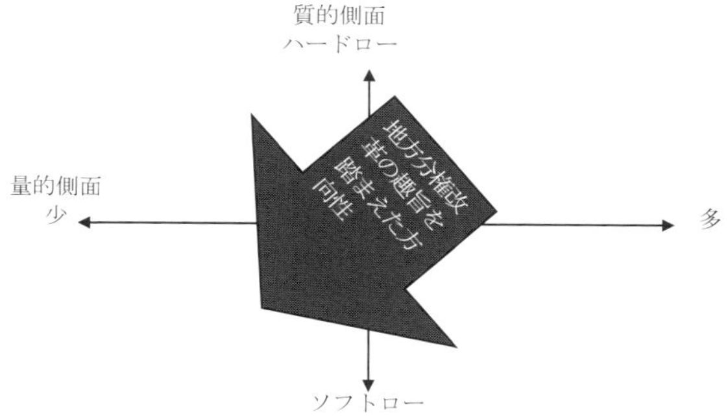

出典：著者作成

フトロー（soft law）[11] といった二つの方向に整理することもできよう。

図表 1-4-1 のように量的側面は減少し、質的側面も変化するということが分権改革の本来の姿とも考えられるが、実際にどうであったか分析を進める。

あわせて、規律密度の変化を踏まえ、自治体がどのように対応しているか分析していく。

その分析には、村松 1988、村松 1994 などで示されている ②自治体の自律性と活動量を用いる。村松 1998 では、自治は「自己操縦」と「自己制御」の二つの機能によって成立し、自ら判断して一定の行為を起こし（自己操縦）、結果についての情報を得てこれによって判断の誤りを修正することができる（自己制御）力が自治であるとする。この二つが自律性と呼ばれている。一方、政治における自治は目的が達成されたという面からも評価されなければならず、住民の欲する政策の形成および執行をしなければならない。これが活動量の側面であり、人材・権限・財源等の行政資源が必要となる。自律性と活動量のジレンマが中央への圧力活動の活発化を促してきた（村松 1998：165 ～ 168）。自律性と活動量については、保守党と高級官僚の関係を分析する際にも用いられている（村松 1994:201 ～ 204）。

村松の枠組みを用いれば、法律の規律密度の質的側面の向上、つまりソフトロー的対応とともに、その量的側面の増加は、自治の向上、そして自治体の特定の部局の活動量の増加ととらえることもできる。

こうした枠組みにも言及しながら、検討を進めていく。

一方、計画間関係に関して、条例、組織、計画など、自治体の資源に係る構造は、命令一元化の原則を踏まえ、ツリー、ピラミッドのように、頂点から広がっていくような末広がりの構造を用いて説明がなされることが多い。条例でいえば、自治体の憲法ともいわれる自治基本条例を頂点として、政策領域別の基本条例、さらに個別条例が存在するといった構造である。ただ、上位とされる自治基本条例でも、本当に当該内容が他条例との関係で優先されるかといえば、最高規範性を否定的に解するのが多数となっている [12]。

行政計画に関しても、総合計画を頂点として、「環境基本計画」をはじめとする領域別の中間計画、個別計画という構造で説明されることが多い[13]。だが、こうした構造は、幻想にすぎない、実態にそぐわないといった指摘もなされている（打越 2004:28、今里・木原 1995:10 〜 11）。

こうした中でも、先述のとおり、政策分野別基本計画（打越 2004）、中間計画（松下 1999:177）といった形で、総合計画と個別計画の間に位置する計画の重要性がいわれてきた。打越は、「政策分野別基本計画」は抽象的かつ形式的さらに無味乾燥な文言が並ぶ実質的な解決手段を伴わない机上の空論であると軽視され、積極的な関心が集まらなかったが、1990 年代に策定するケースが増え、行政活動の整合性を確保するうえで、組織の頂上部分と個別下位部分との中間地点が果たす役割が重要であることを指摘している（打越 2004:12)。

たしかに、命令一元化の原則を踏まえ、静態的に計画体系をとらえた場合、総合計画に続く、個別計画よりも広い射程を有する中間計画が行政運営で一定の役割を果たすことも考えられる。しかしながら、時間軸をもって動態的にとらえた場合、条例で後法優先の原則がいわれるように、後から策定された計画がより重視される場合もある[14]。そして、より詳細な内容を定めた個別計画が、基本的な方向を定めた基本計画よりも政策的なインパクトが大きかったり[15]、目標値などは個別計画の内容をなぞるだけ[16]といった事態も想定される。

このような計画間関係について、③計画間の規定性・被規定性という枠組みを用いて分析していく。③規定性・被規定性に関して、今里・木原 1995 は、「被規定性」を他の計画や政策、法令等によって、計画が現実に規定される程度のことで、計画機関の裁量に関わる問題であるとする。この規定関係には「垂直的規定関係」と「水平的規定関係」があり、このうち垂直的規定関係は他の計画等が「上位規範」となるような規定関係で、この場合、両者は上から下へのコントロールと下から上への情報入力という関係で結ばれる（今里・木原 1995:4)。

図表 1-4-2 でいえば、上位の計画によって、下位の計画は規定されること

になる。ただ、この規定性・被規定性の関係について、すべての計画が同時に策定されるのではないことから、後に策定された計画が優先されることもありうる。このため、上位、下位といった関係とともに、時間軸をくわえながら、総合計画、中間計画としての「環境基本計画」、個別計画を取り上げ、規定性・被規定性という視点から分析を進める。具体的には、時間軸を踏まえ、計画期間や目標値がどのように設定されているのか、上位の計画により規定

図表 1-4-2　計画の規定性

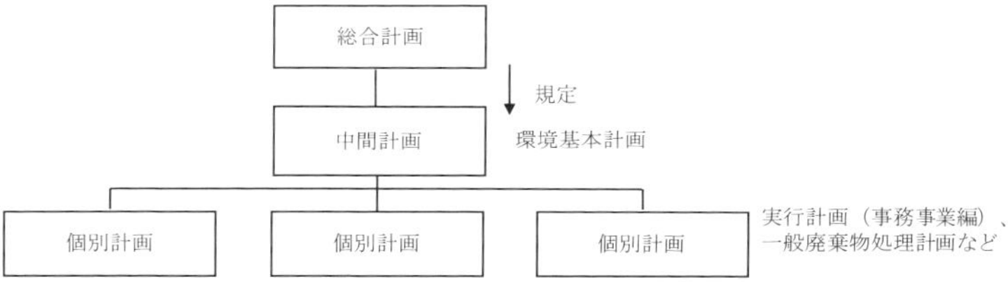

出典：筆者作成

されているのかに着目していく[17]。

2.　計画行政における規律密度の変化

2.1.　規律密度の質的側面の変化の意味

第２期分権改革では、規律密度の質的側面に重点が置かれるようになり、本章が対象とする計画の義務付けについては、その一部の義務付け規定が努力義務やできる規定へと変更された。

努力義務は、「その義務違反に対して罰則などの法的制裁が課されず、また私法上の効力もない」が、「行政指導の対象となることはある」（法律学小辞典 2016）。

こうした努力義務にもさまざまなものがあるが、おおむね ①各主体の責務規定の中で国民は○○に努めるといった形で規定される「訓示的・抽象的努力義務」と、②具体的な努力義務を定める「具体的努力義務」に類型化できる。①は、当該立法の基本理念・目的を示し、その方向にそった当事者の努力を

抽象的に促す趣旨の規定で、その性格上、具体的な履行を強行的に規制することを想定していない。一方、②は、努めるべき義務内容が具体的特定的であり、強行的義務規定ないし禁止規定によって規制することが可能であるにもかかわらず、❶そのような法規制の立法化の合意が得られなかったために、あるいは、❷強行的義務規定が時期尚早で漸進的アプローチが妥当であるとの判断から努力義務を課すに留められた規定である（荒木 2004：4）[18]。

計画策定の努力義務も、❶に該当するものとして、地方分権の流れの中で、自治体に義務を課すことについて合意が困難な場合[19]や、❷として、とりあえず、都道府県などは義務化し、市町村は努力義務とする[20]といったことが考えられる。

そして、私法上は、②具体的努力義務規定であっても、何らかの効果をもたらすものとは解されていないが、公法上は行政上の諸種の施策の根拠となり、それらの行政措置を通じて努力義務の実効性を確保することが企図されている。そして、努力義務規定は、何をもって努力しており、当該義務を果たしているかが明確でないため、行政は具体的な指針を策定し、努力義務等の実行を果たすこととなる（荒木 2004:6 ～ 8)。

実際、後述する環境分野の計画策定努力義務においても、ガイドライン等により、計画の内容等が示されており、これに基づき、策定が促されている。くわえて、省庁の HP 等で策定状況が公表されることも策定を促す一因となっていると考えられる。

また、できる規定は、「ある人、団体、さらには行政機関、司法機関などに一定の権利、利益、地位、能力、権限、権能などを与えようとするときは、「…することができる」という述語が用いられ（「…することができる」ということばは、「…してもよい」という選択的内容をもついわゆる任意規定の場合にも用いられるが、多くは、権利、利益、地位、権限、権能などを与える趣旨で使われている）」という（林 2005:116)。

このように、できる規定も ①権利等の付与、②任意規定（確認規定）の二つに分類できる。計画等に係る規定については、当該規定がなくとも自治体が計画を策定することは可能であり、②任意規定（確認規定）に過ぎないと考えられる。

この任意規定に過ぎないできる規定についても、努力義務と同様に、省庁は、当該規定に基づき、計画策定等に係るガイドライン等を設け、策定を促している。

2.2.　計画策定に係る規律密度の変化

図表 2-2-1 に新規制定法における自治体への計画策定等の努力義務規定の状況を示した[21]。この努力義務数には、計画とともに、方針等の策定も含めている。また、項単位を基本としており、「都道府県及び市町村は○○計画を策定するよう努めなければならない」という規定の場合でも 1 としてカウントしている。努力義務数は年により変動がみられるものの、3 年間の移動平均からは増加傾向にあることが指摘できる。

図表 2-2-1　新規制定法における自治体への計画策定等の努力義務規定の状況

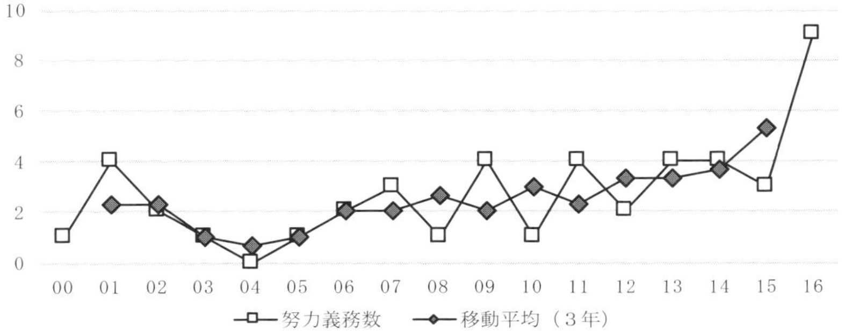

出典：筆者作成

さらに、図表 2-2-2 に、1 次、2 次一括法における計画等の策定義務付けへの対応状況を示した。廃止されたものには、地方公務員法の職階制に適合する給料表に関する計画のように実態として策定されていないものが含まれ

図表 2-2-2　分権一括法による計画策定義務付けへの対応状況

	廃止	努力義務化	できる規定化
1次一括法	2	2	3
2次一括法	2	12	44

出典：川崎 2012 を基に筆者作成

ている。また、努力義務化やできる規定化が多くなっている[22]。

こうした状況は図表2-2-3のように示すことができる。新規制定法では努力義務が増加し、義務付け・枠付の見直しの中でも努力義務化やできる規定化が主であり、質的な側面ではソフトロー化が進む一方で、量的な側面からは増加している。

図表 2-2-3　規律密度の量的側面と質的側面からみた現状

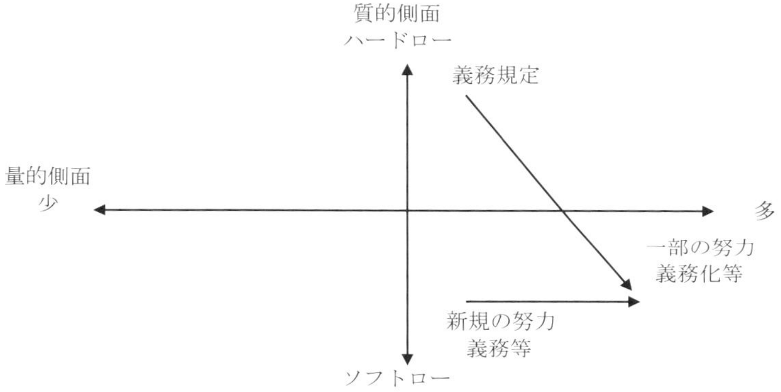

出典：筆者作成

村松に従えば、活動量の増加という点からは、自治体の権限が増加し、自治が進んだといえるかもしれない。しかしながら、努力義務であり、質的側面、量的側面の両方からみた場合には、「対等・協力」の関係という地方分権推進の考えと矛盾しているようにも思われる。さらに、資源制約が厳しい中で、計画策定への規律密度の変化が本来的な意味での活動量の増加につながるかは疑問が残る。

この点を踏まえながら、自治体の対応について3. で検討していく。

2.3.　環境分野の個別計画の状況

全体的には計画策定に対する量的な規律密度は上昇している中で、近年法定化された環境分野の計画等の概要を図表2-3-1に示した。

横断的な取組の ①「グリーン購入推進方針」、②「環境教育等行動計画」、

③「環境配慮契約推進方針」は、2000年の分権改革以降に、計画等の策定努力義務が課されている。①、③は、自治体関係者等（国の各機関（地方支分部局含む）、独立行政法人、国立大学法人、特殊法人なども含む）を対象とした説明会が開催され、国の方針が示されることで、自治体も国に準じた方針を策定することが多い。②は、2003年の法制定時には方針、計画等を策定するとの規定にとどまっていたが、2011年の法改正により、行動計画として具体

図表 2-3-1　環境分野における主な計画の概要 ①

	計画等	時期	質	根拠法	対象	概要
横断	①グリーン購入推進方針（環境物品等の調達の推進を図るための方針）	2000年制定	努力	国等による環境物品等の調達の推進等に関する法律10条	都道府県・市町村	○物品等の調達に関し、環境物品等の調達の推進を図るための方針 ○区域の自然的社会的条件に応じて、当該年度に調達を推進する環境物品等及びその調達の目標について定める
	②環境教育行動計画（環境保全活動、環境保全の意欲の増進及び環境教育並びに協働取組の推進に関する行動計画）	2011年改正	努力	環境教育等による環境保全の取組の促進に関する法律8条	都道府県・市町村	○①環境保全活動、環境保全の意欲の増進及び環境教育並びに協働取組の推進に関する基本的な事項、②環境保全活動、環境保全の意欲の増進及び環境教育並びに協働取組の推進に関し実施すべき施策に関する事項について定める
	③環境配慮契約推進方針（温室効果ガス等の排出の削減に配慮した契約の推進に関する方針）	2007年制定	努力	国等における温室効果ガス等の排出の削減に配慮した契約の推進に関する法律11条	地方公共団体	○区域の自然的社会的条件に応じて、温室効果ガス等の排出の削減に配慮する契約の種類について定める
地球環境	①実行計画（事務事業編）	1998年制定	義務	地球温暖化対策の推進に関する法律21①②	都道府県・市町村	○事務及び事業に関し、温室効果ガスの排出の量の削減並びに吸収作用の保全及び強化のための措置について定める
	②実行計画（区域施策編）	2008年改正	義務	地球温暖化対策の推進に関する法律21③	都道府県・指定都市・中核市	○区域の自然的社会的条件に応じて温室効果ガスの排出の抑制等を行うための施策に関する事項について定める
	③地域気候変動適応計画	2018年制定	努力	気候変動適応法12条	都道府県・市町村	○区域における自然的経済的社会的状況に応じた気候変動適応策について定める

出典：筆者作成

的な内容が規定されるようになっている。

地球環境のうち、②「実行計画（区域施策編）」は、かつて地球温暖化対策推進法20条で「都道府県及び市町村は、京都議定書目標達成計画を勘案し、その区域の自然的社会的条件に応じて、温室効果ガスの排出の抑制等のための総合的かつ計画的な施策を策定し、及び実施するように努めるものとする。」と規定されるにとどまっていた。しかし、環境庁は1993年8月に「地球温暖化対策地域推進計画策定ガイドライン」を策定し、都道府県・指定都

市に計画の策定を誘導してきた[23]。このガイドラインは、2000年の分権改革後も2003年6月、2007年3月と改定されてきた。

そして、2008年の法改正により、都道府県・指定都市等には、「実行計画（区域施策編）」の策定が義務付けられるに至っている[24]。この結果、環境省のホームページによれば、都道府県、指定都市のすべてで策定が行われている。なお、義務付け後にも、「地方公共団体実行計画（区域施策編）策定・実施マニュアル」が環境省により作成されている。

また、③「地域気候変動適応計画」は、2018年に成立した気候変動適応法で都道府県・市町村に努力義務が課せられた[25]。この計画は、法制定以前、2015年11月に「気候変動の影響への適応計画」を国が策定し、同計画では地域の取組も位置づけられた。そして、「地方公共団体における気候変動適応計画策定ガイドライン」により、計画策定が誘導されてきた。しかしながら、策定は自治体にそれほど広がらなかった。こうした状況も努力義務規定が盛り込まれた一因と考えられる。法による義務付け以前の状況として、気候変動適応法における答弁では、策定している団体は都道府県では43、指定都市では18となっている[26]。なお、環境省は、2015年度から、川崎市を含めた11のモデル自治体に対して、気候変動に係る影響評価や、適応計画の策定等に関する支援を実施している。このモデル自治体は、適応方針を策定したり、適応を含めた実行計画（区域施策編）を策定している。

廃棄物に関して、①一般廃棄物処理計画は、廃棄物処理法の制定当初「一定の計画を定めなければならない」とされるにとどまり、通知などで策定が促されてきた。だが、1991年の法改正により、その策定が明確に位置づけられた。この計画は、廃棄物処理法施行規則に基づき、基本的な事項を定める「一般廃棄物処理基本計画」と、各年度の事業を定める「一般廃棄物処理実施計画」の二層からなる。また、環境省の「ごみ処理基本計画策定指針」に基づく策定が促されている。

さらに、市町村には、1995年に成立した容器包装に係る分別収集及び再商品化の促進等に関する法律8条に基づき、②「市町村分別収集計画」の策

図表 2-3-2　環境分野における主な計画の概要 ②

	計画等	時期	質	根拠法	対象	概要
廃棄物	①一般廃棄物処理計画	1991年改正	義務	廃棄物処理法6条	市町村	○区域内の一般廃棄物の処理に関する計画 ○①一般廃棄物の発生量及び処理量の見込み、②一般廃棄物の排出の抑制のための方策に関する事項などを定める
	②市町村分別収集計画	1995年制定	義務	容器包装に係る分別収集及び再商品化の促進等に関する法律8条	市町村	○3年ごとに、5年を一期とする当該市町村の区域内の容器包装廃棄物の分別収集に関する計画 ○①各年度における容器包装廃棄物の排出量の見込み、②容器包装廃棄物の排出の抑制を促進するための方策に関する事項などを定める。
	③都道府県分別収集促進計画	1995年制定	義務	容器包装に係る分別収集及び再商品化の促進等に関する法律9条	都道府県	○3年ごとに、5年を一期とする当該都道府県の区域内の容器包装廃棄物の分別収集の促進に関する計画 ○　当該都道府県の区域内の容器包装廃棄物について、各年度における市町村別の排出量の見込み及び当該排出見込量を合算して得られる量などを定める
	④都道府県廃棄物処理計画	2000年制定	義務	廃棄物処理法5条の5	都道府県	○区域内における廃棄物の減量その他その適正な処理に関する計画 ○①廃棄物の発生量及び処理量の見込み、②廃棄物の減量その他その適正な処理に関する基本的事項などを規定
緑・生物	①緑地の保全及び緑化の推進に関する基本計画（緑の基本計画）	1994年改正	できる	都市緑地法4条	市町村	○①緑地の保全及び緑化の目標、②緑地の保全及び緑化の推進のための施策に関する事項などを定める。
	②生物多様性地域戦略	2008年制定	努力	生物多様性基本法13条	都道府県・市町村	○区域内における生物の多様性の保全及び持続可能な利用に関する基本的な計画 ○①生物多様性地域戦略の対象とする区域、②当該区域内の生物の多様性の保全及び持続可能な利用に関する目標などを定める
	③地域連携保全活動計画	2010年制定	できる	地域における多様な主体の連携による生物の多様性の保全のための活動の促進等に関する法律4条	市町村	○①地域連携保全活動計画の区域、②地域連携保全活動計画の目標　などを定める。

出典：筆者作成

定が義務づけられている。

緑・生物のうち、緑地保全等は、1993年の都市緑地保全法の改正に伴い、①「緑の基本計画」の策定のできる規定が定められている。この「緑の基本計画」は市町村のみが対象となっているが、指定都市はすべてで策定されている。

さらに、生物多様性基本法に基づき、2008年から②「生物多様性地域戦略」の策定努力義務が課されている。この地域戦略は、2016年12月現在、39の都道府県、15の指定都市で策定されている（環境省自然環境局自然環境計画課2017：14)。なお、環境省は、生物多様性地域戦略の策定時あるいは策定後の運用にあたり直面している課題解決の支援を行うため、専門家の派遣等を行っている。

そして、環境省の地球温暖化対策関連の補助事業では、「実行計画（区域施策編)」の内容を申請書に記載するようなものもみられるが[27]、計画策定そのものには特定財源として直接的な財政措置は行われていない。さらに、「地域気候変動適応計画」についても財政措置はないと説明されている。

このように、特段の財政措置等はなされないまま、分権改革後もさまざまな計画策定の努力義務等が規定されており、環境分野における計画密度が高まっていることが指摘できる。

3.　環境分野の行政計画の対応

3.1.　中間計画としての「環境基本計画」の状況

多くの法定計画が規定される中で、環境分野の中間計画である「環境基本計画」の位置づけはどのようになっているのであろうか。

1973年9月の大阪府環境管理計画をはじめ、「環境基本計画」という名称が一般化する以前から、自治体では「地域環境管理計画」などとして策定されてきた。この「地域環境管理計画」について、当時の当該計画を担当する環境庁の課長は、「環境管理の目標（ビジョン)、それを実現するための施策の方向（シナリオ)、他の事業における配慮事項等の指針（配慮方針・管理方針)、具体的な実施プログラムを定めるものと期待されている」（阿部1986:41）としている。そのうえで、策定されている計画の内容を、公害防止計画型、総合計画環境編型、環境影響評価技術指針型、モニタリング計画型などに分類している（阿部1986:37～38)。このうち、本章が対象とする「環境基本計画」

は、総合計画環境編型に相当する。

そして、環境庁も1986年には、『地域環境管理計画　計画策定の手引き』（環境庁企画調整局 1986）を策定している。1995年度からは環境基本計画推進事業費補助金交付要綱に基づいて、市町村の計画策定に2分の1の補助が開始された。さらに、1997年には、環境庁が『地域環境計画実務必携』（環境庁企画調整局環境計画課地域環境政策研究会（1997））を出版したことから、策定自治体数は増加していった（北村 2012:138）。

国の「環境基本計画」が環境基本法に基づき策定されるのと同様に、自治体の「環境基本計画」も「環境基本条例」に基づくものが多い。この「環境基本条例」の嚆矢は1990年の熊本県、1991年の川崎市とされる。1993年の環境基本法の成立以降、「環境基本条例」とともに、「環境基本計画」の策定も自治体に広まっていった。都道府県・指定都市の「環境基本条例」は、1993年の環境基本法制定後、1994年には5、1995年には17、1996年には19、1998年末現在50で制定を済ませた（伊藤 2002:102）。

しかしながら、法制定を契機として急速に広まり、多くの自治体が制定するに至ったこともあり、2000年代に入ると、あまり注目を集めなくなっていく。

図表3-1-1に朝日新聞の記事検索における「環境基本計画」「環境基本条例」のヒット件数を示した[28]。1993年の環境基本法の成立以降、掲載件数も増え、その後、条例を踏まえた「環境基本計画」が策定される中で、その件数が増加を見せる[29]。そして、2000年代に入ると、ほとんど取り上げられなくなってくる。

また、「環境基本条例」制定や「環境基本計画」策定の背景として、地球環境問題があげられることが多い[30]。一方、「実行計画（区域施策編）」や「地域気候変動適応計画」が法定化されるようになり、別の計画で地球環境問題が対応され、計画密度が高まる中で、「環境基本計画」の役割が問われるようになってきている。

図表 3-1-1　新聞紙上での「環境基本計画」「環境基本条例」の掲載状況

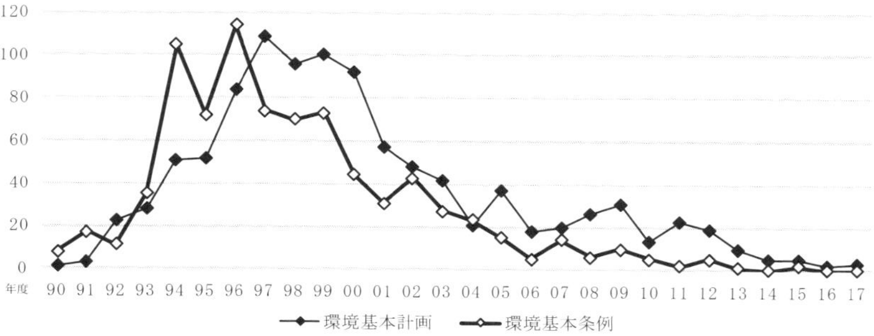

出典：聞蔵Ⅱのデータベースから朝日新聞掲載分のみを対象として抽出

3.2.　都道府県・指定都市の対応

２でみたように、努力義務等の規定が増加する中で、個々に計画を策定していった場合、政策が断片化してしまい、総合的な環境行政の推進が難しくなることも懸念される。さらに、計画策定に要する事務量も小さくない。一方で、国の縦割りの枠組みの中で、新たな計画策定を契機として、活動量を増やしていこうとすることもあり得よう。

こうした中で、図表 3-2-1 に、「環境基本条例」などで策定を定めている「環境基本計画」において、法律で規定された計画の内容を内包させ、その努力義務等に対応している都道府県・指定都市名等を示した。総合的な環境行政の推進等をめざし、環境分野の取組を幅広く定めた「環境基本計画」は、温暖化対策、生物多様性、環境教育なども内包していることから、「実行計画（区域施策編）」とともに、「生物多様性地域戦略」や「環境教育等行動計画」も含むことを明記することで、その役割を担わせているものがみられる。具体的には、47 都道府県、20 指定都市の中で、「実行計画（区域施策編）」が７団体（約 10％）、「生物多様性地域戦略」が７団体（約 10％）、「環境学習等行動計画」が 11 団体（約 16％）となっている。１割程度とはいえ、新たに計画を作り、活動量を増加させる方向ではなく、むしろ計画の統合化を図っていることは特筆すべきといえよう。

特に、「環境基本計画」の策定・進行管理は、環境政策課や環境企画課といった環境分野での総務・企画機能を担う官房系部局の所掌とされ、同一部局が「実行計画（区域施策編）」や「環境学習等行動計画」を所管している場合も多い。このため、計画の総合化・統合化が図られているものと推察される。さらに、「実行計画（区域施策編）」は、後述する「生物多様性地域戦略」と同様に「地球温暖化対策推進法の要件を満たし、かつ、他の法令（条例を含みます。）の規定に反しない場合であれば、地方公共団体独自の「環境基本計画」その他の計画と地方公共団体実行計画と統合することも可能です。」（環境省総合環境政策局環境計画課 2017:13）とされていることも大きい。

図表 3-2-1 「環境基本計画」とそれに内包する法律に基づく計画の状況

自治体名	計画名称	地方公共団体実行計画(区域施策編)		生物多様性地域戦略		環境教育等行動計画	
		内包	所管	内包	所管	内包	所管
岩手県	岩手県環境基本計画		同	○	異	○	同
東京都	東京都環境基本計画	○	異		異		同
新潟県	新潟県環境基本計画		同		同	○	同
石川県	石川県環境総合計画	○	異		異		同
福井県	福井県環境基本計画	○	同	○	異	○	同
長野県	第三次長野県環境基本計画		異		異	○	同
岐阜県	第５次岐阜県環境基本計画		異		同	○	同
大阪府	大阪21世紀の新環境総合計画		異	○	異		異
奈良県	新奈良県環境総合計画（改訂案）	○	同		異	○	同
和歌山県	第4次和歌山県環境基本計画	○	同		同		同
山口県	山口県環境基本計画第３次計画		同	○	異		同
香川県	香川県環境基本計画		同	○	異	○	同
愛媛県	第二次えひめ環境基本計画		同		異	○	同
佐賀県	第3期佐賀県環境基本計画		同	○	異		同
熊本県	熊本県環境基本計画	○	同		異	○	同
宮崎県	宮崎県環境計画	○	同		異	○	同
さいたま市	さいたま市環境基本計画（改訂版）		同	○	異		同
浜松市	第2次浜松市環境基本計画		同		同	○	同

※所管は対象となる事務の担当を示し、環境基本計画と同じ場合には「同」、違う場合は「異」としている。

出典：HPから筆者作成[31]

そして、生物多様性は、別に当該事務を所管する組織が存在するものの、計画の総合化・統合化に取り組まれている。この要因として、技術的助言とはいえ、環境省が作成した手引きにおいて、「生物多様性地域戦略」は「鳥獣被害防止計画、緑の基本計画や地球温暖化に関する計画などに位置づけられた施策とも関連が深い」ことから、「地域戦略は生物多様性の保全と持続可能な利用に関する総合的な計画として必要な要件が満たされていれば、地域の状況に合わせて他の分野の計画と一体として策定することも可能」（環境省 2014：11）[32] とされていることも大きいと考えられる。

また、国土交通省も「生物多様性に配慮した緑の基本計画策定の手引き」を作成しており、「生物多様性基本法に基づく『生物多様性地域戦略』は、生物多様性分野について各政策分野を横断する戦略であるため、生物多様性の確保の観点から、緑の基本計画に緑地の保全及び緑化の推進に関する事項を定めようとする場合は、特に緑の基本計画との連携については留意することが望ましいとされています（都市緑地法運用指針参照)。また、東京都羽村市、神奈川県相模原市のように策定した緑の基本計画を生物多様性地域戦略としても位置づけ、実質的に一本化することも一つの方法です。」（国土交通省都市局公園緑地・景観課 2018:17）とされ、一本化に言及されている。

また、気候変動適応法については施行から間もなく、自治体の対応は未だ明らかとなっていないが、同法に基づく「地域気候変動適応計画」に関連して、神奈川県や川崎市、京都市などのように、地球温暖化対策推進法に基づく「実行計画（区域施策編）」に、気候変動への適応について定めているものもみられる。

このように、国の縦割りに基づく計画策定の努力義務等に対して、資源制約の厳しさや、技術的助言も一因と考えられるが、縦割り構造を踏まえ計画を策定するのではなく、自治体で総合化していこうとする動きが観察できるのである。

4.　横浜市の環境管理計画と、総合計画、個別計画

4.1.　横浜市の環境管理計画等

4.1.1.　横浜市環境管理計画

国が環境基本法を 1993 年 11 月に制定し、これに基づき 1994 年 12 月に「環境基本計画」を策定する前、1986 年３月に横浜市は総合的・計画的な

環境行政を推進するという狙いをもった「横浜市環境管理計画－環境プラン21」を策定している（中林 1996）。さらに、国の環境基本法制定後、1995年4月には「横浜市環境の保全及び創造に関する基本条例」を施行し、同条例に基づく計画として1996年9月に「横浜市環境管理計画」を策定し、2008年3月に改定している。

2011年4月には新たな「横浜市環境管理計画」（以下「2011管理計画」という。）が策定され、同計画の事業実施に係る短期的な計画期間は「横浜市中期4か年計画」と整合した2013年度までとなっている。そのあと、2015年1月に策定された「横浜市環境管理計画」（以下「2015管理計画」という。）でも「横浜市中期4か年計画 2014 ～ 2017」と整合した2017年度までとされている。そして2011管理計画、2015管理計画の中長期的な視点での目標は「横浜市基本構想（長期ビジョン）」と合わせた2025年度までとなっている。

このように、横浜市の環境分野の中間計画である「横浜市環境管理計画」の計画期間は、横浜市の「基本構想」や、総合計画の「実施計画」である「中期4か年計画」と整合が図られるようになっている。

4.1.2.　実行計画（区域施策編）

地球温暖化対策については、京都議定書の採択や「地球温暖化対策推進法」制定など、国内外の温暖化対策の活発な動きを受け、2001年12月に「横浜市地球温暖化対策地域推進計画」を策定している。さらに、計画の削減目標の達成を確実なものとするため、2006年12月には改定している（太田 2003、越智 2009）。

この二つの計画では、国の京都議定書の目標を基本に、1990年度比で2010年度に1人当たり温室効果ガス排出量を6%以上削減するとの目標が設定されている。

また、2007年度には、「横浜市脱温暖化行動方針（CO-DO30）」を策定し、より中長期的な方針を独自に定めている（兵頭ほか 2013）。

さらに、内閣府が募集した「環境モデル都市」に応募し、2008年7月には、全国6都市の一つとして選定されるに至っている。特に、CO-DO30は、後述するように、市長の中田が主張してきたG30（ごみゼロ）のイメージを重ね合わせながら、市長のリーダーシップのもと、進められたものと考えられる(鈴木 2017:190)。

そして、2008年の地球温暖化対策推進法の改正により、指定都市には「実行計画（区域施策編）」の策定が義務化されたことを受け、2011年3月には「横浜市地球温暖化対策実行計画　区域施策編」(以下「2011 温対計画」という。) を策定し、2014年3月には計画（以下「2014 温対計画」という。) を改定している。2011 温対計画では「横浜市中期4か年計画」の計画期間（2010～2014年度）と合わせ、短期の目標を2014年度とする一方で、中期目標は2020年度、長期目標は2050年度と、国内外の動向と合わせる形となっている。2014 温対計画では、国内外の動向を踏まえ、短期を2020年、中期を2030年、長期を2050年と設定している。

4.1.3.　横浜市一般廃棄物処理基本計画

「一般廃棄物処理基本計画」としては、1991年の廃棄物処理法の改正も踏まえ、1993年に「横浜市一般廃棄物処理計画」が策定され、「ゆめはま2010プラン」との整合を図りながら、事業が推進されてきた（青木・永木 2001)。この計画では、処理計画の下位に位置づけられる「推進計画」が策定されており、「第1期推進計画」は1993年度から1997年度、第2期推進計画は1997年度から2001年度を計画期間としている。「第2期推進計画」の期間は「ゆめはま2010プラン」の5か年計画とも計画期間が整合している。

その後、2003年1月には、限りある資源エネルギーの消費の節減と循環的な利用を促進し、市民・事業者・行政が協働し、「循環型社会」実現を目指す「横浜市一般廃棄物処理基本計画　横浜市Ｇ３０プラン」（以下「Ｇ３０プラン」という。）が策定されている（岩瀬・松村 2013:46、横浜市環境事業局廃棄物政策課 2004)。さらに、2011年1月には環境負荷の低減と健全な財政運営が両立した持続可能なまちの実現を目指して「横浜市一般廃棄物処理基本計画　ヨコハマ３Ｒ夢（スリム）プラン」（以下「スリムプラン」という。）が策定されている（岩瀬・松村 2013:44、都市と廃棄物編集部 2011）。

このうち、「Ｇ３０プラン」策定時の市長は中田であり、中田は、松下政経塾でごみ問題を研究したこともあり、分別収集に力を入れていく（＜横浜改革＞特別取材班ほか 2005：102 ～ 117）。そして、「Ｇ３０プラン」は、2002 年度から 2010 年度までを計画期間とし、３から５年でローリングするとあるが、実際にはなされていない。

一方、「Ｇ３０プラン」の計画期間終了を踏まえ策定された「スリムプラン」は、「基本計画」と、「推進計画」の二層の体系となっている。基本計画の計画期間は 2025 年度までとなっており、「横浜市基本構想（長期ビジョン）」との整合を図ったと考えられる。そして、「基本計画」と一体的に策定された「第１期推進計画」の計画期間は「中期４か年計画」と整合を図るため、2010 年度から 2013 年度まで、「第２期推進計画」については 2014 年から 2017 年度までとなっている。

このように、「一般廃棄物処理基本計画」でも、2010 年度以降、総合計画である「横浜市基本構想（長期ビジョン）」と「横浜市中期４か年計画」の計画期間と整合が図られるようになっていく。

4.1.4.　横浜市緑の基本計画

横浜市では、1993 年の都市緑地保全法の改正に伴う「緑の基本計画」の導入に伴い、1997 年 11 月に市独自の緑に関する総合計画として 2010 年を目標年次とする「横浜市緑の基本計画　かけがえのない環境を未来へ」を策定している。

その後、2006 年 12 月には、緑にくわえて水の視点を取り入れ、「横浜市水環境計画（1994 年３月策定）」「横浜市緑の基本計画（1997 年 11 月）」「水環境マスタープラン（1999 年 10 月）」を統合し、水と緑を一体的にとらえた「横浜市水と緑の基本計画」（以下「2006 緑計画」という。）を策定した。この中では、生物多様性の視点が初めて取り入れられ、「多様な生物が生息できる環境の形成」を将来像の一つとして掲げ、生物多様性の保全と再生に向けた環境づくりの推進を図ってきた（西高 2010、小田嶋 2010）。

さらには、2016 年６月に「横浜市水と緑の基本計画　多様なライフスタイルが実現できる水・緑豊かな都市環境」（以下「2016 緑計画」という。）が策定されている。この中で、緑の総量の維持・向上を目指したリーディングプロジェクトとして「横浜みどりアップ計画」が位置づけられ、後述する「横浜みどりアップ計画（新規・拡充施策）」につながっていく（兵頭ほか 2013:52）。

2006 緑計画、2016 緑計画では、目標年次が 2025 年と設定されており、「横浜市基本構想（長期ビジョン）」の目標年次である 2025 年と整合が図られるようになっている[33]。

なお、横浜市では 2009 年度から「個人市民税と法人市民税の均等割に上乗せする」横浜みどり税が導入されている。この導入検討において、緑の保全・創造に向けた課税自主権活用の検討が行われ、2008 年８月に「横浜みどりアップ計画（新規・拡充施策）」を進めていくことを前提に「緑の保全・創造に向けた課税自主権の活用に関する最終報告」がまとめられる。

「横浜みどりアップ計画（新規拡充）」は 2009 年４月に策定されている。同計画は、2009 年度から５年間を計画期間とし、「横浜市水と緑の基本計画」「横浜市中期計画」に位置づけられた計画に基づき、「樹林地を守る」「農地を守る」「緑をつくる」の３つの分野でさまざまな取組を進めるものとなっている（小田嶋 2010:39 ～ 40）。さらに、2013 年 12 月には、2014 から 2018 年度までの新たな計画に改定されている。

4.2.　横浜市の環境分野の計画体系

これまでみた主要な計画などについて、「2015 管理計画」では、策定の根拠とともに、計画体系が示されている。根拠は法律であったり、条例であったり、それが義務であったり、努力義務であったりしており、根拠規定を踏まえ、計画が策定されている（横浜市 2015:125）。

4.1 でみたように策定年、目標年次、計画期間等から整理したものが図表 4-2-1 である。ここでは 4.1 でみた計画にくわえ、3. で分析した「生物多様性地域戦略」、「環境学習等行動計画」についても示している。

図表　4-2-1　横浜市の環境分野の計画体系

- 総合計画
  - 基本構想(2006年6月策定)　計画期間等：**2025年**ごろまで
  - 中期4か年計画(2014年12月策定)　計画期間等：**2014年度から2017年度**
- 環境管理計画（2015年1月策定）：環境の保全及び創造に関する基本条例に根拠
計画期間等：中長期：**2025年度**まで、事業実施：**2017年度**まで
  - 地球温暖化対策実行計画（区域施策編）（2014年3月策定）：
温対法に根拠、指定都市は義務、計画期間等　短：2020年、中：2030年、長：2050年
  - 一般廃棄物処理基本計画（2011年1月策定）：廃棄物処理法に根拠、義務
計画期間等　2010年度から**2025年度**
  - 推進計画（2014年4月策定）：基本計画を進めるため、取り組む施策を提示
計画期間等　**2014年度から2017年度**
  - 水と緑の基本計画（2016年6月策定）：都市緑地法に根拠、できる　計画期間等　**2025**
  - 横浜みどりアップ計画(2013年12月策定)：計画期間　2014～2018
  - 生物多様性横浜行動計画（2015年1月策定）：生物多様性基本法に根拠、努力義務
目標年次等　将来像:**2025年**、具体的取組と目標：**2017年度**
  - 環境教育基本方針（2005年2月策定）：環境教育等推進法に根拠、努力義務

出典：市ホームページなどから筆者作成

なお、2018 年 11 月には、「環境管理計画」が改定され「生物多様性地域戦略」「環境教育基本方針」は同計画に統合された。

こうした計画間関係からは、「基本構想」の目標年次である 2025 年、そして「中期 4 か年計画」の計画期間である 4 年間と整合を図りながら、多くの行政計画が策定されていることが指摘できる。そして、環境分野の中間計画である環境管理計画も、例外ではなく、「基本構想」「中期 4 か年計画」と整合を図り、策定されている。

4.3.　横浜市の環境管理計画と個別計画の目標値

図表 4-3-1 に、「2015 管理計画」と、「2014 温対計画」、「スリムプラン」の目標値を示した。

計画の目標値をみると、「2015 管理計画」の地球温暖化対策の目標値は、先行して策定された「2014 温対計画」の目標を再掲し、廃棄物処理の目標値は、2011 年 1 月に策定された「スリムプラン」の目標が再掲されているにとどまっている。

このように、「環境管理計画」は、個別計画があるものは、目標値等は当

図表 4-3-1　環境管理計画と個別計画の目標値

	環境管理計画(2015.1策定)の目標値	既往計画の目標値	既往計画名
地球温暖化対策	・2020 年度までに 2005 年度比で 16%削減 ・2030 年度までに 2005 年度比で 24%削減 ・2050 年度までに 2005 年度比で 80%削減	同左	「横浜市地球温暖化対策 実行計画」（2014.3 改定）
廃棄物処理	・ごみ処理に伴い排出される温室効果ガスの排出量を平成37（2025）年度までに平成 21（2009）年度比で50%以上（約 14 万トン-CO２）削減 ・総排出量（ごみと資源の総量）を平成 37（2025）年度までに平成 21（2009）年度比で10%以上（約 13万トン）削減	同左	「ヨコハマ３Ｒ夢スリムプラン（横浜市一般廃棄物処理基本計画）（平成 22 年度～平成 37 年度）」の目標
緑地保全	みどりの総量（緑被率）が増加へ転ずる		横浜市水と緑の基本計画（平成18年策定）

出典：計画資料から筆者作成

該計画にあるものをそのまま再掲するにとどまっている。つまり、上位の計画とされながらも、既に策定されていた下位の計画の目標値に規定されるとともに、より上位の総合計画の計画期間に合わせるようになっている。

また、図表 4-3-2 に示したように、1996 年の環境管理計画策定当初の法定計画は一般廃棄物処理基本計画のみであった。それが、2010 年代後半には、気候変動への適応をはじめ新たな課題に対応するように環境の政策領域は拡大する一方、多くの法定計画が策定されるようになり、環境領域の計画密度は上昇したといえるのである。

こうした中で、環境管理計画において独自に定められる領域は減少してきており、環境分野における政策・施策を総覧的に示すことにくわえ、いかに

図表 4-3-2　環境管理計画の対象領域と計画密度

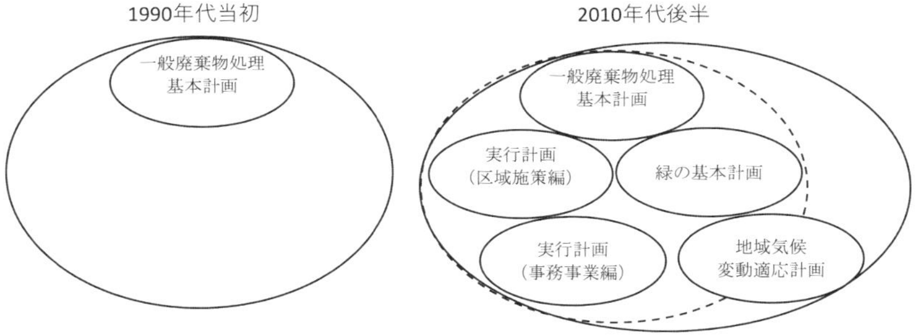

出典：筆者作成

個別計画と連携・調整を図れるかが重要となってきている。

4.4.　横浜市の中間計画の状況等

規定性、被規定性という点では、横浜市では、「基本構想」「中期４か年計画」の計画期間の設定と整合させ、環境分野の計画が策定されるようになっている。総合計画、とりわけ「実施計画」であり、財政計画を有する「中期４か年計画」と整合が図られるようになっている。

一方、目標値という点では、本来中間計画として政策全体を束ねるような機能を有する「環境管理計画」は、個別計画が多く策定され、計画密度が高まる中で、分野別計画の目標値を再掲している。

このように、計画の対象期間等は総合計画が「環境管理計画」、個別計画を規定し、目標値は個別計画が「環境管理計画」を規定している。くわえて、個別計画でも、「一般廃棄物処理基本計画」のように、「基本計画」と「推進計画」という二層の体系を有する計画があり、「基本計画」では、基本理念等の規定が中心となり、中間計画としての「環境管理計画」の内容に近づいていく。

こうした中で、中間計画としての「環境基本計画」の役割が問われている。

5.　川崎市の環境基本計画と、総合計画、個別計画

5.1.　川崎市の環境基本計画等

5.1.1.　川崎市環境基本計画

川崎市では、1993年の環境基本法の制定に先駆けて、1991年に「環境基本条例」を制定している。「川崎市環境基本計画」は、この「環境基本条例」に基づき策定されたものである。また、川崎市では、「環境基本計画」に先立ち、1977年に「地域環境管理計画」を策定している。この計画は、都道府県及び政令指定都市の「環境基本計画」では、初期の段階のものとなっている。ただし、この地域環境管理計画は、環境影響評価のために策定したという視点が強かった。

そして、「環境基本条例」に基づくはじめての計画として、1994 年 10 月に「人と環境が共生する都市をめざして　「川崎市環境基本計画」」が策定される。この「環境基本計画」の策定は、首長の特命事項として認知されていた。だが、策定過程では「『環境基本計画』とは、他の分野の行政計画や行政目的との適切な調整のもとに総体として推進可能な内容を目指すべきもので、総合計画の下位である限り他の部門の行政計画と同等であること、それ以上の権限や影響力を持つべきでないことが指摘され」、後退を余儀なくされた（打越 2004:126 ～ 128、148）。

こうした中でも特色として挙げられるのが具体的な指標の設定である。庁内調整の段階で、企画・開発部局から反論が出され、「概ね」といった表現上の妥協はあったものの、最終的には具体的な指標の設定に至った（田中 1994a：40 ～ 44、田中 1994b：7 ～ 8）。

その 8 年後、2002 年 10 月に「川崎市環境基本計画　人と環境が共生する都市をめざして　よりよい環境を将来の世代に」として改定されている。さらに、その後、2011 年 3 月に「川崎市環境基本計画　環境を守り　自然と調和した　活気あふれる　持続可能な市民都市　かわさき」（以下「2011 基本計画」という。）に全面改定されている。

こうした「川崎市環境基本計画」の計画期間は、環境基本条例に基本構想を踏まえ策定するとあったものの[34]、総合計画の計画期間と整合はとられていない。ただし、2011 基本計画の「環境を守り　自然と調和した　活気あふれる　持続可能な市民都市　かわさき」という基本理念は、「川崎市基本構想」に掲げるまちづくりの基本目標である「誰もがいきいきと心豊かに暮らせる持続可能な市民都市かわさき」と一部整合を図ったともいえる。

5.1.2.　実行計画（区域施策編）

1997 年 12 月には、「京都議定書」が採択される中で、1998 年 10 月に、地球温暖化対策をはじめとする地球環境の保全のため、「川崎市の地球温暖化防止への挑戦～地球環境保全のための行動計画～」（以下「行動計画」という）を策定した。

その後、2004年3月には「川崎市地球温暖化対策地域推進計画　＜改訂版＞－川崎市の地球温暖化防止への挑戦」を策定した。同計画では、目標の達成年度を、「環境基本計画」の目標達成年度である2010年とし、温室効果ガス排出量を、基準年（1990年）に比べ6%削減するという全市の数値目標を掲げている。ただし、この2010年という目標設定は横浜市と同様に国の京都議定書目標達成計画に準じたという点も強いと思われる。

また、2008年の地球温暖化対策推進法の改正後、川崎市では2009年に「地球温暖化対策推進条例」を制定しており、同条例では、「地球温暖化対策推進基本計画」と「地球温暖化対策推進実施計画」の策定が規定されている。2010年10月には、2020年を目標年とした「川崎市地球温暖化対策推進基本計画」（以下「2010温対計画」という。）を策定している。「2010温対計画」を全面改定し、2018年3月に「地球温暖化対策推進基本計画（以下「2018温対計画」という。）を策定している。

「2010温対計画」、「2018温対計画」ともに、2020年、2030年という国の温暖化対策の目標年を踏まえた計画期間が設定されている。一方、「実施計画」では総合計画実施計画の期間に合わせ、計画期間が設定されている。実際、「2010温対計画」では、「第1期実施計画」の期間を2011年度から2013年度までとし、「川崎再生フロンティアプラン」第3期実行計画と整合を図る一方、「第2期実施計画」の計画期間は、総合計画が策定作業にあったこともあり、2014年度から2016年度までを計画期間としている（最終的には「2018温対計画」策定の2017年度まで延長されている）。また、「2018温対計画」の下では、「第1期実施計画」の期間を2018年度～2021年度までとしており、総合計画「第2期実施計画」と整合を図っている。

5.1.3.　川崎市一般廃棄物処理基本計画

川崎市は、1991年の廃棄物処理法の改正も踏まえ、1993年5月に「川崎市一般廃棄物処理基本計画」を策定している。

その後、2005年4月に2005年から2015年度までを計画期間とする「川崎市一般廃棄物処理基本計画－かわさきチャレンジ３Ｒ　地球環境にやさしい持続可能な循環型のまちを目指して」（以下「2005 廃棄物計画」という。）を策定している。

そして 2016 年３月には、2016 年度から 2025 年度までを計画期間とし、低炭素・自然共生の視点ももった「川崎市一般廃棄物処理基本計画（ごみ減量　未来へつなげる　エコ暮らしプラン）」（以下、「エコ暮らしプラン」という。）が策定されている（佐藤 2016）。両計画では、総合計画の「基本構想」との時間軸での整合性は図られていない。

「2005 廃棄物計画」以降、「一般廃棄物処理基本計画」は、「基本計画」と「行動計画」という二層の体系を有するようになっている。「2005 廃棄物計画」では、３つの行動計画が策定され、その計画期間はそれぞれ 2005 年度から 2009 年度、2009 年度から 2013 年度、2013 年度から 2015 年度となっている。このように行動計画でも総合計画実施計画と計画期間の整合は図られていない。

一方、エコ暮らしプランの「行動計画」は、これまで２つが策定されており、2016 年度から 2017 年度までの２年間、2018 年度～ 2021 年度までの４年間と、それぞれ総合計画の「第１期実施計画」、「第２期実施計画」と整合が図られている。

5.1.4.　川崎市緑の基本計画

1994 年６月の都市緑地保全法の改正により、「緑の基本計画」制度が創設されたことを受けて、1995 年 10 月に全国で初めて同法に基づく「緑の基本計画」として「かわさき緑の３０プラン－川崎市緑の基本計画」を策定し、取組を進めてきた（高橋 1996）。

また、市の計画した流通センター建設に反対する住民運動を契機に、市長が「川崎市における自然環境の保全及び回復育成に関する条例」を議会に提案し、1973 年に制定されていた（深瀬 1974）。1999 年には、この条例を廃止し、全部改正により「川崎市緑の保全及び緑化の推進に関する条例」を制定している。条例では、８条で「緑の基本計画」を位置づけるとともに、９条で「緑の実施計画」の制定を規定しており、二層の計画が位置づけられている[35]。

その後、2008 年には、基本理念に「多様な緑が市民をつなぐ地球環境都市かわさきへ」を掲げ、その実現に向けて「水と緑のネットワークの形成」など 5 つの将来像を示した「川崎市緑の基本計画－「多様な緑が市民をつなぐ地球環境都市かわさきへ」」に改定する（萩原 2011）。この計画の計画期間は 2008 年度から 2017 年度となっている。そして「第 1 期実施計画」は 2008 ～ 2010 年度、「第 2 期実施計画」は 2011 ～ 2013 年度となっており、「川崎再生フロンティアプラン」第 2 期実行計画、第 3 期実行計画の期間と整合が図られている。一方、総合計画の改定作業を進めていたこともあり、「第 3 期実施計画」は 2014 ～ 2017 年度となっている。このように「緑の実施計画」は、総合計画の実行計画が策定されるときは計画期間の整合が図られている。

さらに、2018 年には、さらなる民間活力の導入に向けたマネジメントの視点を入れた「緑の基本計画（以下「2018 緑計画」という。）への改定を行っており（櫻井 2018）、計画期間はおおむね 10 年間で 2027 年までとなっている。また、その「実施計画」の計画期間は、2018 ～ 2021 年度までの 4 か年としており、総合計画「第 2 期実施計画」と整合が図られている。

5.2.　川崎市の環境分野の計画体系

図表 5-2-1 に「2011 基本計画」に掲載されている計画体系を示した。総合計画を上位として、「環境基本計画」があり、さらに、個別計画があると

図表 5-2-1　川崎市の「環境基本計画」の位置づけ

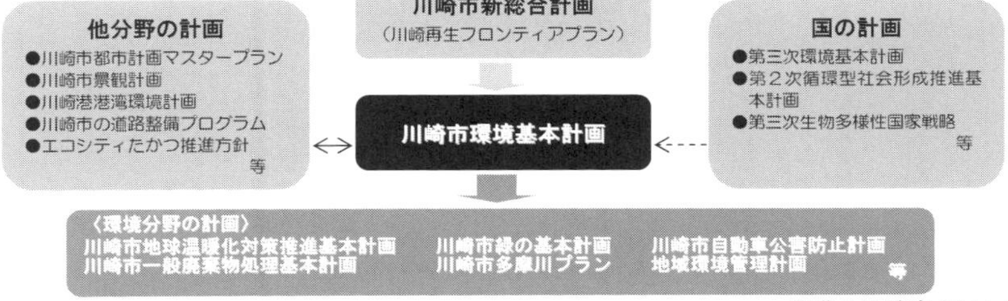

出典：川崎市 2011：5

いう体系が明確に示されている。同様の計画体系図は、「地球温暖化対策推進基本計画」「緑の基本計画」「一般廃棄物処理基本計画」などでも用いられている。「環境基本計画」が中間計画ということは明確ではないが、総合計画や「環境基本計画」が上位に位置するという形がよみとれる。つまり、静態的に計画間関係をみた場合には、上位の計画が下位の計画を規定する関係にあるということが読み取れるが、5.1. でみたように、その規定・被規定の関係は異なってくる。

図表 5-2-2 に 5.1. も踏まえ作成した川崎市環境分野の計画体系を示した。「2018 温対計画」、「エコ暮らしプラン」、「2018 緑計画」ともに、目標年次は総合計画との整合はとられていないことが指摘できる。

一方、川崎市の環境分野の個別計画は二層化が進められており、具体的な取組を定めた計画では総合計画実施計画と計画期間の整合が図られるようになっている。つまり、具体的な取組を定める「実施計画」は、政策や施策の実施を担保するため、総合計画の「実施計画」と計画期間の整合を図っている。

図表 5-2-2　川崎市の環境分野の計画体系

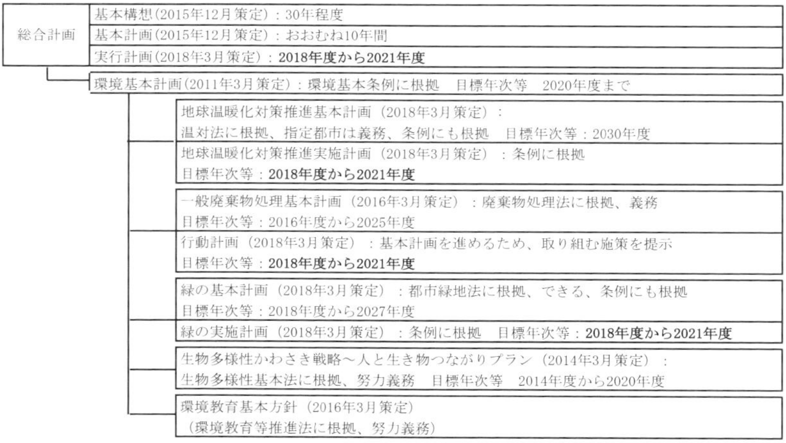

出典：市ホームページなどから筆者作成

5.3.　川崎市の「環境基本計画」と個別計画の目標値

図表 5-3-1 に「環境基本計画」と個別計画の目標値の関係を示した。

「2011 基本計画」の目標値は、検討段階ですでに策定されている「2010 温対計画」や「2005 廃棄物計画」、「2008 緑計画」などの数値を基本的には再掲するというかたちであった。

その後も、HP 上では、各種分野別計画の改定等を踏まえ、目標・指標の変更がなされている。規定性という点では、「環境基本計画」が分野別計画を規定するというよりはむしろ個別計画により規定されている。

このように、「環境基本計画」は、分野別計画があるものは、目標値等は当該計画にあるものをそのまま再掲するにとどまっている。つまり、上位の計画とされながらも、既に策定されていた下位の計画の目標値に規定されている。

計画の状況をみると、横浜市と同様に、2010 年代後半には、気候変動への適応をはじめ新たな課題に対応するように環境の政策領域は拡大する一方、多くの法定計画が策定されるようになり、環境領域の計画密度は上昇し、

図表 5-3-1　川崎市「環境基本計画」と個別計画の目標値

	環境基本計画(2011年策定)の目標値	既往計画の目標値	既往計画名
地球温暖化対策	2020年度までに1990年度における市域の温室効果ガス排出量の25%以上に相当する量の削減を目指す。	同左	川崎市地球温暖化対策推進基本計画(2010年策定)
廃棄物処理	ごみ焼却量：2013 年度までに 37 万トン 上記目標の達成に向けて、次の点に留意するものとする。 ・市民一人一日当たりのごみ排出量：2013 年度までに 1,128 g ・資源化率：2015 年度までに 20 万トン（資源化率目標値 35%）	同左	川崎市一般廃棄物処理基本計画(2005年策定)
緑地保全	①緑地の保全：施策による緑地の保全面積：2017年度までに272ha(現状：211ha (2009年度)) ②農地の保全：施策による農地の保全面積：2017年度までに416ha（現状：407ha (2009 年度) ） ③公園緑地の整備：都市公園等の整備面積：2017年度までに769ha(現状：71 6ha(2009 年度))	同左	川崎市緑の基本計画(2008年改定)

出典：筆者作成

白地部分が減少したといえるのである。こうした中で、環境基本計画が、環境分野における政策・施策を総覧的に示すことにくわえ、いかに個別計画と連携・調整を図れるかが重要となってきている。

5.4. 川崎市の中間計画の状況等

このように川崎市の「環境基本計画」でも、計画密度が高まる中で、下位の個別計画の基本計画で位置づけられた目標値等が再掲されているという点で、下位の計画の内容に規定されるようになってきている。さらに、個別計画でも、「基本計画」と「実施計画」という二層の体系を有する計画が増えており、個別計画の実施計画部分は、位置づけた施策や事業を担保するために、総合計画実施計画と計画期間の整合を図るようなってきている。

このように、計画期間等は総合計画が個別計画を規定し、目標値は個別計画が「環境基本計画」を規定しており、中間計画としての環境基本計画の意義が問われている。くわえて、個別計画でも、「基本計画」と「実施計画」という二層の体系を有する計画があり、「基本計画」では、基本理念等の規定が中心となり、中間計画としての「環境基本計画」の内容に近づいていくのである。

こうした中で、中間計画としての「環境基本計画」の役割が問われている。

6. 小括

本章では、環境分野の中間計画を中心とした計画体系と、総合計画の関係とともに、国が誘導している計画のインフレともいえるような、計画密度が上昇した状況について分析してきた。こうした結果は次のとおり集約できる。

１つ目の自治体の行政計画策定に対する法律の規律密度については、質的側面では、努力義務といったソフトローによる対応となりつつある一方で、量的側面からみた場合には増加している。国の方針として、義務付け・枠付けの見直しの中では、努力義務ならよいといった議論もあり、自治体の自立性を損なうような状況を生み出している。

特に、努力義務でも、都道府県・指定都市などは、策定団体の公表などにより、策定せざるを得ない状況に追いやられている。あわせて、国の縦割りに応じて、当該所管部局が活動量を増加させるために策定に取り組む場合もあり得よう。いずれにしても、縦割りの構造の中で、国が計画策定を誘導し、計画密度が上昇することによって、政策・施策の断片化につながる懸念が生じている。

２つ目の計画策定努力義務への対応について、努力義務規定、そして技術的助言である計画策定ガイドライン等を解釈しながら、中間計画である「環境基本計画」に個別計画の役割をも担わせ、一体的に策定する事例がみられる。計画策定努力義務規定が増加する中にあって、新たな計画策定に着手し、活動量を増やすよりは、むしろ一体的な計画策定を行うことにより、自治体レベルでの政策・施策の断片化を防ぎ、中間計画による総合化が可能となっている。さらに、事務の効率化に寄与している側面もあると考えられる。

３つ目の中間計画、個別計画と「総合計画財政計画」との関係は、厳しい財政状況の中で、「総合計画財政計画」で財政フレームを決めた運用が行われるようになっており、個別計画も、「基本計画」と「実施計画」の二層化が進み、「実施計画」の施策・事業は、総合計画の「実施計画」と整合を図りながら策定されている。

また、それぞれの基本計画の中で10年程度を視野に入れた施策の方向性や目標値が定められるようになっており、個別計画が増加し、計画密度が高くなる中で、中間計画として位置づけられる「環境基本計画」などでは個別計画の目標値がそのまま用いられている。

つまり、財政状況が厳しくなる中で、「総合計画財政計画」の役割が大きくなり、行政資源の配分はそれにゆだねざるを得ず、それに個別計画も合わせるようになってきており、中間計画の役割が問われているのである。

こうした状況について、本書の問題意識からすれば、「総合計画財政計画」との連携が進んでおり、総合計画を中心とした行財政運営が行われるようになっていると評価することもできよう。

一方、環境基本計画の対象領域は、気候変動への対応に代表されるように拡大しているものの、多くの法定計画が導入され計画密度が高まってきている。こうした中にあっても、中間計画である「環境基本計画」は環境関連の目標や施策を総覧的に見せるという役割は果たしてきている。

今後、「環境基本計画」に個別計画を規定するような上位計画としての機能を持たせるとすれば、個別計画の理念・目標等を「環境基本計画」で設定し、それを受けて、部門別計画を策定していくことが考えられる。さらに、部門別計画は「環境基本計画」を踏まえた実施計画のみとするといった対応もあり得よう。こうした対応は、松下の総合計画、中間課題計画、そして実施計画という体系に通ずるものがあると考えられる（松下 1999:178）。

また、打越の指摘するように、「長期的な活動目標を掲げる計画」として、個別計画より長期の目標をバックキャスティング手法により示していくといった方向も一考すべきであろう。

また、地方分権という点からは、「対等・協力」という理念に戻れば、努力義務というソフトロー的なアプローチであっても、規定を設けてもよいという考えにはならない[36]。こうした点については引き続き検討していきたい。

脚注

1　まち•ひと•しごと創生総合戦略は、東京都中央区を除くすべての市町村で策定されたという（坂本 2018:76）。

　また、辻山は、国会でも参考人として次のような趣旨の発言をしている。市町村は国の総合戦略と都道府県の総合戦略を勘案して、総合戦略の策定に努力してもらいたいとなっているが、近年の地方分権改革においては、いわゆる義務づけ、枠づけということの見直しを進めてきており、今回の総合戦略についても、策定の義務づけはしておらず、義務づけ、枠づけの議論には当たらないというような言説がある。ただ、計画をつくって、その計画の中に盛り込まれた事業に見合った財政の手当てを考えていくことになると、義務づけしなくても、一種の義務づけの変形のようなことがここで実現していくことになる。（衆議院地方創生に関する特別委員会 2014 年 10 月 30 日）

2　たとえば、総合計画の「基本構想」を含んだ「川崎市都市憲章条例」の策定を目指していた川崎市では、「基本構想」を策定せず、二層の総合計画が策定されてきたが、1969 年の「基本構想」の策定義務付けにより、多くの市町村が「基本構想」の策定を終えており、「全国 651 市で未策定の都市は 9 市であり、政令指定都市では本市川崎だけが未策定」（1985 年第 3 回川崎市議会定例会代表質問）という状況であったことから、「基本計画」の策定後、その目標、政策体系部分を要約した形で、1985 年 10 月に「川崎市基本構想」が議決されている。このように、他都市の状況と比較されることで策定を促される場合も多いと考えられる。

3　土山は、総合計画による事業と資源の総合調整の必要性を指摘しており、制御のしくみとして総合計画をとらえている（土山 2016）。

4　1995 年の地方分権推進法の施行から 2000 年の機関委任事務の廃止といった第 1 期分権改革に対して、第 2 期分権改革は 2006 年の地方分権改革推進法の成立以降の改革を指している。

5　第 2 期分権改革の出発点は、法令による「規律密度」の改革が焦点であったが、改革の重点目標は、法令の「規律密度」ではなく、「規律強度」になった。第 2 期分権改革は、結果的には、「規律密度」ではなく「規律強度」の改革に重点が置かれた（小泉 2011:49）という。

6　北村は、「環境基本条例」の状況について、「実証研究がないために評価には慎重でなくてはならない」としつつも、「断片的な調査に基づく印象論をするならば、「存在している」だけの意味しかないことが、ほとんどである」（北村 2004：256）としている。「環境基本計画」の根拠規定である「環境基本条例」が単に存在するだけという状況であれば、「環境基本計画」も同様の状況であることも考えられる。

7　北村は脚注 6 のように指摘する一方で、川崎市条例は一つのモデルであり、環境基本計画が法的根拠を有する計画であることは、ほかの部局との調整において環境基本計画が劣位に扱われないためにも重要であり、法定計画であるから、環境サイド以外の部局も作成に関与せざるを得ないため、単なる環境サイドの作文ではなく、事業部局にも「使ってもらえる」計画になるとしている（北村 2008：106 ～ 107）。

8　打越は「基本計画」であっても策定担当部局は、関係団体や支援団体からの声もあり、アンビバレントな意識を抱きつつ、施策や事業の数値目標や具体的地域名をも挿入しようとするという（打越 2004:48）。

　一般的に計画策定には審議会等の外部の声を入れる回路が設定され、行政改革計画であれば、組織定数の合理化や民間委託等を求める声が上がり、環境の計画であれば環境負荷低減に向けた具体的な取組を求める意見が出されることが多い。さらには、計画のパブリックコメントで一定の意見を出してもらったり、報道に資料提供する際に注目を集めるためにも、前の計画と何が変わったのかといった目玉的な事業を入れることを余儀なくされることが多い。逆説的にいえば、それがないのであれば、何のために費用と職員の労力をつぎ込んで計画を策定したのかということが問われることになりかねない。

9　システム運用に自治体職員の業務が増大させ疲弊感を募らせている中で、行政事務のマネジメントに「ライタータッチ」の導入を行うこと、具体的には、政策評価と総合計画の進行管理との併合などが提起されている（富野 2013：8 ～ 9）。しかしながら、いったん計画を作ってしまえば、個々に進行管理していく動機付けが働くと考えられ、別々に進行管理していかざるを得ない場合も多いと考えられる。

10　地方分権推進委員会の活動において残された課題の１つは、「法令等による義務付け、枠付けを緩和することである。第一次分権改革によって通達通知の法的拘束力を剥奪したが、日本ではこれら通達通知の背後にある法令等（法律、政令、省令、告示）自体の規定が詳細をきわめていて、このことが自治体の権能の拡大を妨げている。そこで、この法令等による事務の義務付け、政策・制度の枠付けを大幅に緩和する課題が残っている。なお、ここで「法令等による義務付け、枠付け」と呼ばれていた現象のことを最近は「法令の規律密度」と呼ぶようになってきている」（西尾 2007：114）

11　国際法分野では、ソフトローの概念を早くから展開させてきており、一般的に拘束力を欠く国際文書決議、宣言、覚書等のほか、ソフトローの性質を有する条約として、予防的（preventive）、または先駆的（precursory）条約、自発的、もしくは任意的履行に期待する条約等が挙げられている。

12　神崎は、「基本法の内容に違反するような個別法を無効にする力まで基本法が持つものではないことは基本条例についても同様であり、自治基本条例が「自治体の憲法」であるとするのは一種の比喩であることを見失うべきではない」（神崎 2018:25）としている。また、神崎は「具体的に問題になるのは、後の自治体（議会）が基本条例に違反するような内容の個別条例を制定することができるかどうかという点である。これに関し、自治基本条例の中には、最高規範性に関する規定が設けられることがある。しかし、このような規定を置いたからといって、直ちに法体系の階層性が構築され、法の一般原則が覆されるわけではない。この点、自治基本条例に関し議決要件を特別多数決にすることによって最高法規性を担保することの是非が論じられるが、現行の地方自治法の下では否定的に解するのが多数説のようである」としている（同：文末脚注41）。

13　松下は、図表の中で、総合計画、中間課題計画、そして実施計画という体系を示している（松下 1999:178）。

14　たとえば、西尾は、「改革の時代における総合計画」という座談会において、「時間軸の中で新しい計画が出てくれば、総合計画が常に最優先されるということにはならない」（川崎市 2002:16）としており、総合計画とはいえ、後から策定された計画が優先される点を示している事例といえよう。

15　国の環境基本法の立法過程では、野党、法曹界、ＮＧＯ環境科学専門家団体、ＮＧＯ市民団体等々各方面から、法案要綱が提案され、意見書が発表された。この中では、環境保全に関する国のなすべき義務を具体的に規定し、関係当事者の権利義務を具体的に規定することを求めているものが多いという（淡路 2004:7）。こうした点からも具体的な事業を定める個別計画のほうがインパクトが大きいことも考えられる。

16　たとえば、2018年4月17日に閣議決定された国の環境基本計画（環境省 2018:54）においても、温暖化対策という点ではすでに策定されている地球温暖化対策計画の目標値をなぞった形となっている（環境省 2016：9）。

17　目標に着目したものとして増原 2016 があり、「環境計画の乱立と連携を判断する基準の一つとして計画間での目標共有状況を用いたが，他の適切な基準があるか否かについても検討する必要がある」としており、本章では、目標とともに、計画期間に着目した。

18　②具体的努力義務規定ではなく、①訓示規定が選択される理由として❶基本的にはモラルの問題と考えるが、条例化をすることで注意を喚起したい場合、❷義務づけることに違法の懸念があるために従うかどうかは相手方の任意としておきたい場合があるとされる（北村 2008:44）。

19　2017 年 5 月 25 日の参議院厚生労働委員会において、厚生労働省 社会・援護局長 定塚由美子氏は、政府参考人として、地域福祉法の改正にあたり、「今回の地域福祉計画につきましては、この義務化ということは地方分権との考え方の関係で難しいということがございまして」「現行の策定については任意でございましたところを努力義務ということで一歩進めた」としており、地方分権の流れが計画策定の義務化にあたっての一定の歯止めになっていることがうかがわれる。ただし、「今回の法律成立したときには、県にも頑張っていただきたいと思いますし、国としてもガイドラインを作って市町村に対して策定を促してまいりたいと考えております。」としており、指導をしながら、自治体に取組を促していくものとして、努力義務が使われているものと考えられる。

20　2017 年 5 月 30 日の参議院総務委員会で、政府参考人として出席した、総務事務次官の安田充氏は、自治体への内部統制の指針について、「本来、全地方公共団体に内部統制に関する基本方針の策定、内部統制体制の整備が求められるものというふうに考えているところでございますけれども、やはり地方公共団体の負担というものも考えなければいけない」ため、「まずは組織や予算規模が大きくその必要性が比較的高いと考えられる都道府県知事及び指定都市の市長に対してのみ義務付けるということにいたした」としており、漸進的なアプローチが用いられていると考えられる。

21　このカウントでは、電子政府の窓口である e-gov の法令検索を用い、地方公共団体、都道府県、市町村のいずれかの用語を含む新規制定法律を検索し、当該時点での法律の内容をみて分類を行った。制定後に努力義務を新たに課したものもあると考えられるが、あくまでも検索時点での法律の規定に基づいている（2018 年 3 月 15 日閲覧）

22　川崎 2012 の資料編の国等の関与、計画等の策定・手続きに関する見直し項目一覧を用いながら、新旧対照表に当たって数をカウントした。

23　ガイドラインの作成とともに、1992 年から地球温暖化対策地域推進計画策定費補助という予算制度を設け地域推進計画の策定を支援してくるなど（1997 年 9 年 11 月 19 日参議院環境特別委員会）、誘導をしてきた結果、2008 年 4 月現在、すべての都道府県、指定都市の 17 市中 14、中核市では 35 市中で 7、特例市では 44 市中 8 で地球温暖化対策地域推進計画が策定されている（2008 年 4 月 15 日衆議院環境委員会）。

24　改正地球温暖化対策推進法について審議を行った 2008 年 6 月 5 日の参議院環境委員会 で、民主党の岡崎トミ子議員が、計画策定の義務付けについて質問したところ、南川秀樹環境省地球環境局長は、自治事務であり、地方公共団体の責任で策定することに変わりないが、国や事業者を巻き込まないとできない対策も多い中で、これまで地方公共団体の取組が普及、啓蒙中心であったが、それを超えて取組を進めるため、異例に具体的な内容を掲げてお願いをしているとしている。

25　この努力義務について、2018 年 4 月 10 日の衆議院議員本会議においては、希望の党の下条みつ議員は、「本法案においては、都道府県及び市町村が地域気候変動適応計画を策定するとされている必要性は理解できます。ただ、地方分権、地方の自立の名のもと、一体どれだけの計画をつくらせるのか」といった意見を出している。

26　2008 年 05 月 29 日の参議員の環境委員会に置いて地球環境局長の森下氏が答弁している。

27　たとえば、2017 年度の環境省の二酸化炭素排出抑制対策事業費等補助金（再生可能エネルギー電気・熱自立的普及促進事業）では、申請者が地方公共団体である場合、地方公共団体実行計画の施策に基づいた事業等であることを求め、申請者が地方公共団体以外である場合も、地方公共団体と連携して事業を実施することにより同計画等を推進していくことを推奨しているとされ、補助金と計画を結び付けて運用がなされている。

28　伊藤は、新聞の見出し数を用いており、「環境基本条例」という見出し件数はほとんどないことから、地球環境というキーワードを用いている（伊藤 2002:106）。ここでは、本文も含めて、「環境基本条例」「環境基本計画」というキーワード検索を行っている。

29　川崎市の環境基本条例についても、「環境基本条例」には世論の関心も高く、当時の各新聞は、この政令指定都市として全国初の環境条例を「環境憲法」と呼んで好意的な事項をつぎつぎに掲載した（打越 2004:126）。

30　環境基本法制定の背景として地球温暖化、オゾン層破壊等への対応が求められるようになってきたことがあげられている（環境庁企画調整局企画調整課 1994：61 ～ 71、森 2001:145）。川崎市の条例でも地球環境問題がその要因として挙げられている（田中 1994 a :15・16、田中 1994 b :2）。

31　地球温暖化対策実行計画区域施策編、生物多様性地域戦略については、環境省の策定状況の HP と各自治体の環境基本計画を基に、環境学習等行動計画については各自治体の HP の環境基本計画を閲覧し、作成した。また、担当課については各団体の例規集等にあたり、事務分掌を確認するとともに、必要に応じて団体の HP で当該業務の所管課を検索し、特定した（2018 年 3 月 15 日現在）。

32　なお、2009 年 9 月に作成された初版の手引きでは、こうした記述はなされていない。

33　当時の担当者は、2006 緑計画は、目標環境達成年次は 2025 年となっており、「横浜市基本構想」（長期ビジョン）にそった目標年次の設定がなされている（西高 2010:23 ～ 24）としており、総合計画と整合を図ることが一定程度意図されていると思われる。

34　環境基本条例において、地方自治法２条４項の規定に基づく基本構想を踏まえ策定するとあったが、基本構想策定の義務付けの廃止に伴い、市における総合的かつ計画的な行政の運営を図るための基本構想を踏まえ、策定すると変更された。

35　市議会でも、2001 年第４回定例会において、助役の木口が「緑の 30 プランをより実効性のあるプランとするために，中期計画の改定とあわせて緑の実施計画を策定することといたしております」と答弁しており、総合計画実施計画である中期計画との改定に合わせた策定が重要という認識を示している。

36　分権改革後の法令の状況については滝本 2001 が分析を行っている。また、総務省が事前に地方自治法の適合度などのチェックを行っているという（北村 2008：33 ～ 35）。

　川崎 2017 も「努力義務化やできる規定化が許容され、計画等の義務付けの多くが努力義務化などされてきたが、自治や分権の観点からすれば、、努力義務なら問題がないということではないだろう」と指摘している。

　今井 2018 は、「自治体にとっては、法律の文言が「できる」規定や「努力義務」規定に変わっても実質的にはあまり意味がない」としている。

　このように努力義務規定等は大きな問題を有しているといえる。

第５部　総括

第５部では、第１部から第４部までの議論を踏まえ、本書が示唆する内容とともに、残された課題について論じていく。

第７章　本書の示唆と課題

1.　本書の示唆

本書では、指定都市を取り上げ、おおむね1990年代・2000年代を対象として、国の関与・誘導が自治体の行財政運営に与えた影響を検討してきた。事例分析では横浜市と川崎市を取り上げ、「総合計画財政計画」に焦点を当て、これに基づく行財政運営についての分析を行ってきた。あわせて環境分野を取り上げ、中間計画である「環境基本計画」、個別計画と総合計画の関係をみてきた。

この結果、次のとおり一定の結論を得ることができた。

1.1.「総合計画財政計画」と財政、定員管理計画、行政計画との連携

「総合計画財政計画」と財政等との連携について、横浜市と川崎市の事例では、バブル経済崩壊以後、厳しい財政状況の中で、「総合計画財政計画」も計画事業費でなく、一般会計全体を対象とした形に変化している。そして、財政計画、行政改革計画と連携し、資源の総量を推計・把握し、スクラップ＆ビルドを行いながら、総合計画により市政運営全体をマネジメントしていく動きがみられた。さらに「総合計画財政計画」では、独自の財政ルールが設けられ、より財政規律を確保した行財政運営が行われる。

このように、2000年代に入り、両市では、総合計画を中心に据えた行財政運営に転換していく。

一方、地方財政制度には、交付税制度をはじめ、景気変動に対応できる制

度が内包されているものの、景気後退局面において独自の財政ルールを順守するのは難しい。特に、任期を重ねた市長の場合、安定的なサービス提供のために、地方債発行をはじめ、財源対策を拡充する方向になりやすい。この点では、当該自治体職員出身者は財政再建策として予算規模の削減よりも基金を取り崩す傾向にある（河村 2008：113）という指摘と、既存のしがらみから自由でないという点で整合していると考えられる。

そして、個別の行政計画をみると、「基本計画」と「実施計画」という二層にする動きがみられる。財政的な制約が厳しくなる中で、事業等を位置づける「実施計画」は、「総合計画財政計画」の計画期間と整合が図られるようになっている。この点では、総合計画を中心とした計画体系が構築されているといえる。ただし、「環境基本計画」をはじめとする中間計画の意味が問われている。

1.2.　総合計画の連携対象としての行政改革計画等への国の関与・誘導

国の自治体への関与･誘導について、具体的には (1) 定員管理への影響、(2) 普通建設事業の単独事業への影響、(3) 臨財債の発行、(4) 行政計画策定の法の規律密度の変化を取り上げ、指定都市への影響を分析してきた。

（1）定員管理については、「上からの改革」といわれるように、国の指導によって職員数削減を達成してきた。特に、2000 年の分権改革後でも、指定管理者制度など民間に業務をゆだねることができる手法を導入し、国が自治体に行政改革計画の策定を誘導することで、職員数削減に取り組まれていた。規律密度が高い、わが国の地方自治制度では、法令の規制が緩和されなければ、職員数削減を含めた改革であっても困難な側面があるといえる。

一方、横浜市と川崎市の事例では、改革派とされる市長が具体的な目標を設定しながら、積極的に改革に取り組まれていた。

市長のコミットメントを得つつ、全体の地方自治制度、さらには自治体の資源の総枠の中で、自律的に決定できるかが問われている。

（2）普通建設事業の単独事業への影響については、国の誘導に乗じて公共施設の整備が行われ、最適な資源配分を損ねていた可能性があることを指摘できた。

一方、こうした地方債は自治体の借金であることに変わりなく、長引く景気低迷の影響もあり、2000年代に入り、厳しい財政状況に直面することになった。

1990年代前半の反動もあり、横浜市では、1990年代後半以降、財政ルールを設定し、一般単独事業債などの地方債の発行を削減していった。

(3) 臨財債は、後年度の元利償還金が交付税の基準財政需要額に算入されるとはいえ、指定都市では、発行可能枠がほぼ活用されていること、当初発行可能枠の算定が人口基礎方式であったことから、一部の団体では財源不足が生じていなくとも多額の発行が可能であった。

特に、川崎市は、不交付団体であったり、交付団体でも財源不足額が小さいため、算定方式の変更が財政運営に影響を与えたと考えられる。

このように国の地方行財政運営方針が自治体の行財政運営に与える影響は地方分権改革後も依然として大きい。

(4) 行政計画策定の法律の規律密度は、質的側面では努力義務などのソフトロー化が進む一方、量的には増加し、むしろさまざまな計画策定が規定されている。こうした状況は自治体の活動量の増加ともいえようが、一部の自治体では、むしろ中間計画などと統合化することで、施策の総合化とともに、計画策定に関する事務を減らすような対応も行われている。また、計画密度が高まる中で、中間計画にどのような機能を持たせるかが問われている。

1.3.　2000年の地方分権改革の影響の分析

地方分権改革の影響として、地方債の発行は、許可から同意、そして届出となるなど、関与が緩和された。だが、職員数削減の取組は、指定管理者制度の導入などの国の制度によるところが多い。また、交付税の財源不足を折半するための臨財債は発行可能枠のほぼ満額が活用されている。

このように地方分権改革後でも、自治体は、国の地方行財政運営方針の影響を強く受けている。こうした中で、自治体として「総合計画財政計画」に基づき総合性を保ちながら、自律的に運営していけるかが問われているのである。

1.4.　まとめ

このように本書では、自治体の資源管理への国の地方行財政運営方針の影響とともに、その影響が「総合計画財政計画」に及ぶ中で、自律的に行財政運営を進めることができるかという点から分析を行ってきた。

横浜市と川崎市の事例からは、国の影響が大きい中にあっても、図表1-4-1のように、「総合計画財政計画」が計画事業を中心としたつくる計画から、自治体全体の資源管理を担う計画へ、そして、高度経済成長の果実を配分するという点から大枠を定めた計画から、低成長経済への移行にあわせ、行政改革等と連携しながら、より詳細を定める計画へと変化してきたことが指摘できた。

そして、自治体全体の資源管理のための最上位の計画として「総合計画財政計画」を位置づけ、国の省庁、部門の縦割りを超えて、総合的に行財政運営をしていく必要性を指摘してきた。

図表 1-4-1　「総合計画財政計画」の変化イメージ

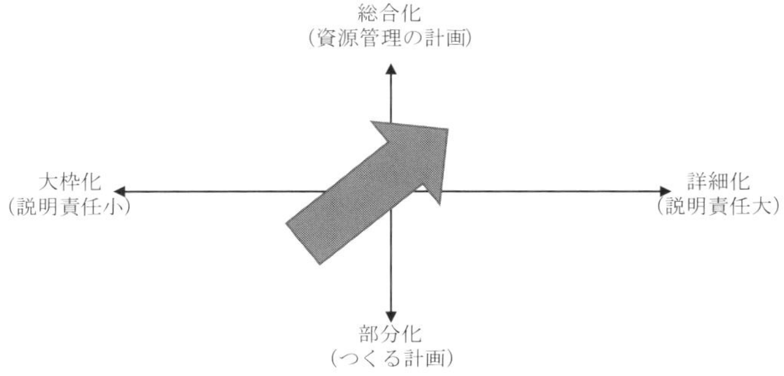

出典：筆者作成

このように、バブル経済期の経済成長の果実を配分するつくる計画としての総合計画ではなく、総合計画に、自治体全体を対象とした財政計画を位置づけ、財政、行政改革と一体となった取組を進めていくことが必要となっている。

特に、国の指導関与がややもすると断片化・分断化し行われる中で、地域で総合化していく重要性が高いといえよう。

2. 残された課題

本書では「総合計画財政計画」に基づく財政運営、そして資源管理のイメージをまとめることができたが、大きな課題として、景気変動への対応が残っている。

地方交付税制度があるため、本来、基準財政収入額が減少しても、自治体が担うべき役割に必要な基準財政需要額は交付税として保障される建前である。

しかしながら、景気後退時には地方財政全体の財源不足も増加し、交付税でなく、起債枠の確保などにより対応される場合も多い。結果として、地方債残高の増加、元利償還金が基準財政需要額に算入されても再度起債枠の確保で対応されるといった状況を生み出している。

こうした状況などから、景気後退時に、財政ルール等の順守が難しくなる傾向にある。

田中 2011 は、景気変動を含めた財政ルール等を提案しており、こうした提案の自治体での対応可能性についても今後検討していきたい。

また、本書では「総合計画財政計画」の見込みについては、国の経済予測等を用いており、楽観的になりやすいという指摘は行ったが、その対応については検討することができなかった。今後の課題としていきたい。

参考文献

饗庭伸・佐藤滋（1997）「自治体計画の中に都市計画マスタープランをどう位置づけるか」『政策情報かわさき』第２号、８～ 13 頁
青木恵子・永木宏一郎（2001）「一般廃棄物をめぐる現状と横浜市の処理計画」『調査季報』146 号、10 ～ 13 頁
青山彰久 (2005)「全国知事会はどう闘うのか -- 三位一体改革の焦点はどこに」『都市問題』96(11)、20 ～ 24 頁
青山崇（2015）「多治見市における総合計画の理念と手法」神原勝・大矢野修編『総合計画の理論と実務』公人の友社、163 ～ 224 頁
飽戸弘・佐藤誠三郎（1986）「政治指標と財政支出：647 市の計量分析」大森彌・佐藤誠三郎編『日本の地方政府』東京大学出版会、141 ～ 179 頁
朝日新聞横浜支局 (1988)『追跡リクルート疑惑』
跡田直澄・中田宏 (2003)「対談：都市経営時代の財政制度改革」『調査季報』第 153 号、１～８頁
穴原達也 (2001)「臨時財政対策債発行可能額新設がもたらす地方財政への影響―栃木県内市町村のケースから」『月刊自治研』91 ～ 101 頁
阿部斉・新藤宗幸 (1997)『概説日本の地方自治』東京大学出版会
阿部孝夫（1986)『地域環境管理計画策定の理論と手法　より質の高い 21 世紀の都市と農村を求めて』ぎょうせい
阿部孝夫・塚越孝（2002)「インタビュー革新の " 実験都市 " 川崎に開いた風穴 --30 年ぶり保守市政奪回の主役の決意とは -- 川崎市長阿部孝夫」『正論』353、154 ～ 164 頁
天川晃 (1986)「変革の構想一道州制論の文脈」大森彌・佐藤誠三郎編『日本の地方政府』東京大学出版会、111 ～ 137 頁
荒木尚志 (2004)『労働立法における努力義務規定の機能　日本型ソフトロー・アプローチ？』COE ソフトロー・ディスカッション・ペーパーリーズ
淡路剛久 (2004)「環境基本法の制定経緯ー基本法のあり方をめぐって」環境法政策学会編『総括　環境基本法の 10 年』商事法務、１～９頁
池上岳彦 (1987)「起債自由化論争の展開―1970 ～ 80 年代の政府間財政関係に関する一考察―」『都市問題』80 巻８号、51 ～ 74 頁
池上岳彦 (1998)「一般財源主義の限界と新たな一般財源主義の課題」神野直彦・金子勝編著『地方に税源を』東洋経済新報社、78 ～ 133 頁

石川達哉・赤井伸郎 (2013)「臨時財政対策債の構造と実体―基準財政需要算入額と積立・償還額から見た自治体行動の実証分析」日本地方財政学会編『大都市制度・震災復興と地方財政日本地方財政学会研究叢書』第 20 号、65 ～ 83 頁
磯崎初仁 (2003)「政令指定都市制度の現状と改革」『年報自治体学』16 号、53 ～ 73 頁
礒崎初仁・金井利之・伊藤正次 (2007)『ホーンブック地方自治』北樹出版
市川喜崇 (2012)『日本の中央―地方関係 : 現代型集権体制の起源と福祉国家』法律文化社
一條義治 (2000)「計画策定過程における新たな市民参加の実践」『自治総研』262 号、19 ～ 47 頁
一條義治 (2013)『これからの総合計画―人口減少時代での考え方・つくり方』イマジン出版
伊藤和良（1997)「都市計画マスタープラン策定を契機とした「総合計画」再考」『政策情報かわさき』第 2 号、14 ～ 21 頁
伊藤三郎 (1982)『ノミとカナヅチ』第一法規出版
伊藤市政記念誌編集委員会 (2005)『〈市民のまち〉をつくる－検証・川崎伊藤市政（1971-1989)』川崎地方自治研究センター
伊藤修一郎 (2002)『自治体政策過程の動態』慶応大学出版会
伊藤修一郎 (2009)「首長の戦略・マニフェストと総合計画」村松岐夫・稲継裕昭・財団法人日本都市センター編著『分権改革は都市行政機構を変えたか』第一法規、19 ～ 39 頁
伊藤修一郎 (2010)「マニフェストと総合計画」『都市問題研究』第 62 巻第 3 号、14 ～ 27 頁
伊藤正次 (2006)「行政組織の構造と変遷」指定都市市長会『大都市のあゆみ』東京市政調査会、208 ～ 248 頁
今井照 (2018)「「計画」による国 - 自治体間関係の変化～地方版総合戦略と森林経営管理法体制を事例に」『自治総研』477 号
稲沢克祐（2013)「自治体における予算編成改革その動向と改革の際の留意点」『地方自治職員研修臨時増刊号「行革エンジン ” を回せ！～自治体行革の処方箋」』46 巻 645 号、92 ～ 102 頁
稲継裕昭 (2000)『人事・給与と地方自治』東洋経済新報社
入谷貴夫 (1995a)「地方公共投資の構造変化と地域経済－地方単独事業を中心に（上)」『宮崎大学教育学部紀要社会科学』77 号、 1 ～ 18 頁
入谷貴夫 (1995b)「地方公共投資の構造変化と地域経済－地方単独事業を中心に

（下）」『宮崎大学教育学部紀要社会科学』78 号、19 ～ 39 頁
岩崎忠 (2015)「地方分権改革と提案募集方式～地方分権改革有識者会議での審議過程を中心にして～」『自治総研』439 号、30 ～ 46 頁
岩瀬武・松村容輔（2013）「廃棄物政策史　～ごみの収集・運搬、処理・処分」『調査季報』173 号
碓井光明 (2003)「複数年予算・複数年度予算の許容性」『自治研究』第 79 巻第 3 号、3 ～ 23 頁
内海麻利（2006）「都市計画行政の総合性」打越綾子・内海麻利編『川崎市政の研究』敬文堂、207 ～ 286 頁
打越綾子 (2003a)「自治体における計画間関係と組織間関係」日本都市センター『自治体と計画行政 25 ～ 49 頁
打越綾子 (2003b)「自治体における政治行政の流動化と計画現象」『都市問題』第 94 巻第 10 号、27 ～ 41 頁
打越綾子 (2004)『自治体における企画と調整：事業部局と政策分野別基本計画』日本評論社
打越綾子 (2006)「2001 年川崎市長選挙の分析」打越綾子・内海麻里編『川崎市政の研究』敬文堂、9 ～ 41 頁
宇都宮深志（1994）「総合計画と環境管理計画」『年報自治体学』第 7 号、18 ～ 38 頁
宇都宮深志 (1996)「地球時代の環境理念と管理」『都市問題研究』48(6)14 ～ 28 頁
宇都宮深志（2008）「自治体環境行政の基本的方向と構造」『自治体環境行政の最前線』ぎょうせい、2 ～ 37 頁
梅原英治 (1996)「地方単独事業の拡大と地方債・地方交付税措置」鹿児島経済大学地域総合研究所編『分権時代の経済と福祉』日本経済評論社、134 ～ 198 頁
梅原英治 (2002)「地方交付税の減額と臨時財政対策債への振り替え措置の検討」『大阪経大論集』第 53 巻第 4 号、239 ～ 267 頁
梅原英治 (2007a)「1990 年代前半における地方債急増の構造（上）」『大阪経大論集』第 58 巻第 1 号、153 ～ 178 頁
梅原英治 (2007b)「1990 年代前における地方債急増の構造（下）」『大阪経大論集』第 58 巻第 2 号、151 ～ 176 頁
江藤俊明 (2009)「自治体計画と地方議会」『年報自治体学』22、25 ～ 52 頁
遠藤文夫 (1988)『地方行政論』良書普及会
大阪府 (1967)『市町村総合計画の手引』
大杉覚 (2010)『日本の自治体計画』財団法人自治体国際化協会・政策研究大学院大

学比較地方自治研究センター
太田志津子 (2003)「横浜市の地球温暖化対策について」『全国環境研究会誌』Vo;.28,No.1、19 ～ 22 頁
大森國裕 (1972)「シビル・ミニマム達成のための計画策定過程東京都中期計画の場合」日本行政学会編『行政計画の理論と実際』勁草書房、221 ～ 248 頁
大森彌（1995）『現代日本の地方自治』放送大学教育振興会
岡崎靖典 (1999)「地方単独事業における地方交付税の利用―事業費補正を中心として―（上）」『自治研究』Vol.75(10)、86 ～ 101 頁
岡崎靖典 (2000a)「地方単独事業における地方交付税の利用―事業費補正を中心として―（中）」『自治研究』Vol.76(3)、102 ～ 116 頁
岡崎靖典 (2000b)「地方単独事業における地方交付税の利用―事業費補正を中心として―（下）」『自治研究』Vol.76(8)、96 ～ 117 頁
小田嶋鉄朗 (2010)「横浜市緑と水の基本計画と生物多様性の取組」『新都心』Vol.64 No.9、37~29 頁
越智洋之（2009）「横浜市の温暖化対策」『調査季報』164 号、8 ～ 11 頁
片山善博 (2008)「片山善博の「日本を診る」(10)「闘う知事会」はどこへ行ったのか」『世界』783、103 ～ 105 頁
片山善博 (2010)「『総合計画』に頼らない『計画性』」『ガバナンス』108、14 ～ 17 頁
加藤創太 (2017)「ポピュリズム政策と財政膨張」加藤創太・小林慶一郎編著『財政と民主主義ポピュリズムは債務危機への道か』日本経済新聞社、15 ～ 46 頁
加藤美穂子（2005）「地方自治体の行政改革に関する要因分析」『財政研究第 1 巻グローバル化と現代財政の課題』有斐閣、264 ～ 279 頁
加藤芳太郎 (1973a)「計画・予算」加藤一明・加藤芳太郎・渡辺保男『現代の地方自治』東京大学出版会、143 ～ 207 頁
加藤芳太郎 (1973b)「行政の計画化と科学化」『岩波講座現代都市政策」都市政治の革新』岩波書店、129 ～ 152 頁
加藤芳太郎 (1982)『自治体の予算改革』東京大学出版会
金井利之 (2010)『実践自治体行政学』第一法規
神奈川県 (1971)『神奈川県市町村総合計画策定要領』
神奈川県自治総合研究センター (1990)『指定都市と県』
神奈川県 (1991)『「県と市町村」の新段階をめざして　－神奈川における実践のあゆみ』
金澤史男 (2002)「財政危機下における公共投資偏重型行財政システム」金澤史男編

著『現代の公共事業』日本経済評論社、25 ～ 70 頁
苅谷昭久（1991）『超開発会社横浜市はいま』オーエス出版株式会社
川崎市 (1993)『川崎新時代２０１０プラン－第１次中期計画　１９９３－１９９７－』
川崎市 (1996)『川崎新時代２０１０プラン－第２次中期計画　１９９６－２０００－』
川崎市（2002）「座談会　改革の時代における自治体総合計画～転換期における総合計画とは？～」『政策情報かわさき』13 号、8 ～ 23 頁
川崎市 (2005)「座談会成熟社会における地域資源とまちづくりの構想」『政策情報かわさき』17 号、8 ～ 22 頁
川崎市 (2011)『川崎市環境基本計画』
川崎市（2014）『新たな行財政改革プラン（第 4 次改革プラン）の取組について』
川崎市議会 (1990)『川崎駅周辺再開発事業等調査特別委員会活動記録』
川崎市港湾局 (2011)『川崎港の歩み』
川崎市総合企画局企画調整課 (2005)『新総合計画・川崎再生フロンティアプラン』
川崎市総務局行財政改革推進室（2002）『川崎市行財政改革プラン－「活力とうるおいのある市民都市・川崎」をめざして萌える大地に踊るこころ』
川崎市土地開発公社 (1993)『20 年の歩み』
川崎政司（2012）『「地域主権改革」関連法　自治体への影響とその対応にむけて』第一法規
川崎政司（2017）「自治体への義務付け雑感」『政策法務 Facilitater』vol.56、1 頁
川出真清 (2014)「経済財政見通しと政府収支」財務省財務総合政策研究所『フィナンシャル・レビュー』第 120 号、120 ～ 144 頁
川股隆（1997）「地方自治体の総合計画の意義と課題横浜市の総合計画をめぐって」横浜市立大学大学院経済学研究科・経営学研究科編『都市経営の科学未来都市横浜からのメッセージ』中央経済社、19 ～ 41 頁
河村和徳 (1998)「地方首長の財政観—日本の首長にみられる保革」小林良彰編著『地方自治の実証分析』慶応義塾大学出版会、157 ～ 180 頁
河村和徳 (2008)『現代日本の地方選挙と住民意識』慶応義塾大学出版会
環境省 (2014)『生物多様性地域戦略策定の手引き（改定版）』
環境省 (2014)『環境基本計画』
環境省自然環境局自然環境計画課生物多様性地球戦略企画室 (2017)『生物多様性地域戦略のレビュー』
環境省総合環境政策局環境計画課 (2017)『地方公共団体実行計画（区域施策編）

策定・実施マニュアル（本編）Ver. 1.0』
環境庁企画調整局企画調整課（1994）『環境基本法の解説』ぎょうせい
環境庁企画調整局環境管理課 (1986)『地域環境管理計画　計画策定の手引き　復刻版』公害研究対策センター
環境庁企画調整局環境計画課地域環境政策研究会（1997）『地域環境計画実務必携　計画編』　ぎょうせい
神崎一郎（2018）「基本法と基本条例」『自治実務セミナー』669、21 ～ 27 頁
神原勝 (2009)「総合計画の策定と議会基本条例」『年報自治体学』第 22 号、第一法規、2~24 頁
神原勝 (2015)「総合計画条例と政策議会への展望～北海道栗山町の自治・議会・計画条例の意義」大矢野修、神原勝『総合計画の理論と実務—行財政縮小時代の自治体戦略』公人の友社、284 ～ 356
北坂真一 (2009)「わが国のバブル期以降の経済見通し・景気判断と経済政策」深尾京司編『マクロ経済と産業構造』慶應義塾大学出版会、129 ～ 176 頁
喜多見富太郎（2010）『地方自治護送船団自治体経営規律の構造と改革』慈学社出版
北村喜宣 (2001)『自治力の発想』信山社
北村喜宣 (2004)『行政法研究叢書１９　分権改革と条例』弘文堂
北村喜宣 (2008)『分権政策法務と環境・景観行政』日本評論社
北村喜宣（2012）『自治体環境行政法　第６版』第一法規
北村亘 (2009)『大阪市立大学法学叢書 59　地方財政の行政学的分析』有斐閣
北村亘 (2013)『政令指定都市百万都市から都構想へ』中央公論社
北山俊哉 (2002)「地方単独事業の盛衰 -- 制度をめぐる政治過程」『年報行政研究』5 ～ 22 頁
木原佳奈子 (1996)「分権時代の自治体計画」山本啓『政治と行政のポイエーシス』未来社、266 ～ 284 頁
木原佳奈子（1998）「協働的計画における計画の制度化と実効性」今里滋編著『政府間計画関係をみる視点　計画ファミリーと計画コミュニティ』行政管理研究センター、35 ～ 70 頁
群馬県 (1970)『市町村総合計画策定の手引』
小泉祐一郎（2011）「国の自治体への関与の改革の検証と今後の課題（下）— 分権型の政府間関係の構築に向けて —」『自治総研』通巻 398 号、42 ～ 63 頁
公職研 (2006)『地方自治職員研修増刊号改革派首長が考える自治体改革』78 号
公職研（2018）「自治体政策法務研究ファイル」『地方自治職員研修』通巻 709 号、

48 〜 49 頁
国土計画協会 (1966)『市町村計画策定方法研究報告』
国土交通省都市局公園緑地・景観課（2018）『生物多様性に配慮した緑の基本計画策定の手引き』
小西砂千夫（2002）『地方財政改革論「健全化」実現へのシステム設計』日本経済新聞社
小森岳史 (2015)「『武蔵野市方式』の継承と発展」大矢野修、神原勝『総合計画の理論と実務—行財政縮小時代の自治体戦略』公人の友社、16 〜 87 頁
近藤春生（2011）「都市の財政支出と政治的要因」『経済学論集』第 45 巻第 4 号、西南学院大学学術研究所、49 〜 67 頁
斎藤友之 (1996)「もうひとつの改革視点 " 計画分権 "」『季刊行政管理研究』74 号、15 〜 28 頁
坂田期雄（1985）『実践地方行革』時事通信社
坂田期雄（1996）『分権と地方行革』時事通信社
坂田期雄（2006）『民間の力で行政のコストはこんなに下がる』時事通信社
坂野達郎 (2003)「長期計画から戦略計画へ」日本都市センター『自治体と計画行政』84~97 頁
坂本誠 (2018)「地方創生政策が浮き彫りにした国－地方関係の現状と課題 —「地方版総合戦略」の策定に関する市町村悉皆アンケート調査の結果をふまえて —」『自治総研』通巻 474 号、76 〜 100 頁
櫻井義郎（2018）「川崎市緑の基本計画の改定〜グリーンコミュニティの形成にむけて」『公園緑地』Vol.78 No.5、41 〜 43 頁
佐々木信夫 (2009)『現代地方自治』学陽書房
佐々木信夫 (2011)『都知事』中央公論社
笹谷康之 (2001)「環境計画からみた総合計画」『月刊　自治研』505 号、65 〜 75 頁
佐藤恵 (2016)「川崎市一般廃棄物処理基本計画への受け止めと反映について」『生活と環境』61(5)、21 〜 25 頁
澤井勝 (1993)『変動期の地方財政 (自治総研叢書)』敬文堂
滋賀県 (1978)『市町村総合計画策定の手引』
自治省行政局 (1982)『市町村計画の体系と参加』
自治省財政局指導課編 (1969)『財政分析 : 市町村財政効率化の指針』帝国地方行政学会
柴田啓次 (2003)「我が国の自治体 (総合) 計画の歴史」日本都市センター『自治体

と計画行政』17 ～ 24 頁
週刊東洋経済 (2002)「高秀「ハコモノ行政」の象徴、みなとみらい 21 の苦闘 --「2003 年問題」を克服できるか」『週刊東洋経済』5767 号、80 ～ 81 頁
申龍徹 (2004)「自治体計画の戦略的改革」武藤博巳『自治体経営改革』ぎょうせい、68 ～ 99 頁
末宗徹郎（1995）「分権時代における地方単独事業の積極的展開」湯浅利夫編『地域振興の戦略的展開』ぎょうせい、1 ～ 62 頁
鈴木洋昌 (2017)「地球温暖化対策に係る主体の最適化」『都市社会研究』No.9,183 ～ 195 頁
砂原庸介 (2006)「地方政府の政策決定における政治的要因—制度的観点からの分析」日本財政学会『財政研究第 2 巻少子化時代の政策形成』有斐閣、161 ～ 178 頁
砂原庸介 (2011)『地方政府の民主主義 -- 財政資源の制約と地方政府の政策選択』有斐閣
砂原庸介 (2012)『大阪　大都市は国家を超えるか』中央公論社
諏訪一夫・森徹 (2012)「臨時財政対策債と大都市自治体の財政運営—名古屋市における発行を事例として」『地方財務』47 ～ 66 頁
総務省自治財政局地方債課・総務省自治財政局財務調査課 (2005)『地方財政の健全化及び地方債制度の直しに関する研究会報告書』
曽我謙悟・待鳥聡史 (2001)「革新自治体の終焉と政策変化」『年報行政研究』36、156 ～ 176 頁
曽我謙悟・待鳥聡史 (2007)『日本の地方政治—二元的代表制政府の政策選択』名古屋大学出版会
高橋清 (1996)「川崎市緑の基本計画「かわさき緑の 30 プラン」の策定について」『新都市』50(5)、2 ～ 4 頁
高橋清 (1999)『川崎の挑戦—21 世紀へのメッセージ』日本評論社
「高橋市政が川崎に遺したもの」編纂委員会 (2017)『高橋市政が川崎に遺したもの』言叢社
高橋信幸 (2001)「福祉計画からみた総合計画」『月間自治研』505 号、58 ～ 64 頁
高秀秀信（1997）『ざっくばらん』かなしん出版
高秀秀信（2001 a）『市民の暮らしと都市経営—自立都市・横浜の経済戦略』有隣堂
高秀秀信（2001b）『横浜自立都市宣言』有隣堂
滝本純夫（2001）「最近の法律は地方分権の精神を体現しているか：自治体事務の制度設計上の問題点」『自治研究』77 巻 11 号、92 ～ 105 頁

田口俊夫 (2016)『みなとみらい 21 開発の経緯－提案から実現までの 50 年間の歩みー』

田口俊夫 (2017)「横浜みなとみらい 21 中央地区における開発方式の時系列的分析」『日本建築学会計画系論文集』第 82 巻第 735 号、1175 ～ 1185 頁

竹内直人 (2017)「自治体における政策形成と予算編成の関係変化－マニフェストの自治体行政管理への影響」『公共政策研究』第 17 号、52 ～ 68 頁

立岩信明 (2010)「第一次地方分権改革後の政府間関係の実態について—通達の廃止による技術的助言の運用から—」『自治総研』385 号、18 ～ 42 頁

田中啓（2010）『日本の自治体の行政改革』自治体国際化協会・政策研究大学院大学

田中秀明 (2002)「複数年度予算システムの新展開」『国際税制研究』No.8、177 ～ 207 頁

田中秀明 (2010)「予算編成プロセスの改革－中期財政フレームに基づく予算編成を」『都市問題研究』第 62 巻第 3 号、43 ～ 56 頁

田中秀明 (2011)『財政規律と予算制度改革なぜ日本は財政再建に失敗しているか』日本評論社

田中秀明 (2013)『日本の財政』中央公論社

田中充 (1994a)『川崎市の環境基本条例に学ぶ』コープ出版

田中充 (1994b)「川崎市環境基本条例と環境基本計画の試み」『地域開発』Vol.359、1 ～ 9 頁

田村明 (1983)『都市ヨコハマをつくる』中央公論社

田村明（2006）『都市プランナー田村明の闘い』学芸出版社

田村秀 (2014)『改革派首長は何を改革したのか』亜紀書房

千葉明 (2007)「地方公務員の退職金を借金で賄う退職手当債 3000 億円超の大矛盾」『エルネオス』エルネオス出版、54 ～ 56 頁

地方自治協会 (1976)『基本構想の課題と展望』

地方自治協会 (1991)『地方公共団体の計画行政の現状と課題』

地方自治協会 (1992)『地方公共団体の計画行政の現状と課題（「）』

辻琢也 (2013)「低成長社会における持続的まちづくりと都市経営」『政策情報かわさき』29 号、12 ～ 19 頁

土山希美枝 (2006)「川崎「先駆自治体」の歴史的位置」打越綾子・内海麻里編『川崎市政の研究』敬文堂、43 ～ 108 頁

土山希美江 (2016)「自治体運営の＜全体制御＞とその手法　資源と事業の均衡ある運営のための制御のシクミを考察する」『龍谷政策学論集』5(2)、43 ～ 54 頁

土居丈朗 (2007)『地方債改革の経済学』日本経済新聞社
土居丈朗 (2009)「複数年度予算編成で財政規律の確立を」『金融財政事情』18 ～ 21 頁
土居丈朗・別所俊一郎 (2005a)「地方債元利償還金の交付税措置の実証分析元利補給は公共事業を誘導したのか」『日本経済研究』No.51、33 ～ 58 頁
土居丈朗・別所俊一郎 (2005b)「地方債の元利補給の実証分析」日本財政学会編『グローバル化と現代財政の課題』有斐閣、311 ～ 328 頁
公益財団法人東京市町村自治調査会 (2013)『市町村の総合計画のマネジメントに関する調査研究報告書』
唐仁原晃 (2008)「川崎市財政問題研究会について」『政策情報かわさき』第 23 号、36 ～ 38 頁
外川伸一 (2001)『分権型社会における基礎的自治体の行政体制』文芸社
徳丸壮也 (1988)「企業「作戦本部」は、いま川崎市役所企画調整局「百万都市」のソフト改造を策す異才軍団」『プレジデント』第 26 巻第 3 号、328 ～ 333 頁
都市と廃棄物編集部（2011）「横浜市、一般廃棄物処理基本計画を策定　ヨコハマ３Ｒ夢（スリム）プラン」『都市と廃棄物』Vol.43 .No.3、25 ～ 31 頁
鳥取県 (1970)『市町村総合計画作成の手引き』
富野暉一郎 (2013)「行革に臨む組織・職員にむけて」『地方自治職員研修』通巻 645 号、6 ～ 16 頁
内閣官房国土強靭化推進室 (2015)『国土強靭化地域計画策定ガイドライン (第 2 版)』
内閣官房国土強靭化推進室 (2016)『国土強靭化地域計画策定ガイドライン (第 3 版)』
中口毅博 (2002)「シンポジウム論文　自治体における環境関連マスタープランの連携の実態―静岡県三島市を例として―」『環境科学会誌』15(3)193 ～ 199 頁
中田宏 (2011)『政治家の殺し方』幻冬舎
中野英夫 (2000)「地方債許可制度と地方政府の歳出行動」経済企画庁経済研究所編『財政赤字の経済分析：中長期的視点からの考察』大蔵省印刷局、139 ～ 168 頁
中野雅至（2013）『公務員バッシングの研究』明石書店
中林博志 (1996)「横浜市の環境施策　新環境管理計画の策定について」『都市問題研究』48(6)118 ～ 134 頁
中村悦広 (2016)「臨時財政対策債と将来の財政負担―大阪府下市町村データによる実体分析」『地域総合研究所紀要』第 8 号、53 ～ 78 頁
中村悦大（2009）「自治体組織変化とその要因」村松岐夫、稲継裕昭、財団法人日本都市センター編著『分権改革は都市行政機構を変えたか』第一法規、65 ～ 86 頁

名取雅彦 (2003)「戦略主導の行政経営システム第 4 回戦略展開と複数年度予算」『地方財務』594 号、104 ～ 117 頁
名取良太（2004）「府県レベルの利益配分構造―地方における政治制度と合理的行動」大都市圏選挙研究班『大都市圏における選挙・政党・政策』関西大学法学研究所、31 ～ 75 頁
鳴海正泰 (2003)『自治体改革のあゆみ―付証言・横浜飛鳥田市政のなかで』公人社
新潟県 (1970)『市町村総合計画作成の手引き』
新川達郎 (1995)「自治体計画の策定」西尾勝・村松岐夫編『講座行政学第 4 巻政策と管理』有斐閣、235 ～ 269 頁
新川達郎 (2003)「自治体計画行政の現状と課題－今後の市町村総合計画について」『都市問題』第 94 巻第 10 号、3 ～ 26 頁
西尾隆 (1995)「自治体総合計画の展開とその意義」辻山幸宣編『分権化時代の行政計画』行政管理研究センター、107 ～ 132 頁
西尾勝 (1993)『行政学〔新版〕』有斐閣
西尾勝 (2007)『地方分権改革』東京大学出版会
西尾勝 (2013)『自治・分権再考地方自治を志す人たちへ』ぎょうせい
西高幸作 (2010)「横浜市水と緑の基本計画と市民協働」『Urban Advance』No.52.23 ～ 29 頁
西寺雅也 (2010)「高まる総合計画の必要性総合計画とマニフェストを巡って」『ガバナンス』2010 年、21 ～ 23 頁
日本都市センター (1981)『都市における政策形成のあり方』第一法規
日本都市センター (2002)『自治体と総合計画』
野平匡邦 (1988)「『ふるさとづくり特別対策事業』について」地方財務協会編『地方財政』27(5)、317 号、101 ～ 119 頁
萩原茂（2011）「川崎市緑の基本計画～多様な緑が市民をつなぐ地球環境都市かわさきへ」『新都市』Vol.65 No.9、17 ～ 20 頁
林修三 (2005)『法令解釈の常識』日本評論社
林正義・石田三成 (2008)「地方単独事業と交付税措置―平均処置効果の推定」日本財政学会編『財政再建と税制改革』有斐閣、252 ～ 267 頁
林正義・金戸伸幸 (2010)「出向官僚と地方歳出　90 年代後半の地方単独事業をめぐって」『公共選択の研究』54 号、29 ～ 40 頁
肥後雅博・中川裕希子 (2001)「地方単独事業と地方交付税制度が抱える諸問題―地方交付税を用いた地方自治体への財政支援策の効果と弊害―」日本銀行WorkingPaperSeries

久田伸子・青山崇 (2003)「行政マネジメントの一環としての総合計画とマニフェスト」『都市問題』第 94 巻第 10 号、79 ～ 90 頁
土方慎也「「川崎新時代 2010 プラン」新中期計画（第 3 次）の展望と課題について」『政策情報かわさき』No.6、川崎市、1999 年
人見剛 (2000)「住民参政・参加制度の歴史的展開」人見剛・辻山幸宣『協働型の制度づくりと政策形成』ぎょうせい、2 ～ 49 頁
日比野登 (1987)『財政戦争の検証』第一書林
兵頭輝久・赤坂真司・畠山貴紀 (2013)「環境政策史～かけがえのない環境を未来へ」『調査季報』173 号、48 ～ 53 頁
平石正美 (1995)「行政計画論の変容と調整」辻山幸宣編『分権化時代の行政計画』行政管理研究センター、15 ～ 53 頁
深川邦昭（1997）「都市と財政」横浜市立大学大学院経済学研究科・経営学研究科編『都市経営の科学未来都市横浜からのメッセージ』中央経済社、42 ～ 60 頁
深瀬幹男 (1974)「川崎市における自然環境の保全及び回復育成に関する条例」『自治研究』50(1)、107 ～ 122 頁
福田康仁 (2015)「多治見市の総合計画と財務規範条例」大矢野修、神原勝『総合計画の理論と実務―行財政縮小時代の自治体戦略』公人の友社、
別所俊一郎 (2008)「公共投資の実施と政府間関係」『フィナンシャル・レビュー』No.89、93 ～ 117 頁
増島俊之 (1981)『行政管理の視点』良書普及会
増原直樹 (2016)「市区町村の環境政策分野における「計画の簇生」現象の解明」環境情報科学学術研究論文集　Vol.30、19 ～ 24 頁
町田俊彦 (1997)「公共投資拡大への地方財政の動員 -- 地方単独建設事業の拡大と地方債・地方交付税の一体的活用」『専修経済学論集』32(1)、131 ～ 169 頁
松井望 (2003)「総合計画制度の原型・変容・課題」『都市問題』94 巻 10 号、91 ～ 112 頁
松井望・長野基・菊地端夫 (2009)「自治体計画をめぐる「基本構想制度」の変容と多様性の展開」『年報自治体学』第 22 号、第一法規、83 ～ 121 頁
松下圭一（1971）『シビルミニマムの思想』東京大学出版会
松下圭一 (1973)「自治体計画のつくり方」『岩波講座現代都市政策」都市政治の革新』岩波書店、277 ～ 312 頁
松下圭一 (1999)『自治体は変わるか』岩波書店
松下圭一 (2003)「転型期自治体における財政・財務」『地方自治職員研修』通号 495、臨増 72、6 ～ 25 頁

松本克夫・自治・分権ジャーナリストの会 (2000)『第三の改革を目指して証言でたどる分権改革』ぎょうせい

間山博 (2001)「川崎市における土地開発公社経営健全化への取組み過程」『地方財務』ぎょうせい、561 号、36 ～ 47 頁

丸山高満「地方団体の予算編成と一般財源との関係」『福岡大学経済学論叢』32(3.4)229 ～ 241 頁

水口憲人 (1985)『現代都市の行政と政治』法律文化社

溝口武俊 (2001)「都市マスタープランからみた総合計画」『月刊自治研』505 号、50 ～ 57 頁

三田村有也 (2011)「新たな財政フレームの策定について」『政策情報かわさき』第 26 号、36 ～ 39 頁

三橋秀行 (2008)「第二期実行計画の策定について」『政策情報かわさき』第 23 号、20 ～ 26 頁

南昭子 (2011)「第３期実行計画策定の考え方」『政策情報かわさき』第 26 号、20 ～ 23 頁

南学・上山信一（2005）『横浜市改革エンジンフル稼働』東洋経済新聞社

宮崎雅人「地方債元利償還金の交付税措置による事業誘導仮説の再検証 -- 地域総合整備事業債を中心に」『都市問題』97 巻 9 号、2006 年 9 月、82 ～ 86 頁

宮崎雅人 (2016)「交付税措置による事業誘導仮説の検証―道府県における臨時地方道整備事業債を事例に―」『社会科学論集』第 145 号、3 ～ 22 頁

武蔵野市（2012）『武蔵野市第５期長期計画』

村松岐夫（2009）「市長の諸改革評価における対立軸」村松岐夫、稲継裕昭、財団法人日本都市センター編著『分権改革は都市行政機構を変えたか』第一法規、3 ～ 16 頁

森田朗 (2012)「わが国における『行政改革』の限界」『会計検査研究』No46、5 ～ 10 頁

森徹 (2013)「地域間の財政力格差と地方交付税」森徹・鎌田繁則編著『格差社会と公共政策』勁草書房、63 ～ 90 頁

森徹 (2015)「臨時財政対策債の地方財源保障効果」『商学論集』第 83 巻第 4 号、141 ～ 153 頁

森道哉 (2001)「環境政策をめぐる「紛争」の変容　－環境価値追求の制度配置と基本法の変化－」『政策科学』8(2)、139 ～ 150 頁

山内健生 (2005)「地方財源保障に関する一考察 (2)」『自治研究』81 巻 3 号、66 ～ 90 頁

山形県 (1969)『市町村総合計画策定の手引』

山口道昭 (2018)「分権時代を生きているか」『地方自治職員研修』通巻 709 号、15 ～ 17 頁

山下淳 (1995)「地方分権と行政計画」『ジュリスト』56 ～ 60 頁

公益財団法人山梨総合研究所 (2013)『市町村総合計画の動向に関する調査結果報告書』

山梨県 (1975)『山梨県市町村総合計画策定の手引』

＜横浜改革 > 特別取材班、相川俊英 (2005)『横浜改革中田市長 1000 日の闘い』ブックマン社

横浜市 (2013)「はじめに～ 1963 年の横浜、人口、総合計画と財政の変遷～」『調査季報』173 号、2 ～ 11 頁

横浜市環境事業局廃棄物政策課（2004)「横浜Ｇ３０プラン（横浜市一般廃棄物処理基本計画)」『産業と環境』68 ～ 70 頁

横浜市企画局 (1997)『ゆめはまプラン五か年計画』

横浜市都市経営局 (2003)『オンリーワン都市横浜』有隣堂

横浜市都市経営局 (2006)『横浜市中期計画平成 18 年度～平成 22 年度横浜リバイバルプラン２開港 150 周年羅針版』

横浜市土地開発公社（1993)『二十年のあゆみ　横浜市土地開発公社設立２０周年記念誌』

【著者紹介】

鈴木　洋昌（すずき・ひろまさ）

川崎市役所職員
1971年生まれ。1994年横浜市立大学商学部経済学科卒業。同年川崎市役所入所。
経済学博士（中央大学）。自治体学会、日本公共政策学会などに所属。

総合計画を活用した行財政運営と財政規律

2019年7月10日　初版発行

著　者　　鈴木　洋昌
発行人　　武内　英晴
発行所　　公人の友社
〒112-0002　東京都文京区小石川５－２６－８
ＴＥＬ ０３－３８１１－５７０１
ＦＡＸ ０３－３８１１－５７９５
Ｅメール info@koujinnotomo.com
http://koujinnotomo.com/